FABLE.

L'avantage de la science.

ENTRE deux bourgeois d'une ville
S'émut jadis un différend.
L'un était pauvre, mais habile ;
L'autre riche, mais ignorant.
Celui-ci sur son concurrent
Voulait emporter l'avantage ;
Prétendait que tout homme sage
Etait tenu de l'honorer.
C'était tout homme sot : car pourquoi révérer
Des biens dépourvus de mérite ?
La raison m'en semble petite.
Mon ami, disait-il souvent
      Au savant ,
Vous vous croyez considérable ;
Mais dites-moi , tenez-vous table ?
Que sert à vos pareils de lire incessamment ?
Ils sont toujours logés à la troisième chambre ;
Vêtus au mois de juin comme au mois de décembre ;
Ayant pour tout laquais leur ombre seulement.
    La République a bien affaire

LA POLITIQUE

D'ARISTOTE,

OU

LA SCIENCE

DES GOUVERNEMENS.

TOME PREMIER.

Se vend chez LARAN, libraire, palais Egalité, galerie du côté de la rue des Bons-Enfans, n°. 181.

Et chez ANT. BAILLEUL, imprimeur, au Bureau du *Journal du Commerce*, rue Neuve Augustin, n°. 742.

LA POLITIQUE
D'ARISTOTE,

OU

LA SCIENCE

DES GOUVERNEMENS.

OUVRAGE TRADUIT DU GREC,

Avec des Notes historiques et critiques.

Par le Citoyen CHAMPAGNE,

Directeur de l'Institut des Boursiers du Collège de l'Egalité

TOME PREMIER.

A PARIS,

DE L'IMPRIMERIE D'ANTOINE BAILLEUL.

AN V DE LA RÉPUBLIQUE FRANÇAISE. (1797, v. st.)

DISCOURS

PRÉLIMINAIRE.

LA politique d'Aristote est un des ouvrages les plus précieux de l'antiquité, et le plus profond peut-être de ceux que ce philosophe nous a laissés. Aristote vivoit dans le siècle, non pas le plus vertueux, mais le plus éclairé de la Grèce : il avoit vu Epaminondas et la gloire de Thèbes. La splendeur de Sparte et d'Athènes n'étoit pas encore éclipsée : Carthage, dont il venge le sage gouvernement de la partialité des Romains, brilloit de tout son éclat ; Lycurgue et Solon, Socrate et Platon avoient paru, et sembloient avoir épuisé les sciences de la législation et de la morale. Aristote, le plus savant homme de son temps, avoit encore ajouté à tant de ressources que lui offroit son siècle. Il avoit recueilli et discuté les constitutions de cent cinquante-huit peuples différens, ouvrage immense qui malheureusement

Tome I.   a

est perdu (*). C'est au sein de, tant de lumières, qu'Aristote, dans sa retraite de Mithylène, a écrit sa politique. Aussi cet ouvrage est-il le résultat le plus complet des principes de la législation et de l'ordre social des peuples de la Grèce. L'auteur avoit pour lui une science profonde, l'expérience d'un siècle éclairé, et son génie.

Quand la politique d'Aristote ne seroit que le tableau fidèle et raisonné des mœurs, des loix, des révolutions du peuple le plus étonnant qui ait existé sur la terre, cet ouvrage seroit fait pour exciter toute notre curiosité. Mais il acquiert pour nous un nouveau degré d'intérêt, depuis que nous avons adopté un mode de gouvernement si rapproché de celui des anciens peuples de la Grèce. Que sera-ce, lorsque nous y verrons que notre révolution a suivi à-peu-près le cercle qu'ont parcouru celles de tant de peuples dont Aristote cite les exem-

(*) Diog. Laert. *Aristotelis vita.*

ples ; lorsque nous y retrouverons les mêmes passions, les mêmes erreurs, les mêmes crimes ayant les mêmes résultats ; lorsque nous y reconnoîtrons les mêmes caractères, et sous d'autres noms, les mêmes hommes ? Alors Aristote nous semblera souvent, moins un écrivain du siècle d'Alexandre, que l'historien et le censeur sévère des faits qui se sont passés de nos jours. La lecture du cinquième livre convaincra surtout de cette vérité.

On n'y lira point encore sans étonnement, qu'Aristote, en développant les principes des bons gouvernemens (*), donne à celui qu'il appelle vraie république, les bases mêmes de notre constitution.

La vraie république, dit-il, n'est point une oligarchie dans laquelle une minorité tient les rênes de l'état par le

_____

(*) Les trois bons gouvernemens, sont, selon Aristote, la royauté, l'aristocratie, suivant la rigoureuse acception du mot, c'est-à-dire le gouvernement des plus vertueux, et la vraie république.

privilège des richesses. Elle n'est point une démocratie dans laquelle tous gouvernent par l'influence de leur multitude. Elle est la prépondérance politique de la classe moyenne, tenant à la patrie par le lien de la propriété, classe qui, dans toutes les nations, se distingue par son amour de l'ordre, sa haine pour les révolutions, ses talens, sa vertu.

Voici quelles sont les bases de sa vraie république.

Premier principe. La vraie république, comme tous les bons gouvernemens, est essentiellement fondée sur la vertu et sur la justice égale pour tous dans l'exercice de leurs droits.

2°. L'égalité doit être proportionnelle, c'est-à-dire, dans la raison des talens, des vertus, des moyens que chacun apporte dans la mise commune de l'association.

3°. La vraie république a un cens ou revenu nécessaire pour prendre part aux affaires. Ce cens sera tellement calculé, que la majorité du peuple seulement, et non tous, participent au gouvernement. Ceux qui ne tiennent par aucun lien à la patrie, et qui sont presque toujours livrés aux passions et à l'ignorance, ne doivent point avoir d'influence sur la chose publique.

4°. Elle a un cens plus élevé pour être éligible aux honneurs. Il faut que les magistrats soient à l'abri des séductions et du besoin.

5°. Le droit des citoyens, dans les assemblées, doit se borner à élire les magistrats, à juger leur responsabilité. La multitude ne doit faire que ce qu'elle est en état de décider suffisamment.

6°. Les emplois seront temporaires : le droit d'obéir et de pouvoir commander à son tour, tient à l'essence de l'homme libre.

7°. La cité doit avoir un conseil suprême pour la direction générale des affaires, et des magistrats chargés de veiller à l'exécution des loix. Les pouvoirs seront perpétuels, et les hommes qui en seront chargés, alterneront.

8°. Ces principes une fois adoptés, quel que soit le nom, l'organisation, les attributions, des conseils ou des magistrats, vous aurez constitué une véritable république.

A ces caractères généraux qu'Aristote expose et démontre sans cesse dans sa politique, qui ne reconnoît les bases sur lesquelles repose le pacte social du peuple français?

Cependant, malgré ces traits de ressemblance, Aristote, d'après ses principes, eût fait un reproche sévère à notre constitution. Les anciens, dans l'institution d'un gouvernement, ne séparoient jamais l'organisation du pacte social, des moyens de le conserver. L'organisation étoit l'établissement des pouvoirs publics; la conservation était les moyens politiques employés par le législateur pour former les mœurs et les habitudes, pour inspirer aux citoyens l'amour de la patrie et le respect pour les loix, pour donner à tous un caractère et un esprit national. C'étoit l'organisation des pouvoirs, réunie aux moyens de conservation, qu'ils appelloient une constitution. Nous avons organisé notre gouvernement. Aristote nous demanderoit avec Lycurgue et Solon, où sont nos institutions conservatrices, afin que nous ayons, dans les principes des anciens, un système complet de constitution ?

Mais ce n'est point là le seul rapport qui se trouve entre notre constitution et celles des peuples anciens. Voici une ressemblance plus frappante. Qu'on lise l'examen de la constitution carthaginoise, on y retrouvera le système presque entier de notre gouvernement. Ce peuple fameux avoit comme nous (*) son conseil des cinq cents, *senatus ;* son conseil des anciens tiré du sénat, *seniores ;* son directoire, composé, com-

(*) Liv. 2, p. 149 et seq.

a 4

me le nôtre, de cinq membres , *sanctius consilium*. Cette conformité est-elle une imitation véritable, ou bien n'est-elle due qu'au hasard ?

Quoi qu'il en soit, Aristote eût mis notre constitution au rang des bons gouvernemens : en effet , il déclare que les trois constitutions de Crète , de Lacédémone et de Carthage, sont les plus sages qui aient existé sur la terre. (*) Cependant il a fait à Carthage une grande prédiction qui s'est vérifiée cent dix ans après lui. « Si jamais , dit-il (**), les » Carthaginois éprouvent quelques » grands revers, si leurs sujets se re- » fusent à l'obéissance , ils ne trouve- » ront aucuns moyens dans la constitu- » tion pour ramener la tranquillité ». Nous avons adopté les bases du gouvernemement de Carthage : que cette le-

----

(*) Sans doute il y eût ajouté celle de Rome , mais cette ville étoit alors dans son enfance. Aristote étoit né trois ans avant la prise de Rome par les Gaulois.

(**) V. liv. 2 , p. 158.

çon, qui fut perdue pour elle, ne le soit pas pour nous (*).

Tel est encore le mérite de cet ouvrage, que les écrivains politiques les plus célèbres y ont puisé, comme dans une source féconde, et ne l'ont pas fait oublier. Je ne parlerai pas de Bodin et de Grotius. Montesquieu y a peut-être pris l'idée de son immortel ouvrage. En effet, Aristote consacre son sixième livre à l'examen de cette question : *Quels doivent être les principes des loix dans leur rapport avec les différentes espèces de gouvernemens ?* Qu'est-ce que ce traité, sinon un véritable esprit des loix ? Rousseau cite et critique souvent Aristote dans le contrat social. Cependant qu'on y lise les chapitres si for-

_____

(*) Le gouvernement de Marseille, du temps d'Aristote, avoit aussi un rapport marqué avec le nôtre. Marseille avoit un sénat dont les membres étoient élus par le peuple. On tiroit de ce sénat un haut conseil de quinze membres, et du haut conseil une sorte de directoire de trois membres, qui avoit la principale administration dans le gouvernement.

tement pensés du souverain, du peuple, du gouvernement en général, du légis- lateur, on y retrouve tous les principes du précepteur d'Alexandre. Machiavel sur-tout l'a suivi presque pas à pas dans son fameux ouvrage du prince. D'abord il établit la démarcation entre les bons et les mauvais gouvernemens, comme l'a fait Aristote dans son livre troisième. Le reste du prince n'est presque que le commentaire des chapitres 10, 11, 12 du cinquième livre de la politique. Voici la seule différence. Machiavel s'enve- loppant dans lui-même, ne laisse pas entrevoir son opinion sur la moralité et les crimes de ses tyrans. Aristote, au contraire, indique les ressorts de la po- litique de ces mêmes tyrans; mais il dé- clare en honnête homme que ces moyens sont vicieux, *et qu'ils sont tous marqués au sceau de la perversité* (*). Machiavel ajoute à son plagiat un trait digne de lui; il s'est fait honneur de l'ouvrage,

(*) V. t. 2, liv. 5, p. 71.

et s'est bien gardé d'indiquer la source où il a puisé.

La méthode qu'Aristote emploie dans son traité de politique, est celle que l'on trouve dans ses autres ouvrages. Nous n'en ferons pas l'éloge : nous citerons seulement le jugement qu'en porte Buffon, en parlant de son histoire naturelle des animaux. « Aristote, dit-il, com-
» mence par établir des différences et
» des ressemblances génerales entre les
» différens genres... Au lieu de les di-
» viser par de petits caractères particu-
» liers, il rapporte historiquement tous
» les faits et toutes les observations sur
» des rapports généraux et des carac-
» tères sensibles.... Il retranche à des-
» sein toute description particulière ; il
» évite par là toute répétition ; il accu-
» mule les faits, et il n'écrit pas un mot
» qui soit inutile.... Quand même on
» supposeroit qu'Aristote auroit tiré de
» tous les livres de son temps tout ce
» qu'il a mis dans le sien, le plan de

» l'ouvrage, sa distribution, le choix
» des exemples, la justesse des compa-
» raisons, une certaine tournure dans
» les idées, que j'appellerois volontiers
» le caractère philosophique, ne laissent
» pas douter un instant qu'il ne fût lui-
» même bien plus riche que ceux dont
» il auroit emprunté ».

Fidèle à ses principes, Aristote, dans sa politique, établit constamment sa question principale. Il procède ensuite par le genre, l'espèce et la différence. Il envisage la question sous tous les rapports qui tiennent à son sujet : il compare les faits, dont il tire des principes politiques ; il discute les opinions contraires avant d'établir la sienne : procédant de conséquences en conséquences, il arrive à son but sans détour, et présente des résultats aussi vrais pour nous que pour ces républiques anciennes, dont il annonçoit les causes de conservation et de ruine, que les évènemens ont pleinement justifiées.

Cependant, il faut avouer que cette méthode n'est pas toujours aussi parfaite que celle de nos grands écrivains. Elle se ressent quelquefois de l'argumentation de l'école. La matière, la forme, les espèces, les différences, les causes finales prises moins dans la nature, que dans la métaphysique, étoient les grands principes de l'école péripatéticienne. Leur usage trop fréquent donne quelquefois à sa pensée un air sophistique et vague, qui lui a mérité ce reproche de Bacon, qu'il met quelquefois sa méthode à la place de l'évidence. Il dispute trop souvent contre ses adversaires, et sur-tout contre Platon, au point que, suivant Montesquieu et Rousseau, il semble n'avoir fait sa politique, que pour en opposer les principes à ceux de Platon.

On peut encore lui reprocher une sorte d'obscurité qui vient de plusieurs causes. D'abord, Aristote avoue lui-même qu'il a quelquefois, à dessein, voilé ses principes et sa pensée, et qu'il

avoit deux doctrines , l'une publique ,
et l'autre réservée à ses seuls disciples.
Lorsque Alexandre lui reprocha dans sa
lettre, qu'Aulugelle nous a conservée, (*)
d'avoir publié sa doctrine , de manière
que ses disciples n'avoient plus d'avantage sur le commun des hommes, sachez,
lui répondit Aristote , que ma doctrine
est publique sans l'être, et que mes seuls
disciples qui m'ont entendu , en ont la
clef. J'entends par là ma doctrine de
vive voix que j'ai réservée pour eux et
pour moi. Plusieurs passages de la politique d'Aristote, prouvent que cette lettre n'est pas une excuse ingénieuse, mais
une vérité.

En second lieu , que l'on fasse attention à la différence prodigieuse qui se
trouve entre les mœurs , les coutumes ,
les institutions, les convenances, les rapports politiques des peuples de la Grèce
et les nôtres : on comprendra que le
code politique de ces temps si reculés ,

_____

(*) Aul. Gell. liv. 20 , ch. 5.

offre nécessairement une foule de loix , d'exemples , de principes mêmes , qui , après vingt-deux siècles , doivent présenter quelque obscurité.

Enfin , la méthode même employée , non seulement par Aristote , mais par les anciens en général, contribue encore à rendre difficile la lecture de la politique. Les modernes divisent la politique en droit naturel , droit public , droit de la paix , droit de la guerre , etc. , et ils appellent l'ensemble de ces connoissances , science des gouvernemens. Les anciens , et sur-tout Aristote, qui est ici d'accord avec Platon , n'admettoient point ces divisions. Ils posoient en principe , que la science des gouvernemens, est l'art de rendre les hommes heureux en société , qu'ainsi la politique n'est qu'une partie et le complément de la morale. Aristote étoit tellement persuadé de cette vérité , qu'il avoit fait de sa politique, une suite de ses traités moraux, et que sa morale même est souvent un traité de politique. De-là, des dissertations sur la nature de la vertu, sur le bonheur, sur la perfectibilité de l'homme, qui nous paroissent étrangéres au sujet, mais qui y tiennent essentiellement, dans le plan des anciens, qui ne séparoient jamais la politique de la morale.

Cependant, si cette manière d'envisager la politique donne lieu à des discussions que nous pourrions regarder comme étrangères au sujet, d'un autre côté, elle offre un grand et beau résultat, digne d'être adopté par les vrais législateurs. C'est que la politique n'étant chez les anciens que le complément de la morale, vertu, bonheur, ordre social, et gouvernement ne sont que des expressions synonimes ; qu'ainsi il n'y a pas deux sortes de vertus, mais une seule qui est la même pour les individus et les gouvernemens.

Le savant Barthelemy, dans son voyage d'Anacharsis (*), fait une admirable

(*) T. 5, p. 237, éd. in-8°.

exposition

exposition des principes d'ordre social de la Grèce, et la politique d'Aristote est la base de son travail. Mais il n'a ni adopté la marche d'Aristote, ni suivi l'ordre de son ouvrage. C'est plutôt un grand tableau dans lequel sont rassemblés les principes politiques de tous les sages, soit philosophes, soit législateurs de la Grèce, qu'un exposé fidèle de la doctrine du précepteur d'Alexandre. Le genre de notre travail exige plus de précision. Nous donnerons une courte analyse de la politique, afin de faire connoître les principes d'Aristote, l'ensemble de son système, et la liaison qui se trouve entre les différentes parties de l'ouvrage. On reconnoîtra que ces parties n'en sont pas décousues, comme quelques-uns l'ont pensé. Il est vrai qu'on y trouve des idées abstraites et même fausses, comme son opinion sur l'esclavage naturel, mais tout est lié et forme un système complet de politique.

Nous commencerons par poser les

Tome I. b

principes qu'Aristote adopte comme bases fondamentales dans sa politique.

Premier principe. La politique est le complément de la morale, qui est la science du bonheur et de la vertu. Par conséquent, l'ordre social est le complément de la perfection humaine, et les principes d'un bon gouvernement sont inséparables des principes de la vertu, qui seule conduit au bonheur.

Second principe. Liberté politique. Cette liberté ne consiste, ni à faire tout ce qu'on veut, c'est le caractère de la licence ; ni même à faire simplement ce qui ne nuit pas à autrui, ce ne sont là que les limites de l'indépendance de l'homme de la nature. Mais le caractère essentiel de la liberté politique, consiste à faire ce qu'ordonnent ou permettent les lois qu'on a votées ou consenties, et à ne pas faire ce qu'elles défendent.

Troisième principe. Egalité politique. Cette égalité ne consiste pas dans l'exercice égal des droits politiques , ce qui supposeroit que tous sont égaux en fortune , en talens , en vertu : mais elle consiste dans l'égalité proportionnelle , c'est-à-dire dans l'exercice des droits politiques , en proportion des moyens de fortune , d'instruction , de vertu que chacun a mis en commun pour l'avantage de l'association.

Quatrième principe. Caractères des bons et des mauvais gouvernemens. Les caractères d'un bon gouvernement sont d'être basés sur la vertu ; d'être combinés pour l'avantage des gouvernés , et non pour le profit des gouvernans ; d'obtenir des citoyens la soumission volontaire , qui doit être fondée sur la justice et la nature.

Les caractères d'un mauvais gouvernement , sont d'être établis sur une des prérogatives de convention qui ne sont pas la vertu, comme la force, la naissance , la fortune ; d'être combinés pour le profit des gouvernans , et non pour l'avantage des gouvernés ; d'arracher la soumission par la force, parce que tout mauvais gouvernement est contre la nature et la justice.

Cinquième principe. Minorité de riches, majorité de pauvres, résultat constant de l'ordre social, quelle que soit l'espèce du gouvernement. Ambition de la classe riche, qui veut dominer, par la supériorité de l'instruction et des talens ; envie de la multitude qui veut l'emporter par le nombre. De-là, deux partis qui luttent par-tout avec violence, pour s'emparer de l'autorité. De ces deux partis, résultent les deux grandes espèces de gouvernemens dont tous les autres ne sont que des nuances plus ou moins prononcées. Ces deux espèces sont l'oligarchie, ou gouvernement de la minorité, et la démocratie, ou gouvernement de la majorité. Quels que soient les partis qui se divisent, se déchirent et se combattent dans une cité ; quelles que soient les dénominations que des factions de toutes les espèces se donnent réciproquement, tous ces partis se réduisent à deux : riches voulant le gouvernement du petit nombre, qui offre plus de sécurité pour les personnes et les fortunes ; pauvres voulant le gouvernement du grand nombre, qui présente plus de garantie pour la conservation des droits de la multitude.

Rousseau, dans le contrat social, semble blâmer ce principe d'Aristote, qui tend, dit-il, à laisser à la richesse une trop grande prépondérance. Je laisse à d'autres à discuter la question qui divise ces deux grands politiques. Je ferai seulement une observation fondée sur les faits. Qu'on lise l'histoire des révolutions de la Grèce, et sur-tout le cinquième livre de la politique, qui en est le fidèle tableau, on verra que tant de révolutions qui ont agité tous les états de la Grèce, ont pris constamment leur source dans la jalousie des pauvres, c'est-à-dire, de la multitude, qui vouloit la démocratie athénienne , et dans l'opposition des riches , c'est-à-dire , de la minorité , qui préféroit l'oligarchie de Lacédémone.

Après cette exposition des principes , passons à l'analyse de l'ouvrage.

Livre I. L'homme ne peut exister seul. L'instinct de la nature l'entraîne à rechercher la société des êtres qui lui ressemblent. Un penchant invincible le rapproche de la femme, et conduit celle-ci sur ses pas , tous deux pour le plaisir de se reproduire. De leur union naissent des enfans qui ont besoin de secours et de soutien. La femme , être foible , le cède à l'homme en force et en intelligence : les enfans , sans force et sans raison , ont long-temps besoin de l'appui de leurs parens. L'homme doit donc, comme mari , diriger la femme ; comme père , commander à ses enfans. Voila un premier pouvoir dont est investi le père de famille par le droit de la nature.

Il existe une autre espèce d'êtres

foibles, que la nature a privés d'intelligence, qui n'ont pas de libre arbitre, et ne sont doués que d'une foible lueur de raison : ce sont les esclaves. Ces hommes-là, incapables de se conduire, sont faits pour être commandés. N'étant point susceptibles du développement de la raison, la nature veut qu'on leur donne des ordres, qu'ils exécuteront sans examen ni réclamation. Voilà une seconde espèce de pouvoir différent du premier, dont la nature investit encore le père de famille.

Jusques-là ces pouvoirs sont concentrés dans la maison, qui n'est que la réunion de la nature. Bientôt les enfans sont la souche de nouvelles maisons qui forment un hameau. Ces hameaux se multiplient : les chefs des maisons se réunissent pour la sûreté et les intérêts de tous, ils organisent un systême de défense et de police commune : voilà une cité. Mais ces pères de familles sont indépendans, et tous égaux en droits. Ils

établissent donc que quelques-uns commanderont pour l'avantage commun ,
mais que cette autorité ne sera que temporaire , et que si les autres leur obéissent, c'est en se réservant le droit de
commander à leur tour. Voilà une troisième espèce de pouvoir dont sont investis les pères de famille , et qui vient
aussi de la nature.

Ainsi, la nature a créé trois pouvoirs,
desquels dérivent tous ceux qui entrent
dans l'organisation de l'ordre social.

Premier pouvoir. C'est celui du maître
sur l'esclave. Ce pouvoir est tout à l'avantage de celui qui ordonne. Il n'admet
dans celui qui est commandé , qu'une
obéissance passive et sans réplique.
Voilà le despotisme.

Second pouvoir. C'est celui du mari
et père. Ce pouvoir est continu. Il est
fondé sur la tendresse , la reconnoissance et le respect. Voilà la monarchie.

Troisième pouvoir. C'est celui des
pères de famille, tous égaux et indépen-

dans, mais réunis pour l'intérêt et la défense commune. La justice et la nature veulent que ce pouvoir soit temporaire et alternatif, c'est-à-dire, que les individus obéissent, de manière qu'ils puissent commander à leur tour. Voilà la république.

Ici on demande, pourquoi Aristote, philosophe aussi humain que profond, a posé en principe cet horrible systême qu'on lui a si justement reproché, que l'esclavage est de droit naturel, et qu'il y a des esclaves par nature.

Voici, sans vouloir le justifier, quelle fut, à ce qu'il paroît, sa pensée politique. Dans son systême de philosophie, la nature est la fin de tout. Il a vu trois espèces de gouvernemens qui se partageoient l'univers, le despotisme, la monarchie, la république ; il a voulu en trouver les principes dans la nature. Au reste, ce principe de la loi du plus fort, n'étoit pas contesté dans l'antiquité. Platon, dans le Gorgias, établit qu'il

est juste que le plus fort commande : les athéniens et les lacédémoniens inondèrent la Grèce de sang, pour obtenir l'empire, c'est-à-dire pour commander par la loi du plus fort. Dans la singulière conférence qui se tint entre les ambassadeurs d'Athènes et ceux de l'île de Mélos, (*) dont les athéniens vouloient s'emparer, de part et d'autre, on discuta ses droits. Les athéniens disent aux méliens : « Vous savez que les
» règles d'une justice égale ne doivent
» être prises en considération qu'entre
» des égaux ; le plus fort a donc le droit
» de commander et le plus foible doit
» obéir, parce que c'est l'avantage de
» tous les deux. Ce n'est pas un décret
» du peuple d'Athènes, mais l'ordre de
» la providence, qui établit cette iné-
» vitable loi, que le plus fort doit gou-
» verner le plus foible. Vous demandez
» par quel moyen vous concilierez vos
» intérêts avec les nôtres : vous, par

(*) Thucydide, liv. 5, p. 400 et seq.

» votre soummission , vous conserverez
» vos biens et vos vies : nous , par votre
» conservation , nous augmenterons no-
» tre force. » Cependant un philosophe
ne devoit point admettre une pareille
théorie, aussi Montesquieu et Rousseau,
lui reprochent-ils avec raison ce système
de l'esclavage naturel , que , disent-ils ,
il ne prouve guère. C'est le cas de lui
appliquer ici ce mot d'Alexandre , son
disciple, *il rêve des sophismes.*

Mais Aristote tire de ce principe vicieux, une conséquence bien importante
pour son système politique. Il conclut de
sa théorie de l'esclavage , que le mercenaire et l'artisan ne doivent point être
admis à la participation de la chose publique. En effet, dit-il , il y a une chaîne
suivie depuis l'esclave jusqu'à l'homme
libre. Toutes les professions qui tiennent à la nature de l'esclavage jusqu'aux
limites de la liberté, sont essentiellement
serviles. Ceux qui les exercent ne sont
pas faits pour commander.

Mais à quels caractères distinguer les occupations serviles, de celles qui conviennent à l'homme libre ? Les voici. Toutes les occupations conformes à la nature de l'homme, sont honnêtes. Telles sont, la chasse, la pêche, l'agriculture, la guerre. La nature, en nous créant des besoins, nous a aussi donné les moyens et l'industrie convenables pour les satisfaire. Ce genre de travail est la spéculation naturelle. Toute profession qui se vend ou se loue pour de l'argent, est vile et sordide, parce qu'elle n'est pas dans la nature, parce qu'elle se soumet aux volontés et aux ordres d'autrui, parce qu'un manœuvre est un véritable esclave temporaire, qui obéit passivement à celui qui le paie. De même, le commerce de détail qui achète pour revendre, tient à la nature de la servitude, parce que les revendeurs sont en général menteurs et fripons comme des esclaves, parce qu'ils sont en quelque sorte esclaves du public, dont ils ne servent que les goûts ou les caprices. Ces sortes d'occupations n'étant point dans la nature , ne sont que des spéculations artificielles qui ne portent point à la vertu , et doivent exclure ceux qui s'y livrent, de la participation à la chose publique. Les anciens législateurs , Minos , Lycurgue , Charondas , Zaleucus, Solon , avoient admis ce principe d'exclusion , dans l'organisation de leurs loix , mais ils ne l'avoient pas prouvé.

Cependant , qu'on prenne garde que presque tous les peuples et tous les gouvernemens ont admis politiquement une partie de ce principe. Les anciens , dit Mably , avoient repoussé le commerce de la chose publique , de peur que l'intérêt et l'esprit des marchands ne devint l'intérêt et l'esprit de l'état. Nous - mêmes , sans adopter le principe d'Aristote, n'en avons - nous pas admis une partie des conséquences ? Lorsque notre constitution suspend de l'exercice des droits de citoyens , les hommes en état de domesticité, qu'est-ce autre chose que de déclarer que ces hommes-là, étant dans une position voisine de la servitude, ne sont pas en état de commander !

Livre II. Après avoir recherché l'origine et la différence des pouvoirs établis par la nature, il étoit utile de consulter l'expérience, et d'examiner comment de sages législateurs ont fait l'emploi de ces pouvoirs, dans l'organisation des sociétés politiques. C'est ici qu'Aristote a tiré de son immense collection, qui contenoit les constitutions de 158 peuples, celles de Crète, de Lacédémone, de Carthage et d'Athènes. Il y ajoute les plans de constitution proposés par les écrivains les plus célèbres, et sur-tout la république de Platon. C'est dans l'examen de cette fameuse république, qu'on reconnoit sur-tout la vérité de l'observation faite par Montesquieu, qu'Aristote n'a fait sa politique, que pour l'opposer aux principes de Platon.

Celui - ci admet trois principes fonda-
mentaux : unité dans le gouvernement ;
communauté des femmes , des enfans et
des biens ; institutions politiques dans
le systême de l'aristocratie. Tout est
blâmé , censuré , tant dans les principes
que dans les moyens d'exécution. Sans
doute tant de traits sublimes qui brillent
dans les ouvrages de Platon , n'ont pas
échappé à son sévère censeur : il paroît
qu'il lui en eût coûté pour en faire l'éloge ,
il les passe sous silence.

Afin de mettre le lecteur à portée de
juger sainement de la république de
Platon , et de sa critique , nous en avons
fait l'analyse exacte , que nous avons
placée à la tête du second livre

La constitution de Lacédémone , si
vantée par Xénophon et Platon , qui la
regardoient comme le gouvernement le
plus parfait que les hommes eussent établi sur la terre, est discutée sous tous ses
rapports , avec autant de sévérité que de
profondeur. Tandis que Xénophon et

Platon n'y trouvent que de grands exemples de vertu, de désintéressement, de courage, Aristote y apperçoit la licence prenant le masque de la vertu, l'avarice cachée sous le voile du désintéressement, l'ambition se déguisant sous le nom d'amour de la patrie. Il accorde des vertus aux lacédémoniens, mais il descend dans leurs tristes pensées, et découvrant les replis tortueux de leur ame, il expose au grand jour leurs passions et leurs vices : s'il développe les causes de leur grandeur et de leur célébrité, c'est pour y trouver les causes mêmes de leur décadence et de leur ruine.

La constitution de Crète, dont celle de Lacédémone n'étoit qu'une imitation perfectionnée, lui paroît avoir les mêmes caractères.

La constitution carthaginoise, si décriée par la partialité des romains, est placée au rang des plus sages gouvernemens qui aient jamais existé. C'est

en

en effet un bel éloge pour un gouvernement , de n'avoir jamais été agité par
des révolutions , et d'avoir constamment travaillé et réussi à rendre les
peuples heureux. Cependant, la base
des institutions reposoit , non pas sur la
vertu , mais sur les richesses et l'amour
de l'argent. C'est ce qui perdit Carthage.

Enfin, la constitution de ces athéniens
ingénieux et magnanimes , qui ont rempli l'univers de leurs arts et de leur gloire , est aussi discutée avec sévérité.
Aristote y examine seulement les changemens que Solon introduisit dans le
système politique , car ce sage , ennemi
de tout bouleversement, chercha plutôt
à rétablir l'ordre et la paix qu'à innover.
Avant Solon , la naissance seule donnoit droit aux honneurs , et l'immense
majorité des citoyens n'avoit aucune espérance d'avoir part au gouvernement.
Solon se contenta de transporter les
droits politiques de la naissance au cens,

Tome I. c

c'est - à - dire à la fortune. Alors, tous pouvant arriver à la fortune par le travail et l'industrie, tous eurent, sinon le droit, au moins l'espérance de prendre part au gouvernement. Telle fut la base des institutions de Solon, et des loix politiques qu'il donna à sa patrie. Mais bientôt l'ambition des démagogues franchit cette barrière qui éloignoit des honneurs l'homme de la multitude. Ils flattèrent le peuple, fier d'avoir vaincu à Salamine, et celui - ci brisa tous les obstacles. Le sage Aristide, soit persuasion, soit foiblesse, proposa lui-même le décret qui ouvroit à tous, et sans aucune condition de revenu, la carrière des honneurs. Le peuple devint le maître, et établit la démagogie. Ici, Aristote s'arrête. Il semble qu'il dédaigne de discuter un gouvernement qui, d'après ses principes, n'a pas de bases, et qu'il déclare être un cahos anarchique, plutôt qu'un gouvernement.

Quelques politiques ont reproché à

Aristote, de n'avoir pas séparé dans son ouvrage l'examen des loix constitution-nelles, de celui des loix organiques, et des institutions. Ils n'ont pas fait attention que les anciens ne séparoient jamais ces deux objets. Chez eux ; la constitution n'étoit pas seulement l'or-ganisation du gouvernement, mais elle renfermoit encore les institutions, les loix sur l'éducation, les mœurs sur-tout. Organisation du gouvernement, loix et institutions propres à assurer la tran-quillité et la durée du gouvernement, voilà, comme nous l'avons déjà dit, l'en-semble qu'ils appelloient constitution.

Livres III et IV. Cependant, la per-fection de l'ordre social est la question la plus importante qu'il soit possible de traiter sur la terre, car c'est d'elle que dépend le bonheur des états et des in-dividus. Remontons donc aux principes pour établir la vraie théorie des gouver-nemens : c'est la seule route pour arriver à la vérité.

Les pouvoirs institués par la nature, et organisés pour l'institution d'un gouvernement, sont ou dans les mains du grand nombre, ou dans celles d'une minorité. Telles sont les deux grandes lignes de démarcation, entre lesquelles se partagent toutes les espèces de gouvemens.

Si le gouvernement est entre les mains d'une minorité réduite au plus petit nombre possible, qui est un seul, il y a monarchie ou tyrannie

Si le gouvernement se trouve entre les mains d'une minorité, c'est-à-dire depuis un petit nombre d'individus jusqu'à moins que la moitié des citoyens, il y a oligarchie ou aristocratie.

S'il se trouve entre les mains du grand nombre, c'est-à-dire, depuis la moitié, plus un, jusqu'à la totalité des citoyens, il y a république ou démagogie.

Lorsqu'un seul gouverne, s'il doit ce poste éminent à l'éclat de ses vertus, au

choix libre et volontaire de ses concitoyens, s'il administre, comme le
père de famille, pour l'avantage des
gouvernés, ce gouvernement est la
royauté.

Si une minorité, recommandable par
ses talens, ses connoissances, sur-tout
par sa vertu, tient les rênes de l'état
de manière qu'elle ne s'écarte jamais des
principes de la justice, et obtienne constamment l'assentiment des subordonnés,
ce gouvernement, qui est celui des meilleurs, s'appelle aristocratie.

Si une majorité quelconque prend
part au gouvernement, si cette majorité
est composée de chefs de famille intéressés par leurs propriétés, leur aisance
quoique médiocre, leur amour de l'ordre, à la prospérité de l'état; si elle
administre ses propres affaires, de ma-
niére que la classe ignorante, grossière,
sans lien qui l'attache à la chose publique, soit écartée de l'administration, ce
gouvernement, fondé sur la justice et

c 3

la nature s'appelle proprement et exclusivement république.

Il suit de-là, qu'il y a trois espèces de bons gouvernemens, parce qu'ils sont fondés sur la justice et la nature. Ces gouvernemens sont, la royauté, l'aristocratie et la vraie république.

Il est également aisé de conclure de ces principes, qu'il y a trois gouvernemens corrompus, qui correspondent a ceux dont nous venons de poser les bases.

Un seul homme ambitieux et adroit, peut, par la force ou la ruse, s'emparer du pouvoir suprême, contraindre à l'obéissance, et régner pour son profit : voilà la tyrannie.

Une minorité, fière de sa naissance ou de ses richesses, qui ne sont pas des vertus, mais des prérogatives de convention, peut se rendre maîtresse des affaires. Dominant par les richesses, elle règne pour les richesses. De pareils droits ne sont pas fondés sur la justice ou la nature; cette minorité n'est qu'une coalition oppressive : voilà l'oligarchie.

Une multitude ignorante, turbulente, avide, incapable de commander, n'ayant rien à perdre, peut, par le nombre et la violence, réduire au silence la classe vertueuse et instruite. Cette multitude, pour augmenter sa force, admet à la participation des affaires, tous les individus sans choix ni exception : bientôt elle met ses caprices à la place de la loi ; elle se laisse mener par d'ambitieux démagogues : elle dépouille, bannit, tue les riches, substitue la licence à la liberté, et met à la place de l'ordre politique, l'anarchie, et le désordre : voilà la démagogie.

Ainsi, la royauté, l'aristocratie, la république, sont fondées sur la nature et la vertu : la soumission est volontaire ; l'administration est à l'avantage des gouvernés : elles ont les bases et les caractères des bons gouvernemens.

La tyrannie, l'oligarchie, la démagogie, sont fondées sur des prérogatives de convention, qui ne sont ni la vertu, ni le droit : la soumission est forcée ; l'administration est au profit des gouvernans : elles ont les bases et les caractères des gouvernemens corrompus.

Il suit de-là, qu'il y a trois bons gouvernemens et trois mauvais.

Combinez ensuite toute autre espèce d'organisation sociale, elle tiendra nécessairement à l'un de ces gouvernemens, et n'en peut être qu'une nuance intermédiaire.

Telles sont la nature et les espèces des gouvernemens qui régissent toutes les sociétés politiques de la terre. Ces bases données, l'organisation des trois pouvoirs, délibérant, exécutif et judiciaire, en découle nécessairement. Cette organisation n'est que l'application de la théorie.

Livre V. Mais l'œuvre du législateur

qui a organisé un gouvernement, est loin d'être parfaite : le conserver, assurer sa durée, voilà le complément de son ouvrage dont l'ensemble mérite seul le nom de constitution. Ici, les passions humaines luttent avec violence contre l'ordre social, qui tend sans cesse à les réprimer. Ce sont elles qui font les révolutions : c'est la sagesse ou le vice des loix qui leur donne l'essor, ou les comprime

Egalité, inégalité, telles sont les causes premières des révolutions. Les uns, et c'est la multitude, se prévalant de la prérogative de citoyens, veulent l'égalité absolue, sans tenir compte de l'instruction des talens et de la vertu : c'est l'injustice propre aux gouvernemens du grand nombre. Les autres, et c'est la minorité, ayant la conscience de leur inégalité, à raison de leur illustre origine, de leurs connoissances et de leurs talens, veulent en tout la supériorité, sans tenir compte des droits des citoyens. C'est l'oppression propre aux gouvernemens du petit nombre.

Les causes secondaires sont les passions ou les vices, tant des gouvernemens que des gouvernés.

Ainsi, le monarque qui se rend odieux par son despotisme, ou méprisable par ses vices, excite dans ses sujets l'indignation contre ses violences, ou l'audace contre sa nullité.

L'aristocratie qui s'écarte des principes de la vertu, qui ferme les yeux sur les infractions, même légères, à la constitution, qui nomme aux emplois des magistrats jaloux ou négligens, qui est avide de richesses, qui se coalise pour éloigner des fonctions publiques, les citoyens illustres, s'expose aux ressentimens de l'honneur outragé, aux conspirations dont l'intérêt est la source, a l'envie du peuple, qui pardonne que d'autres occupent les emplois, pourvu qu'il ne soit ni méprisé, ni avili, ni pillé.

La démocratie court les risques d'une révolution, lorsque la condition du cens est supprimée, et que tous sans distinction ont part aux affaires, lorsqu'on accorde un droit de présence pour assister à toutes les assemblées, lorsque la voix des mercenaires et des gens sans aveu étouffe celle des citoyens, lorsque les démagogues se sont emparés de l'esprit de la multitude, et par elle décident tout au gré de leurs caprices. Alors la classe riche et vertueuse est exposée aux persécutions. L'exil, la mort, les confiscations injustes, l'oppression, soulèvent des esprits fiers et généreux : alors la démocratie se perd par les ennemis qu'elle se fait, et par sa propre violence.

Mais si les gouvernemens, quelle que soit leur nature, veulent assurer leur tranquillité et leur durée, qu'ils sachent qu'il ne faut rien moins qu'une vertu qui ne se démente pas, et surtout ne s'écarte jamais des loix de la justice et de la nature.

Comment se maintiendra la monarchie ? Si le prince use modérément des pouvoirs, s'il se concilie l'affection des grands, en procurant l'aisance et le bonheur du peuple, s'il évite les excès, s'il n'outrage jamais ni la beauté, ni les personnes, s'il respecte les propriétés. Qu'il sache qu'on ne provoque jamais impunément la colère qui joue la vie, et qu'on ne méprise pas, qu'on n'attaque pas l'homme sobre et qui veille, mais bien l'homme ivre, et celui qui dort.

Quant au tyran, il est voué au mépris comme usurpateur, et ses moyens de se conserver, sont tous marqués au sceau de la perversité. Anéantir les citoyens distingués par leurs talens et leur vertu, fermer les écoles d'instruction, jetter le trouble et la discorde dans les familles, accabler le peuple d'impôts et de travaux, afin qu'il soit pauvre, avili, sans ressources pour conspirer, voilà un des moyens de conserver sa puissance. Il en existe un autre qui le conduit au même but par des voies moins criminelles. Il est vrai qu'aucune vertu ne peut couvrir le crime de son usurpation : mais du moins qu'il ait l'art de prendre habilement le masque de la vertu. Qu'il sache par son application aux affaires, établir l'opinion de son habileté dans l'art de gouverner ; qu'il ait l'adresse de captiver les grands, en évitant de confier à aucuns d'eux de grands pouvoirs ; qu'il évite les insultes et les outrages ; qu'il paroisse faire usage de la fortune publique, moins pour ses jouissances, que pour l'avantage de ses sujets : ceux - ci moins avilis, pourront supporter un pareil gouvernement, sur- tout si le tyran a l'art de leur laisser croire qu'ils sont libres, en cachant les chaî- nes dont il les tient garottés, pour s'as- surer de leur obéissance.

Toute espèce d'organisation politi- que, dans lequel une minorité est à la tête des affaires, se conserve, par la modération dans l'exercice des pou-

voirs , et sur-tout par la vertu. Faites ,
dans ce genre de gouvernement , que
la classe distinguée y trouve les avantages de l'oligarchie , et la multitude
ceux de la démocratie : que les emplois
ne soient donnés , ni à l'intrigue ni aux
richesses , mais au mérite personnel ;
que nul citoyen , ayant la fortune ou
les qualités exigées par la loi , n'é-
prouve d'exclusion aux honneurs ; que
les emplois soient limités à un temps
très-court ; que des comptes sévères
soient rendus publiquement ; que les
fonctions publiques ne puissent jamais
devenir un objet de spéculation et de
profit ; que les emplois subalternes ,
mais lucratifs , soient donnés aux citoyens de la classe du peuple , un pareil gouvernement se conservera long-
temps. La classe illustre occupera les
premières dignités , sans exciter l'envie , parce qu'elle ne pourra en recueillir que la gloire et l'honneur. La dernière classe renoncera d'elle-même à

des fonctions qui ne seroient qu'oné-
reuses pour elle , sans lui être utiles.

Enfin , quelque imparfait que soit le
gouvernement du grand nombre , quelqu'exposé qu'il soit à des secousses violentes, il n'est pas impossible de le conserver , pourvu qu'il soit étayé avec
adresse. Établissez un cens tellement
calculé que la majorité puisse prendre
part aux affaires, mais que cette tourbe
d'ouvriers , de mercenaires , de gens
ignorans et grossiers , en soient exclus.
Diminuez l'influence des démagogues en
les rendant responsables des lois dan-
géreuses qu'ils oseroient proposer. Que
les pauvres respectent sur-tout les propriétés des riches, et s'il y a quelquefois
lieu à confiscation, qu'elle ne soit jamais
au profit du peuple ; que le grand nombre se contente d'élire les magistrats ,
d'avoir entrée dans les tribunaux, de décider en dernier ressort sur la paix et la
guerre ; qu'il y ait un sénat pour diriger
et préparer les affaires ; que les assem-

blées soient peu fréquentes et bornées
au stricte nécessaire. Ces précautions
donneront une sorte de sagesse et d'ensemble à ce gouvernement, qui pourra
ainsi se conserver.

C'est dans cet exposé des causes de
révolution et de conservation des gouvernemens, qu'Aristote a développé sur-
tout le génie d'un grand politique. Il
passe en revue tous les gouvernemens
dont il avoit fait l'examen dans son ouvrage des constitutions, qui est perdu.
Il semble qu'il a voulu donner l'analyse
de cet ouvrage dans ce cinquième livre,
qui est, sans contredit, le plus instructif et le plus profond de la politique.
C'est là qu'en parlant de la tyrannie,
il peint à grands traits la politique tor-
tueuse et cruelle des tyrans. Machiavel,
dans son Prince, n'a fait comme nous
l'avons dit, qu'adopter le plan, les idées,
et les principes attroces qu'Aristote indique aux tyrans pour se conserver, mais
qu'il voue à l'exécration et au mépris.

Livre

Livre VI. Mais quels moyens le législateur a-t-il sous la main, pour maintenir un systême de gouvernement contre les passions des hommes qui tendent sans cesse à l'ébranler, ou bien à le détruire ? Voici les seuls qui exigent autant de génie que de prudence.

Que toutes les loix sans exception soient relatives aux principes des divers gouvernemens. Chaque genre d'organisation politique a son systême, ses mœurs, son caractère qui lui est propre. Etes-vous forcé d'établir un gouvernement populaire ? Que toutes les institutions soient populaires, que toutes leurs conséquences soient dans l'esprit démocratique. Ne vous écartez dans aucune de vos loix, des principes de la liberté et de l'égalité proportionnelle. Que le magistrat soit élu par tous et parmi tous; que la durée des magistratures soit limitée ; que l'assemblée du peuple soit investie du pouvoir suprême. Admettez seulement aux droits politiques, la classe agricole et industrieuse, qui veut vivre

Tome I.   d

tranquille, et aime mieux le profit et la paix que les troubles et la gloire : un tel peuple sera content s'il élit ses magistrats, s'il juge leur responsabilité, s'il est consulté par un senat sur les affaires importantes de la paix et de la guerre. En partant de ces bases toutes démocratiques, vous pourrez organiser une constitution populaire qui durera, et pourra même être comptée au rang des bons gouvernemens.

Voulez-vous organiser une oligarchie ? que le principe de vos loix soit tout entier dans le système de ce gouvernement. Ainsi vous établirez un cens si élevé, que la minorité seule puisse arriver aux honneurs : un conseil peu nombreux décidera de toutes les affaires ; vous éviterez de faire entrer dans les troupes nationales et permanentes, la classe du peuple qui n'a point part au gouvernement ; vous admettrez au rang de citoyens, tous ceux qui atteindront au cens prescrit ; vous forcerez les premiers magistrats à quelque grosse et utile dépense, afin que le peuple n'envie pas des emplois brillans, mais onéreux. Vos magistrats seront payés par la gloire, et la monnoie de l'honneur.

Cependant prenez garde de porter trop loin ces principes. Que le législateur sache bien que l'esprit de la démocratie ou de l'oligarchie, ne consiste pas à organiser une cité, d'après un système outré de démocratie ou d'oligarchie. Le point essentiel est de poser les bases oligarchiques ou démocratiques, de manière qu'aucune des classes de l'état ne désire de changement, et qu'on assure à la constitution, la plus longue durée qu'il est possible.

Malheureusement, la plupart des législateurs ont ignoré cette importante vérité. Ils ont forcé toutes les espèces d'institutions qui leur ont présenté un caractère de sagesse, d'entrer dans leur plan. Ils ne se sont point apperçus que ce mélange d'institutions oligarchiques et démocratiques, nuisoit à l'unité de principe, base fondamentale de tout gouvernement bien organisé. Eux-mêmes placent ainsi au sein de la cité, des causes de troubles et de décadence, qui bientôt entraînent le renversement de la constitution.

Livre VII. Quelles conséquences tirer des principes qui viennent d'être exposés ? Elles sont évidentes et sûres, parce qu'elles sont puisées dans la nature. Le but de toute espèce d'organisation sociale, est de procurer le bonheur des membres de la société. Que chaque cité adopte le gouvernement qui lui convient, d'après les différences du climat, des mœurs, des habitudes et des circonstances. Les orientaux spirituels, mais sans énergie, aiment la monarchie. Les pays de plaine et riches, adoptent l'oligarchie. Les climats montagneux, froids, ou maritimes, préfèrent la démocratie. Mais si vous êtes le maître d'organiser un gouvernement dans une cité naissante, et placée sous un climat heureux comme celui de la Grèce, vous aurez des hommes

spirituels, comme les asiatiques, et
pleins d'énergie comme les peuples
du Nord : la réunion de ces précieux
avantages, vous permet d'organiser une
vraie république, qui est de tous les
gouvernemens le plus juste, et le plus
conforme à la nature. Quoi de plus juste
en effet que l'administration de chefs de
familles, intéressés à la prospérité de
l'état, qui règlent par eux-mêmes leurs
propres affaires ? Tel est l'ordre social
qui paroît le plus naturel et le plus
convenable aux cités, si des circonstances impérieuses ne s'opposent à son
établissement.

Quelles seront les bases de ce gouvernement, qui est la vraie république ?
Celles qui ont été indiquées précédemment. (Voyez page iv.) Quelques institutions en formeront le complément.
Que la cité ait de justes proportions,
tant pour la population que pour l'é-
tendue du territoire. La puissance d'un
état dépend moins de la vaste étendue

de l'empire, et du nombre des habitans, que de la force réelle du corps politique, et du bon emploi des moyens de prospérité. Vous placerez le chef-lieu de l'état dans une position avantageuse et maritime. Vous fortifierez soigneusement la ville centrale. Ceux qui se faisoient gloire de mépriser les remparts qu'ils regardoient comme l'asyle des lâches, ont été cruellement punis de leur folle témérité (*). Souvenez-vous qu'on n'attaque pas aisément un peuple qui a de puissans moyens de défense.

Vous établirez les repas publics auxquels tous les citoyens hommes, femmes, enfans, seront admis aux dépens de l'état. Une partie du territoire sera affectée à cette dépense, une autre à celles du gouvernement.

Vous n'oublierez pas sur-tout que deux sortes d'avantages assurent la durée du corps politique : de bonnes loix, et des moyens suffisans de puissance et de prospérité. Les bonnes loix dépen-

(*) Les Lacédémoniens.

dent uniquement de la sagesse du législateur. Les moyens de puissance
dépendent de la fortune. Employez ces
moyens avec un sage discernement,
autrement votre cité n'arriveroit pas au
point donné de splendeur, parce que
vous n'aurez pas fait emploi des ressources que vous auriez sous la main,
ou bien le gouvernement ne se main-
tiendroit pas, parce que vous auriez
supposé des moyens que vous n'avez
pas.

Livre VIII. Mais quelle est la base
la plus assurée de la durée des gouvernemens et de la stabilité des loix?
L'éducation. Formez le cœur des jeunes
citoyens par de sages et fortes institutions, c'est l'unique moyen de consoli-
der la constitution. Que tous apprennent à respecter les loix. Il vaudroit
mieux avoir de mauvaises loix auxquelles on obéit, que de bonnes loix auxquelles on n'obéit pas. Quelle est la
différence entre un bon et un mauvais

gouvernement? Les mœurs. Appliquez-
vous donc à les former. Que l'éducation soit une et nationale : les individus
sont membres du corps social ; ils n'appartiennent donc pas à eux-mêmes, mais
à la république. L'éducation de tous
sans exception, dans le systême et l'esprit du gouvernement, est si indispensable, qu'on peut poser comme principe, que si un seul citoyen n'a pas sa
physionomie et les mœurs nationales,
on peut presque en conclure que le
gouvernement n'a pas de caractère

Le savant Dacier avoit entrepris une
traduction de la politique qu'il abandonna, ou rebuté par les difficultés, ou
peut-être par prudence, car il est bon
de savoir, qu'il fut un temps où il étoit
défendu aux maîtres de lire la politique
d'Aristote, et de l'expliquer à leurs
élèves.

Je ne me suis point dissimulé les extrêmes difficultés que présentoit ce travail. Indépendamment des matières abstraites qui y sont traitées, le texte grec

offre à chaque instant des obstacles à
vaincre. « Aristote, disent les *Mém. de*
» *l'Acad.* t. 32, p. 55, use d'expres-
» sions propres, mais elles sont si pré-
» cises, que la plus légère inattention
» suffit pour en faire perdre le sens.
» Quelquefois le nœud de la doctrine
» est renfermé dans une particule, qui
» dans le texte, semble un point plutôt
» qu'un mot. Il a des constructions har-
» dies et quelquefois rompues et renver-
» sées, des élipses difficiles à suppléer,
» des mots factices qui comprennent
» tant d'idées abstraites, qu'on ne peut
» ni les embrasser toutes, ni les déter-
» miner avec justesse. »

Qu'on joigne à ces causes d'obscurité,
le sort qu'ont éprouvé les œuvres d'A-
ristote, avant d'arriver jusqu'à nous. Il
avoit laissé ses écrits à Théophraste, son
disciple. C'étoit un trésor que celui-ci,
suivant la coutume du temps, se garda
bien de rendre public. Il imita son maître, qui ayant acheté trois talens (*) les

(*) 16,200 livres.

Œuvres de Chysippe s'empara de sa doctrine et supprima l'ouvrage. Les Œuvres
d'Aristote passèrent des mains de Théophraste dans celles de Nelée de Scepsis.
Les rois de Pergame qui formoient une
bibliothèque, soupçonnérent les héritiers de Nelée de posséder ce trésor.
Ceux-ci, ou refusèrent de le vendre, ou
craignirent qu'on ne le leur enlevât par la
force. L'un d'eux cacha le manuscrit
dans un caveau souterrain. Il paroît qu'il
mourut sans dire son secret, car ce ne
fut qu'après cent trente ans que l'ouvrage fut retrouvé rongé de vers, et
dégradé par la pourriture et l'humidité.
Pellicon, savant athénien, l'acheta en
cet état. Il suppléa aux lacunes et rétablit le texte. Lorsque Sylla s'empara
d'Athènes, il enleva la bibliothèque de
Pellicon, qu'il transporta à Rome. Le
bibliothécaire de Sylla fit faire quelques
copies des Œuvres d'Aristote, dont l'une
tomba entre les mains d'Andronic de
Rhodes, et c'est de lui que l'ouvrage est
parvenu jusqu'à nous. Enfin ce texte

étoit si difficile à interpréter , dans des temps déjà reculés , que Thémistius déclare qu'il est difficile d'espérer de déchiffrer entièrement un texte si énigmatique , et dont l'auteur lui-même avoit , à dessein , caché la clef.

On voit donc que je ne dois pas prétendre à donner au public une traduction exempte de fautes et d'erreurs. Seulement j'ai lutté avec courage contre les difficultés qui s'offroient, pour ainsi dire, à chaque ligne de l'ouvrage. Aristote , dans sa politique , suppose comme démontrés , tous les principes de sa métaphysique et de sa morale. C'est là que j'ai été chercher l'interprétation d'une foule de passages qui , sans ce secours , seroient inintelligibles. J'indique cette source à ceux qui entreprendront le même travail. C'est la meilleure et la seule qui soit sûre.

Au milieu de tant d'embarras , j'ai consulté les éditions les plus estimées , et je m'en suis tenu à celles qui m'ont présenté le sens le plus clair et le plus suivi. J'ai travaillé sur-tout, d'après celles de Périonius, de Victorinus, de Lambin de Sylburgue, et de Heinsius. J'avois préparé une édition grecque de cet ouvrage, vraiment classique pour un peuple qui a adopté le régime républicain. Mais il a fallu y renoncer, car nous revenons à grands pas vers ce tems du treizième siècle, où l'on disoit chez nous : *græcum est, non legitur.*

J'ai cru devoir ajouter à l'ouvrage un très-grand nombre de notes. Les unes ont pour but d'expliquer le texte, et de présenter au lecteur la chaîne des idées, que souvent il n'est pas aisé de saisir à la simple lecture. Les autres m'ont paru indispensables, pour l'explication d'une foule d'exemples et de traits, qu'il semble qu'Aristote prend plaisir à indiquer seulement. J'ai donné à ces notes le caractère qui leur convenoit. Le savant Barthelemy a exposé avec autant de talent que d'érudition, tout ce qui concerne les arts des différentes cités de la Grèce. Je n'ai voulu ni copier un livre, que tout

le monde a dans les mains , ni m'écarter de l'intention de mon auteur. Aris -
tote passe en revue les divers gouvernemens sous le point de vue politique. Je
n'ai négligé ni peines ni soins , pour recueillir dans les anciens tous les traits
épars qui concernent les gouvernemens
et les révolutions de tant de villes et d'é-
tats. Quant aux notes sur le texte même, je les réserve pour l'édition grecque:
je désire trouver des temps plus heureux
afin de la donner.

Deux écrivains seulement, m'ont aidé
dans mon travail (*). Le Roy, professeur
au collège royal , a donné , du temps de
Charles I X , une traduction , alors très-
estimée de la politique, et l'a accompagnée de notes dont j'ai souvent profité.
Mais sa traduction littérale est presque
par-tout inintelligible. On voit qu'il sa-

(*) Je ne parle point de la paraphrase de Jérôme de
Bénevent , imprimée à Paris en 1621. L'auteur a évidemment travaillé sur une traduction latine peu fidèle,
et paroît n'avoir eu qu'une très-légère connoissance
de la langue grecque.

voit bien la langue grecque, mais qu'il étoit très-peu versé dans l'art de traiter les matières politiques. Heinsius dans le siècle dernier, a donné une édition de la politique, qu'il a accompagnée d'un commentaire. C'étoit un véritable savant, en même temps hómme d'état. Cependant son commentaire est souvent obscur, au point de ne plus reconnoître l'original. Sur-tout dans le sixième livre, il n'a pas même entrevu la grande idée d'Aristote, et ne s'est pas apperçu que ce livre étoit un abrégé de l'Esprit des loix. Je me garderai cependant de ne pas rendre justice à ces deux savans, et je déclare franchement que je me serois cru incapable de traduire et d'interpréter après eux la politique d'Aristote, si je n'avois eu l'avantage d'avoir trois grands et profonds commentaires qu'ils n'ont pu consulter. Ce sont l'Esprit des loix, le Contrat social et notre révolution, le plus étendu et le plus instructif de tous.

TABLE

DES CHAPITRES

Contenus dans le premier Volume.

LIVRE

LIVRE III.

Tome I.

Sommaire du Premier Livre.

La politique n'étant, chez les anciens, que le complément de la morale, qui est la science du bonheur, Aristote part de ce principe, pour établir que le bonheur se trouve éminemment dans la société par excellence, qui est la cité.

Il cherche dans la nature l'origine des sociétés. La nature veut que l'homme et la femme se réunissent pour avoir des enfans. Elle veut encore que des êtres foibles de raison et d'intelligence, se rapprochent de ceux qui ont la prudence nécessaire pour leur commander. Le père, mari et maître ; la femme, les enfans et les esclaves forment la première société organisée qui est la famille.

Les enfans de la première famille, tous égaux et indépendans en forment bientôt de nouvelles, qui se réunissent en hameaux dont l'aggrégation constitue la cité.

Le maître, par le droit de nature, ordonne à l'esclave : voilà le despotisme.

Le père et mari, par le même droit, est obéi par sa femme et ses enfans, à titre d'attachement et de reconnoissance : voilà la monarchie.

Les chefs des familles indépendans et égaux se réunissent, pour les intérêts et la défense commune. Ils obéissent sous la condition de pouvoir commander à leur tour : voilà la république.

Ces trois pouvoirs établis par la nature, sont la base de l'organisation des cités.

D'un autre côté, la nature a pourvu à la subsistance de l'homme, en lui gardant son indépendance. L'agriculture, la chasse, la pêche, la guerre : voilà les moyens naturels de l'homme pour exister en demeurant libre et sans se dégrader. L'ensemble de ces professions constitue ce qu'Aristote appelle la spéculation naturelle.

D'autres hommes s'écartent de la nature pour pourvoir à leur subsistance. Ce sont les mercenaires et les gens de main-d'œuvre qui sont entachés d'esclavage, parce qu'ils opèrent passivement sous les ordres, et pour les caprices des autres. Leurs professions sont des spéculations artificielles, c'est-à-dire, contre nature.

Les premiers conservant l'indépendance de la nature, doivent seuls être membres du corps social.

Les seconds dépendans par habitude, ne sont pas faits pour commander, et doivent être exclus de l'exercice des droits politiques.

Telle est la théorie des pouvoirs publics établis dans ce premier livre. Mais, disent Montesquieu et Rousseau, Aristote veut prouver qu'il y a des esclaves par nature, et ce qu'il dit ne le prouve guères.

LA

LA POLITIQUE

D'ARISTOTE,

OU

LA SCIENCE

DES GOUVERNEMENS.

LIVRE PREMIER.

CHAPITRE PREMIER.

De la formation des Sociétés.

Une cité est une association. Toute association se forme dans la vue de quelque avantage, parce que l'homme dirige nécessairement
ses actions vers ce qu'il regarde comme un
bien. Les individus ne se réunissent donc en
société que dans la vue d'un bien (*) : or ce
bien doit se trouver éminemment (1) dans cette
société par excellence, qui renferme toutes
les autres, que nous appellons cité et commune république.

(*) Quelle est la fin de l'association politique ? C'est
la conservation et la prospérité de ses membres. Contrat Social, liv. 3, ch. 9.

Tome I.   A

Quelques politiques (2) ont prétendu que le magistrat citoyen, le monarque, le père de famille, et le maître étoient investis de pouvoirs de même nature (*). Ils ont pensé que ces pouvoirs différoient moins par leur essence que par le nombre des gouvernés ; qu'un maître commande à peu d'individus, un père de famille à un plus grand nombre, un magistrat ou un monarque à une société plus étendue. Il suivroit de ce principe, qu'il n'y auroit pas de différence entre une grande famille et une petite cité (**) ; entre un monarque et un magistrat républicain : seulement on appelleroit monarque, un chef unique et perpétuel ; et magistrat, celui qui commanderoit en vertu d'une constitution libre, pour obéir à son tour.

Nous démontrerons le vice de ce principe (***), à l'aide de la méthode (3) qui nous a

(*) Platon amatores, p. 7. Politicus seu de regno, p. 170, ed. Marcil. fic.

(**) Quelque ressemblance qu'une famille puisse avoir dans son ordre, ses offices, et son nombre avec un petit état ; il est certain pourtant qu'elle en est fort différente, soit dans sa constitution, soit dans son pouvoir, soit dans sa fin. Locke, Gouv. civil, ch. 6, §. 11.

(***) Aristote semble n'avoir fait sa politique, que pour opposer ses sentimens à ceux de Platon. Espr. des Loix, liv. 4, ch. 8.

guidé dans nos autres ouvrages. L'analyse est
la clef de toutes les sciences : par elle, le tout
est décomposé jusque dans ses élémens. Ainsi
nous examinerons la cité dans les plus simples
parties qui la constituent. Nous saisirons plus
aisément leurs différences, et nous réunirons
ces connoissances isolées, pour essayer d'en
former un art.

Examinons l'ordre de la nature (4) dans la
composition des êtres; nous suivrons sa marche : c'est la plus belle des méthodes.

La première société se forme de deux individus, qui ne peuvent exister l'un sans l'autre, ce sont l'homme et la femme. Ils se rapprochent par le désir de se reproduire; leur
union n'est pas le résultat d'une volonté réflé-
chie; elle est commandée par cet instinct de
la nature, qui entraîne les animaux et les plantes mêmes vers le plaisir de laisser après eux
des êtres qui leur ressemblent.

La seconde société se forme entre deux individus que la nature a faits, l'un pour commander, l'autre pour obéir. Ils se réunissent
pour leur mutuelle conservation. L'homme
qui a la force de l'entendement et de la prudence, a reçu de la nature le commandement
et l'empire. Celui qui n'a que la force du corps
pour exécuter, est par l'ordre de la nature

obéissant et esclave. Le maître et l'esclave trouvent donc dans leur réunion un commun avantage (*).

Il suit de ces premières bases, que la nature a mis une différence essentielle entre la femme et l'esclave. Elle n'opère pas avec parcimonie, comme les couteliers de Delphes (5), dont les couteaux servent à plusieurs usages ; elle donne à chaque être sa destination particulière ; ainsi chaque pièce de son grand œuvre est d'autant plus parfaite, qu'elle a un emploi plus exclusif. Les barbares, il est vrai, ne distinguent pas la femme de l'esclave, mais aussi la nature ne leur a point réparti la vertu qui commande par essence. Tous, hommes et femmes, ne sont qu'un troupeau d'esclaves. Les Grecs, nous disent les poëtes, ont droit de commander aux barbares : ils partent de cette idée, que, dans la nature, esclaves et barbares sont synonimes (6).

Cette double réunion de l'homme et de la

(*) Aristote a dit que les hommes ne sont point naturellement égaux ; mais que les uns naissent pour l'esclavage, et les autres pour la domination...Il prenoit l'effet pour la cause. Tout homme né dans l'esclavage, naît pour l'esclavage, rien n'est plus certain. Les esclaves perdent tout dans leurs fers, jusqu'au désir d'en sortir... La force a fait les premiers esclaves, leur lâcheté les a perpétués. Contrat Social, liv. 1, ch. 2.

femme, du maître et de l'esclave, constitue
d'abord la famille : de-là cette pensée vraie
d'Hésiode (*).

> Les premiers commensaux des rustiques maisons,
> Sont la femme, et le bœuf pour tracer des sillons.

Le poëte compte le bœuf comme partie de
la famille, parce qu'il est l'esclave du pauvre.

Voilà une première maison établie par la
nature. Là, dit Charondas, tous mangent le
même pain ; tous, dit Epiménides de Crète (7),
se chauffent au même foyer : cette société est
celle de tous les jours.

Bientôt il se forme une aggrégation de maisons, ayant besoin de services réciproques,
mais non de secours de tous les momens. Voilà
le premier hameau, qui semble être la colonie naturelle de la maison primitive. Il est en
effet la génération des enfans, et celle des enfans des enfans, qui tous, comme on dit, ont
succé le même lait.

De-là, le berceau des monarchies. Les premières sociétés étoient soumises au pouvoir
monarchique. Les peuples ont conservé jusqu'à nos jours cette forme de gouvernement,
parce que leurs ayeux avoient vécu sous des
rois. En effet, une maison est administrée par

(*) Opera et dies, v. 402.

A 3

le plus âgé, qui est une espèce de monarque (*) ; les colonies qui en sont descendues ; ont conservé le gouvernement de la mère patrie. C'est l'idée d'Homère, lorsqu'il dit (**) :

Aux femmes, aux enfans, un seul donne des loix.

Cette institution étoit nécessaire, lorsque les premières familles vivoient éparses et indépendantes.

La monarchie adoptée, tant par les premiers hommes, que par ceux d'aujourd'hui, a donné l'idée de la hiérarchie céleste. Tous s'accordent à dire que les dieux reconnoissent un maître suprême (8). L'homme a fait les dieux à son image : il leur donne aussi ses institutions.

(*) Les pères, par un changement insensible, devinrent les monarques politiques de leurs familles. Comme ils vivoient long-temps, et laissoient des héritiers capables et dignes de leur succéder, ils jettèrent ainsi insensiblement les fondemens des royaumes héréditaires ou électifs. Gouv. civ. ch. 5 , §. 25.

(**) Odyss. liv. 9 , v. 114.

CHAPITRE II.

De la Cité.

LA fusion parfaite de plusieurs hameaux dans un seul corps, constitue la cité. Cette cité forme déja un tout à-peu-près parfait dans son organisation ; car les hommes en avoient fondé les premières bases pour conserver leur existence, et le résultat de l'ordre politique de la cité, est pour eux de bien vivre. Si donc les associations élémentaires de la cité sont dans la nature, la cité est aussi dans la nature. Or la nature étoit la fin de ces associations, et nature est vraie fin (1). Ainsi nous disons des différens êtres, par exemple, d'un homme, d'un cheval, d'une famille, qu'ils sont dans la nature, lorsqu'ils sont constitués suivant le système complet d'organisation qui leur est propre. D'ailleurs les élémens disposés pour une fin sont bons, mais le complément de l'organisation est fin aussi, et fin plus parfaite encore.

Il résulte de-là que la cité est dans la nature (*) ; que la nature a créé l'homme pour

(*) L'ordre social est un droit sacré qui sert de base à tous les autres : cependant ce droit ne vient point de la nature, il est donc fondé sur des conventions. Rousseau, Cont. Soc. liv. 1, ch. 1.

A 4

vivre en société politique ; que celui qui , par sa nature n'a pas de cité, sans qu'il puisse en accuser la fortune , est ou bien au-dessus de l'humanité, ou le plus détestable des êtres : on peut lui appliquer ce vers qu'Homère adresse comme un reproche sanglant (*).

Fuyons l'homme sans loix , sans tribu , sans foyer.

L'individu , ainsi dégradé , est indocile au joug comme un oiseau de proie. Il est en guerre avec la nature.

Oui, l'homme est l'animal social par excellence : il l'est davantage que l'abeille, que tous les autres animaux qui vivent réunis. La nature ne fait rien en vain. Seul entre les animaux , l'homme a l'usage de la parole ; d'autres ont, comme lui , le développement de la voix pour manifester la douleur et le plaisir. La nature , en leur donnant des sensations agréables ou pénibles , les a pourvus d'un organe propre à les communiquer aux individus de leur espèce ; elle a borné là leur langage ; mais elle a doué l'homme de la parole pour exprimer le bien et le mal moral , et par conséquent le juste et l'injuste ; elle a fait à lui seul ce beau présent , parce qu'il a exclusivement

(*) Illiade, liv. 9 , v. 63.

le sentiment du bon et du mauvais, du juste
et de l'injuste, et de toutes les affections qui
en dépendent. C'est la communication de ces
sentimens moraux qui constitue la famille et
la cité.

Actuellement, je dis que la cité est avant la
famille et les individus, parce que le tout est
avant sa partie. Ainsi un homme est un tout ;
s'il meurt, on ne peut plus dire que son pied
ou sa main existent encore. On appellera bien
pied ou main ces membres inanimés, mais
par analogie, comme on appelle main, la main
d'une statue. Tous les êtres ont également
leurs fonctions et leurs propriétés détermi-
nées. S'ils perdent les caractères qui leur sont
propres, il ne reste plus qu'une ressemblance
sans réalité. D'après ces principes, la cité est
par sa nature avant l'individu ; car si chaque
individu isolé ne peut se suffire à lui-même,
tous seront, pris séparément, dans le même
rapport avec le tout. S'il se trouvoit donc un
homme qui ne pût vivre en société, ou qui
prétendit n'avoir besoin que de ses propres
ressources, ne le regardez point comme faisant partie de la cité : il est une bête sauvage
ou un dieu.

Vie sociale ! c'est pour l'homme un penchant impérieux de la nature. Le premier qui

constitua une cité, fut l'auteur du plus grand
des bienfaits. L'homme perfectionné par la
société est le meilleur des animaux ; il est le
plus terrible de tous, lorsqu'il vit sans justice
et sans loix (*). Quel fléau que l'injustice, qui
a les armes à la main ? Les vraies armes que la
nature donne à l'homme, sont la prudence
et la vertu, pour combattre sur-tout les passions et les vices. Sans vertu, il n'est qu'un
être impur et féroce, qui ne sait que se remplir et se reproduire. Justice (2), telle est la
base de la société ; jugement, c'est ce qui
constitue l'ordre de la société : or le jugement
est l'application de la justice.

(*) Le passage de l'état de nature à l'état civil,
produit dans l'homme un changement très-remarqua-
ble, en substituant dans sa conduite la justice à l'instinct, et donnant à ses actions la moralité qui leur
manquoit auparavant. Cont. Soc. liv. 1, ch. 7.

CHAPITRE III.

Des élémens de la famille.

Nous connoissons les parties constituantes de la cité. Nous allons les examiner en détail, nous commencerons par la famille.

Les parties de la cité sont les familles, qui ont aussi leurs élémens. Une famille complétement organisée, se compose d'individus libres et d'esclaves; mais il est nécessaire de la décomposer encore, pour arriver à de plus simples élémens. Ces élémens sont, le maître et l'esclave, le mari et la femme, le père et les enfans: de-là résultent trois pouvoirs différens dont il faut connoître l'étendue et la nature. Ces pouvoirs sont, le pouvoir du maître, le pouvoir marital, et le pouvoir paternel (*). On ne compte ordinairement que ces trois élémens de la famille. Il y en a un quatrième bien important: c'est la spéculation ou industrie qui pourvoit au bien-être des individus qui composent la maison. Quelques-uns la

(*) Locke établit la même division. Considérons, dit-il, le maître d'une famille avec toutes ces relations subordonnées de femme, d'enfans, d'esclaves et serviteurs unis et assemblés sous un seul gouvernement domestique. Gouv. civ. ch. 6, §. 10.

confondent avec l'économie (1), d'autres soutiennent qu'elle en est seulement la partie la
plus essentielle. Nous discuterons ces deux
opinions.

Nous commencerons la discussion par le
maître et l'esclave.

Voyons comment l'esclave est par la nature
de ses services, partie essentielle de la famille.
Développons aussi la théorie de l'esclavage :
peut-être y a-t-il, sur cette matière, quelque
chose de mieux à dire, que ce qu'on en a écrit
jusqu'à présent. En effet les uns prétendent que
les pouvoirs du maître, du père de famille, du
magistrat et du monarque, sont tous de même
nature. Nous avons déja parlé de cette opinion
au commencement de cet ouvrage (*). D'autres
soutiennent que le pouvoir du maître sur l'esclave est contre la nature : la loi, disent-ils,
établit seule la différence entre l'homme libre
et l'esclave. Or la nature fait les hommes égaux,
donc l'esclavage est une injustice, attendu qu'il
est le résultat de la violence (**).

(*) C'est l'opinion de Platon. V. liv. 1, ch. 1.
(**) Ces mots, *esclavage* et *droit*, sont contradic-
toires; ils s'excluent mutuellement, soit d'un homme à
un homme, soit d'un homme à un peuple ; ce discours
sera toujours insensé : je fais avec toi une convention
toute à ta charge, et toute à mon profit, que j'obser-

J'observe que le bien est un élément essentiel de la famille : donc le moyen d'acquérir ce bien est aussi partie de la famille ; car il 'faut avoir le nécessaire pour vivre, et surtout pour vivre commodément. Voyez les arts dont l'objet est déterminé. N'ont-ils pas tous besoin d'outils particuliers pour la perfection de leur œuvre ? Or ce principe s'applique à l'économie domestique. Actuellement il y a deux sortes d'outils ; les uns sont vivans, et les autres inanimés : je m'explique. Ainsi un pilote a un outil inanimé qui est le gouvernail, et un outil animé qui est le timonier, parce que l'ouvrier est dans les arts un véritable instrument. De même le bien est un instrument essentiel à l'existence ; posséder ce bien, c'est avoir dans sa main les instrumens nécessaires pour arriver à ce but : or, qu'est-ce qu'un esclave ? C'est un instrument animé dont on est propriétaire.

L'esclave n'est donc par sa nature qu'un instrument plus parfait qui en mène d'autres. Ainsi les statues de Dédale (2) avoient un principe d'action, les trépieds (3) de Vulcain, dit Homère, accouroient d'eux-mêmes aux divins combats. Si un outil pouvoit pressentir

verai tant qu'il me plaira, et que tu observeras tant qu'il me plaira. Cont. Soc. liv. 1 , ch. 4.

l'ordre de l'artiste, et l'exécuter, si la navette couroit d'elle-même sur la trame, si l'archet tiroit spontanément des sons de la cythare, l'art n'auroit pas besoin d'ouvriers, ni le maître d'esclaves.

J'ajouterai que parmi les objets qui constituent essentiellement la propriété de la famille, les uns sont des instrumens proprement dits, et servent à faire (4); les autres servent simplement, et comme fin. Ainsi une navette, non-seulement sert au tisserand, mais lui sert à faire de la toile; au contraire, on se sert simplement et comme fin d'un lit et d'un vêtement. Il y a donc de la différence, entre ce qui sert comme fin, et ce qui sert pour parvenir à une fin; d'où il suit qu'il faut des instrumens différens pour l'un et pour l'autre. Mais la vie nous est propre simplement et comme fin; par conséquent l'esclave est un instrument nécessaire pour servir à la vie simplement et comme fin.

D'ailleurs, notre propriété peut être considérée comme partie de nous-mêmes; mais une partie, non-seulement est une section d'un tout, mais encore elle lui appartient toute entière (5). Ce principe s'applique parfaitement à la propriété; par conséquent, un maître est propriétaire de son esclave, et est

autre que lui ; l'esclave, au contraire, non-
seulement est l'esclave du maître, mais encore il est tout entier à lui.

Ces raisonnemens servent à démontrer
qu'elles sont les propriétés et la nature de l'esclavage (*). Être homme, et n'être pas à soi
par nature, mais être à un autre, n'est-ce pas
être esclave par nature ? Or l'esclave est homme, et homme d'un autre, autrement sa propriété. Mais, qu'est-ce qu'une propriété ? Un
instrument hors de nous, qui est nécessaire
comme fin à l'existence.

Actuellement n'est-il pas démontré que la
nature elle-même a créé l'esclavage ? Est-il
utile et juste qu'il y ait des esclaves ? Ou bien
toute espèce de servitude est-elle contre nature ? C'est ce que nous allons examiner. Nous
arriverons aisément à la vérité. La raison et
l'expérience vont nous servir de guides.

La nature a fait le commandement et l'obéissance ; elle les a faits pour notre utilité ; ils
sont tellement dans l'essence des choses, que
la naissance seule assigne souvent l'état de
soumission ou d'empire. Les êtres faits pour
obéir ou commander se divisent encore en

(*) Aristote veut prouver qu'il y a des esclaves par
nature, et ce qu'il dit ne le prouve guère. Esprit des
Loix, liv. 15, ch. 7.

plusieurs espèces. Le commandement est aussi d'autant plus relevé, que les êtres obéissans sont plus parfaits ; ainsi il est plus beau de commander à des hommes qu'à des animaux. L'œuvre est d'autant plus noble que les agens sont plus parfaits ; or il y a œuvre, dès qu'il y a, d'une part commandement, et de l'autre exécution.

Considérez la marche de la nature dans la création des êtres : soit que des élémens divers constituent leur organisation, soit que des parties se rapprochent sans se confondre, pour former un corps, elle combine constamment le commandement avec l'obéissance. Cette dépendance coordonnée existe dans tous les êtres animés, et même dans les êtres insensibles. Je citerai pour exemple la musique. Mais je m'apperçois que je m'écarte de mon sujet.

Tout animal est composé de corps et d'ame. Celle-ci commande ; l'autre est essentiellement obéissant. Telle est la loi qui régit les êtres vivans, lorsqu'ils ne sont pas viciés, et que leur organisation est dans la nature. Supposons donc un homme, dont le corps et l'ame sont en parfaite harmonie ; car je ne parle pas de ces êtres dégradés, chez lesquels le corps commande à l'ame : ceux-là sont constitués

contre

contre le vœu de la nature. D'abord, l'homme trouve dans son organisation un double commandement : celui du maître, et celui du magistrat. L'ame commande au corps, comme un maître à son esclave. L'entendement commande à l'appétit, comme un magistrat à des citoyens, et un monarque à des sujets. Ainsi la nature veut, l'intérêt réciproque exige que le corps obéisse à l'ame, que la raison et l'entendement commandent à l'appétit. L'égalité, ou le droit de commander tour-à-tour, les perdroit tous deux. Le même rapport existe entre l'homme et la bête. La nature a été plus libérale pour l'animal qui vit dans la société de l'homme, qu'à l'égard de la bête sauvage : cependant il est avantageux à tous les animaux d'obéir à l'homme ; ils trouvent leur bien-être dans cette obéissance.

Allons plus loin. Les animaux se divisent en mâles et femelles. Le mâle est plus parfait ; il commande. La femelle est moins accomplie ; elle obéit. Cette loi de la nature s'applique aussi à l'homme.

Or il y a dans l'espèce humaine des individus aussi inférieurs aux autres que le corps l'est à l'ame, ou que la bête l'est à l'homme. Ce sont ces êtres propres aux seuls travaux du corps, et qui sont incapables de faire rien de

Tome I. B

plus parfait. En partant des principes que
nous venons de poser, ces individus sont destinés par la nature à l'esclavage, parce qu'il
n'y a rien de meilleur pour eux que d'obéir.
Un homme est voué à l'esclavage par la nature, lorsque par la mesure de ses facultés, il
peut appartenir à un autre : et par-là même il
doit être à autrui, lorsqu'il ne participe à la
raison que par un sentiment vague, sans avoir
la plénitude de la raison même. Les autres animaux dépourvus de raison, obéissent à un
aveugle instinct. Y a-t-il donc une si grande
différence entre l'esclave et la bête ? Leurs services se ressemblent : c'est par le corps seul
qu'ils nous sont utiles.

Aussi la nature conséquente à elle-même (6),
crée-t-elle des corps différens à l'homme libre
et à l'esclave : elle donne à celui-ci des membres robustes, pour des travaux grossiers ;
l'homme libre a le corps droit, et sans destination pour les œuvres serviles : il est constitué pour la vie politique qui se divise en travaux de la paix et de la guerre. Il est vrai que
ce vœu de la nature est souvent contrarié ;
que les uns ont seulement le développement
physique, et les autres, les qualités morales
de l'homme libre. Mais s'il naissoit des mortels beaux de cette beauté parfaite que nous

admirons dans les images des dieux, le reste des hommes s'accorderoit pour jurer à ces êtres supérieurs une entière obéissance. Que mériteroit donc la beauté de l'ame, si celle du corps obtenoit une si belle prérogative? Mais il est moins aisé d'appercevoir la perfection incorporelle, que celle qui tombe sous nos sens.

Concluons de ces principes (7) que la nature crée des hommes pour la liberté, et d'autres pour l'esclavage ; qu'il est utile et qu'il est juste que l'esclave obéisse (*).

(*) L'esclavage est aussi opposé au droit civil qu'au droit naturel. Quelle loi civile pourroit empêcher un esclave de fuir, lui qui n'est point dans la société, et que par conséquent aucune loi civile ne concerne ? Esp. des Loix, liv. 15, ch. 2.

CHAPITRE IV.

Suite, et réfutation des systêmes opposés.

LES partisans des systêmes opposés, sont forcés d'admettre jusqu'à un certain point la vérité de notre principe : c'est ce qu'il est aisé de démontrer.

Ils admettent un esclavage différent du nôtre ; c'est celui qui est établi par la loi. On appelle esclavage légal, ce droit des gens en vertu duquel tout ce qui est pris à la guerre, devient la propriété du vainqueur. D'un autre côté, des hommes versés dans la théorie des loix citent ce droit prétendu au tribunal de la raison, comme on accuse un démagogue pervers qui a provoqué un injuste décret. Il est atroce (1), disent-ils, de se voir esclave, et soumis aux caprices d'autrui, parce qu'on a trouvé des hommes plus puissans et plus forts. Ces deux sentimens sont également soutenus par des sages (*).

(*) Un homme libre se rend serviteur et valet d'un autre, en lui vendant son service pour un temps, moyennant salaire ; .... mais il y a une autre sorte de serviteurs que nous appellons esclaves, et qui ayant été

Au milieu de la divergence, et de l'incertitude de ces opinions, posons un principe :
c'est que la violence est en quelque sorte le
résultat nécessaire de la vertu (2) qui a des
moyens; que la victoire est le prix naturel des
qualités brillantes et de la supériorité, et
qu'ainsi, il ne peut y avoir de violence sans
vertu. Il ne reste donc à discuter que la légi-
timité du droit positif qui établit l'esclavage ;
mais les uns prétendent que le droit résulte
de la bienveillance qui se soumet, d'autres
qu'il est fondé sur la force qui contraint à
l'obéissance. Au milieu de tant de raisonnemens qui se combattent et se croisent, on ne
peut adopter tous ceux qui tendent à prouver
que la supériorité de la vertu ne donne pas le
droit de commander et de dominer; ils sont
foibles, et ne démontrent rien. Nous n'avons
donc plus qu'une seule espèce d'adversaires,
parmi ceux qui prétendent que l'esclavage
vient du droit positif, car la loi est une sorte

faits prisonniers dans une juste guerre, sont par le droit
de la nature, sujets à la domination absolue et au pouvoir arbitraire de leurs maîtres. Locke, Gouvern. civ.
ch. 6, §. 9. Montesquieu répond à Locke : tout le droit
que la guerre peut donner sur les captifs, c'est de s'assurer tellement de leurs personnes qu'ils ne puissent plus
nuire. Esp. des Loix, liv. 15, ch. 2.

B 3

de droit : ce sont ceux qui soutiennent que
l'esclavage est légitimé par le droit de la guerre. Mais ils ne prétendent pas que ce droit
est absolu : premièrement, parce que la cause
de la guerre peut être injuste ; secondement,
parce qu'on ne peut jamais appeller esclave,
l'homme qui n'est pas fait pour l'esclavage.
Autrement, ajoutent-ils, les personnages
issus du sang le plus pur, deviendroient esclaves, et race d'esclaves, s'ils avoient le malheur d'être pris et vendus. Pour éviter la difficulté, ils nous disent que les captifs de cette
classe ne doivent point être appellés esclaves,
mais barbares. Où les conduit ce raisonnement ? A chercher l'esclave par nature, comme nous l'avons fait, car ils sont forcés de
convenir, comme nous, que certains individus sont esclaves par-tout, et que d'autres ne
peuvent l'être nulle part. Ils appliquent le
même principe à la noblesse. Elle a, disent-
ils, un caractère non-seulement en Grèce,
mais dans tout l'univers ; quant aux barbares,
cet avantage se restreint à leur pays, comme
s'il y avoit noblesse et liberté absolue, noblesse et liberté relative. C'est là l'idée de
l'Helène de Théodecte, lorsqu'elle s'écrie :

Esclave, moi ! quel homme assez audacieux
Pourroit ainsi nommer une fille des dieux !

Or, quel est le résultat de ce raisonnement? De prouver, comme nous, que la vertu et la dégradation morale forment la différence entre la noblesse et le sang impur, entre l'esclavage et la liberté. Ils prétendent que le bien vient du bien, comme l'homme naît de l'homme, et la bête de la bête. Telle est à la vérité l'intention de la nature, mais son vœu n'est pas toujours rempli.

Actuellement la discussion a prouvé que notre principe est fondé en raison, et que la nature a fait des hommes libres et des esclaves. On a vu qu'il est utile que certains êtres soient soumis à d'autres, qu'il est juste, indispensable même qu'il y ait commandement et obéissance, dans l'ordre des pouvoirs établis par la nature. Donc il est aussi dans la nature qu'il y ait maître et esclave. Ce principe est si vrai, que le rapprochement contre nature du maître et de l'esclave, est nuisible à tous les deux. En effet, ce qui est utile au tout, l'est à la partie; ce qui est avantageux à l'âme l'est par-là même au corps. Or l'esclave fait partie du maître, il en est pour ainsi dire un membre vivant, qui existe séparément. Donc il existe entre le maître et l'esclave par nature, des rapports nécessaires d'attachement et d'avantages communs, puisque la nature n'a fait des deux qu'un seul tout (*). Mais si la loi seule a fait l'esclave, s'il n'est enchaîné que par la violence, où seront l'attachement et les communs avantages ?

Il suit de ces principes que le pouvoir du maître et celui du magistrat sont très-différens, et qu'en général la nature des pouvoirs n'est pas la même, quoique le contraire ait été avancé par quelques écrivains. La nature a fait le pouvoir politique pour l'homme libre, et le pouvoir du maître pour l'esclave. Le pouvoir du père est monarchique, parce que toute famille est gouvernée par un monarque; celui du magistrat est politique, parce que tel est l'art de gouverner des égaux. Celui du maître ne tire son nom d'aucune science. Il est maître sans art, mais par la nature dont la volonté seule fait également l'homme libre et l'esclave.

J'accorderai cependant, si l'on veut, qu'il y a une sorte de science du maître, et de

(*) L'esclavage, proprement dit, n'est pas bon par sa nature; il n'est utile ni au maître, ni à l'esclave : à celui-ci, parce qu'il ne peut rien faire par vertu; à celui-là, parce qu'il contracte avec ses esclaves toute sorte de mauvaises habitudes .... qu'il devient fier, prompt, dur, colère, voluptueux, cruel. Esp. des Loix, liv. 15, ch. 1.

science de l'esclave. Celle de l'esclave se borne à savoir ce qu'enseignoit à prix d'argent,
une espèce d'instituteur de Syracuse. Il ap-
prenoit aux petits esclaves le service domestique, comme la cuisine et autres offices de la
maison. Il peut même y avoir des occupations
serviles plus ou moins relevées, plus ou
moins nécessaires, parce que, dit le proverbe, il y a maître et maître, valet et valet.
Quant à la science du maître (3), elle se réduit
à savoir user de son esclave. Il est maître,
non parce qu'il est propriétaire, mais parce
qu'il se sert de sa chose. Une pareille science
n'a rien de beau ni d'estimable; savoir ordonner ce que l'esclave sait faire, voilà la science
toute entière : aussi les maîtres qui peuvent
se dispenser de ces soins ennuyeux, char-
gent-ils un intendant de cette peine, tandis
qu'ils se livrent aux affaires publiques ou à la
philosophie.

Au reste, il ne faut pas confondre cette
espèce de science du maître et de l'esclave,
avec l'art d'acquérir (4). Celui-ci est un art
véritable qui a ses principes, comme la chasse
et la guerre. Nous terminerons-là notre discussion sur le maître et l'esclave.

CHAPITRE V.

De la spéculation naturelle, ou acqui- sition des biens nécessaires à la vie, et des vraies richesses.

Nous venons de voir que l'esclave fait partie de la richesse de la famille. Nous allons traiter de la richesse en général (1), et de la spéculation naturelle (2). Nous suivrons notre méthode ordinaire.

D'abord, il faut examiner (3) si la spéculation naturelle est le même art que l'économie domestique, ou s'il en fait seulement partie, et lui est subordonné. Si la spéculation naturelle est aux ordres de l'économie, en quoi consiste ce rapport ? En dépend-elle, comme le fondeur du statuaire, comme le tabletier du tisserand ? Or ces rapports sont différens. Le tabletier donne la navette qui n'est qu'un instrument, mais le fondeur fournit la matière même de l'ouvrage. J'appelle matière, le fonds et le corps de l'œuvre, c'est-à-dire, la laine pour le drapier, et le bronze pour le statuaire.

Ceci posé, je dis que la spéculation natu-

relle diffère de l'économie. La première fournit les objets de consommation ; la seconde les
employe en dépense. Car, à qui appartient-il
de disposer des biens de la maison ? C'est à la
seule économie.

Mais la spéculation naturelle fait-elle partie
de l'économie (3), ou forme-t-elle un art séparé? Nous allons examiner cette question.
Sans doute il est du ressort de la spéculation
de connoitre les sources de l'abondance et de
la richesse ; mais cette abondance arrive à la
maison par différens canaux. Il faut donc
savoir comme préliminaire nécessaire si l'a-
griculture, et généralement si les moyens
d'industrie naturelle, pour procurer des subsistances à la famille, appartiennent à l'art
de la spéculation, ou bien à tout autre art
séparé.

La nature diversifie à l'infini les substances
nutritives (4): de là cette prodigieuse variété
dans la manière d'être des hommes et des
animaux, qui tous ne maintiennent leur existence qu'au moyen des alimens. Or la seule
différence de nourriture modifie leur vie et
leurs caractères. Les animaux se réunissent
en société, ou vivent errans et seuls suivant
l'espèce de leurs pâture: ceux-ci se nourrissent
de carnage ; ceux-là de végétaux ; d'autres

mangent indifféremment de la chair et des fruits : tous ont reçu de la nature un instinct analogue au genre de leurs alimens et à la facilité de les trouver. Mais ils n'ont pas tous les mêmes goûts. La nourriture qui plaît aux uns est dédaignée par les autres. Voilà pourquoi les Frugivores et les Carnivores n'ont pas les mêmes habitudes. La même variété de goût s'observe parmi les hommes, et forme entre leur manière de vivre, des nuances très-prononcées. Les uns sont pasteurs ou nomades. C'est la classe d'hommes la plus oisive, parce que leurs paisibles troupeaux leur procurent sans travail une facile nourriture. Toute leur peine consiste à conduire leurs troupeaux dans de gras pâturages : c'est une sorte d'agriculture qui cultive ainsi des production vivantes de la nature. D'autres vivent de chasse, genre d'industrie très-varié ; on renferme sous le nom de chasseurs, ceux qui enlèvent des troupeaux de vive force (5), ceux qui s'occupent de pêche, lorsque le hazard les a placés près de la mer, des lacs ou des rivières, enfin ceux qui poursuivent les oiseaux ou les animaux sauvages. D'autres, et c'est le plus grand nombre, se nourrissent des productions de la terre et des fruits que leur industrie a fait naître. Ainsi éducation des troupeaux, agriculture,

brigandage, pêche, chasse voilà les moyens
d'industrie naturels à l'homme pour se procurer sa subsistance. Je dis naturels, parce
que le commerce et le courtage sont des moyens
factices. Quelquefois les hommes réunissent
plusieurs de ces professions pour augmenter
leurs jouissances. Ils remplissent le vuide d'une
occupation peu productive, par une autre qui
puisse y suppléer et leur donner le nécessaire.
Ainsi ils sont en même-temps pasteurs et
brigands, chasseurs et laboureurs. Chacun
adopte plusieurs genres de vie suivant ses
besoins et les circonstances. C'est la nature
elle-même qui assure ces moyens de subsistance à tout ce qui respire, à l'animal adulte,
comme au fœtus qu'elle vient d'animer du
souffle de la vie. Parcourez les genres des animaux; les uns déposent avec le fœtus la nourriture qui lui convient (6), jusqu'à ce qu'il
puisse la chercher lui-même. Tels sont les
classes des Ovipares et des insectes. Les Vivi-
pares portent dans leurs mamelles la nourriture propre pour un temps à leurs petits: c'est
cette substance naturelle qu'on appelle lait.
Concluons de cet ordre invariable que la nature
a voulu pourvoir aussi aux besoins de l'animal
adulte; qu'elle fait végéter les plantes pour les
animaux, et croître les animaux pour l'homme.

En effet les uns vivent avec nous; ils nous aident et nous nourrissent; les autres sont sauvages: tous, ou presque tous, nous fournissent des alimens, des vêtemens, ou d'autres objets d'utilité.

La nature ne fait rien en vain; il n'y a point d'imperfection dans son ouvrage. Elle a donc créé tout ce qui peuple et orne la terre pour les besoins de l'homme. Il suit de là que la guerre est un moyen d'acquisition naturelle, car la chasse est une partie de cet art; ainsi la guerre est une espèce de chasse aux bêtes et aux hommes nés pour obéir, et qui se refusent à l'esclavage (7). Il semble que la nature imprime le sceau de la justice à de pareilles hostilités.

Voilà l'espèce de spéculation conforme à la nature, qui fait partie de l'économie. C'est par elle que le sage administrateur doit avoir d'avance sous sa main, ou bien être en état d'acquérir les moyens d'existence, et l'abondance nécessaire tant à la famille qu'à la cité. C'est là ce qu'on doit appeller la vraie richesse. Ce sont là ces vrais biens suffisans pour le bonheur, qui ont une fin déterminée, qui n'excitent pas ce désir insatiable que Solon nous peint dans ses vers, lorsqu'il dit (*):

(*) V. Solonis gnomica. Eleg. I, v. 71.

L'homme veut amasser sans fin et sans mesure.

L'art de la spéculation naturelle a une fin et
des limites comme les autres arts; parce que
tous ne peuvent avoir que des instrumens
bornés tant pour le nombre que pour l'étendue, et que les diverses espèces de biens naturels, ne sont que des instrumens de l'économie
pour l'usage de la famille et de la cité.

Il y a donc une espèce de richesse conforme
à la nature qui tient à l'économie politique et
privée. C'est ce que nous avons démontré.

CHAPITRE VI.

Des produits artificiels : origine du commerce et de la monnoie.

IL y a une autre espèce de biens, qu'on appelle plus ordinairement richesses. L'art de les acquérir mérite plus particulièrement le nom de spéculation : ce sont ces produits artificiels que l'avarice accumule sans mesure et sans fin. On confond quelquefois ces deux espèces de spéculation à cause de leur affinité. Il est vrai qu'elles se touchent, mais leurs caractères ne sont pas les mêmes. La première est fondée sur la nature. L'autre n'est que le résultat de l'industrie et de l'adresse. C'est de celle-ci que nous allons traiter.

Tout objet de propriété a deux usages (*), tous deux inhérens à l'objet, avec une destination particulière. L'un est l'usage naturel, l'autre l'usage artificiel. Ainsi l'usage naturel

---

(*) Le mot valeur a une double signification. Quelquefois il exprime les services que nous rend une chose, et d'autrefois le moyen qu'elle nous donne de l'échanger contre un autre. Dans le premier sens, il y a valeur d'usage, et dans le second, valeur d'échange. Smith. Rich. des Nat., liv. 1, ch. 4.

d'une

d'une chaussure est de servir à marcher. Son
usage industriel est d'être un objet d'échange.
Un homme a besoin de chaussures: le cordonnier qui lui en fournit en échange, contre des
subsistances ou de l'argent, se sert de chaussures comme chaussures; mais ce n'est point
là leur usage naturel, parce qu'il n'est pas de
leur essence d'être des objets de trafic. Ce
double rapport existe dans toute espèce de
propriété.

Le commerce, dans son origine, étoit fondé
sur la nature. Il avoit lieu entre les hommes,
à raison de l'abondance ou de la disette res-
pective des objets de première nécessité. Donc
ce vil trafic qui consiste à acheter pour revendre (*), ne fait point partie de la spéculation
naturelle, parce que l'échange ne se faisoit
que dans la juste proportion du nécessaire. Il
fut inconnu à la société primitive qui étoit
concentrée dans la maison. Alors tous les

(*) Les commerçans n'ont aucune patrie ; les règles
de leur cupidité et de la nôtre, voilà les règles de leur
morale. Loin de favoriser le commerce, les états de
l'antiquité les mieux gouvernés eurent soin de l'avilir ;
il fut abandonné à des esclaves, ou à des citoyens
méprisés, pour que l'intérêt du commerce ne devint
pas l'intérêt de la république. Mably, Leg. liv. 11,
p. 114.

Tome I.   C

biens étoient communs. La société s'agrandit;
on se dispersa; on connut le mien et le tien;
on fut obligé d'échanger respectivement les
objets de consommation dont on eut besoin :
tel est encore aujourd'hui l'état du commerce
chez plusieurs peuples barbares qui échan-
gent des objets utiles contre des objets utiles,
par exemple, subsistances contre subsistances, et ne poussent pas plus loin leurs spéculations. Ce genre de commerce n'est point
contraire à la nature, puisqu'il ne sort pas du
cercle des besoins naturels : on ne peut donc
le classer dans l'espèce des spéculations qui
donnent des produits artificiels; cependant,
par la force même des choses, il y a donné
lieu.

Plus les hommes s'éloignèrent les uns des
autres, plus il fut difficile de s'aider, et d'importer le nécessaire, ou d'exporter le superflu. Les objets de première nécessité sont en
général d'un transport incommode : le besoin
fit inventer la monnoie. On convint de donner
et de recevoir dans les transactions, une matière utile (1) et d'une circulation aisée. On
adopta pour cet usage, le fer, l'argent et autres métaux. Ce premier signe d'échange ne
valut d'abord, qu'à raison du volume et du
poids : ensuite on le frappa d'un signe qui en

marquoit la valeur , afin d'être dispensé de
toute autre vérification. Après l'adoption nécessaire de la monnoie , pour les échanges, il
se fit une révolution dans la manière de spé-
culer : le trafic parut. Peut-être fut-il peu
compliqué dans l'origine ; bientôt il fit des
combinaisons plus habiles afin de tirer des
échanges le plus grand bénéfice possible.

Il est arrivé de-là qu'on s'est accoutumé à
restreindre l'art de la spéculation à la seule
monnoie ; on a pensé que son unique fonction étoit d'amasser des métaux précieux ,
parce que le résultat définitif de ses opérations
est de procurer de l'or et des richesses.

Cependant la monnoie ne seroit-elle pas un
bien imaginaire ? Sa valeur est toute dans la
loi. Où est celle qu'elle a de la nature ? Si
l'opinion qui l'admet dans la circulation vient
à changer , où est son prix réel ? Quel besoin
de la vie pourroit-elle soulager ? A côté d'un
monceau d'or , on manqueroit des plus indispensables alimens. Quelle folie, d'appeler
richesse , une abondance au sein de laquelle
on meurt de faim ! C'est bien la fable de Midas
dont les dieux avoient exaucé le souhait avare , et qui périssoit d'inanition, parce que tout
ce qu'il touchoit devenoit or.

On a donc raison de chercher une autre

espèce de spéculation et de richesses. Or cet
art et ces richesses existent et sont dans la nature. L'art véritable est l'économie elle-même.
L'art factice est ce commerce de courtage qui
procure la richesse uniquement par le moyen
du trafic, et dont la monnoie paroît être l'argent naturel, parce qu'elle est la base et le
dernier résultat de tout revirement de commerce.

Or, cet art factice d'amasser des richesses (2), n'a pas de fin déterminée. Les arts véritables tendent sans cesse à leur fin, parce
qu'ils visent de plus en plus à une perfection
absolue. Ainsi la médecine veut guérir, et le
veut jusqu'à l'infini. Mais ces arts sont bornés
dans les moyens pour arriver à leur fin, attendu que tous ont une limite qui est fin. De même, l'art factice de se procurer l'abondance,
tend sans cesse à sa fin, mais cette fin n'a
point de limites : il ajoute sans cesse richesses
à richesses. Au contraire, la spéculation naturelle bien différente de cet art qui ne s'occupe
que d'argent, a sa fin déterminée. Il n'est pas
dans son essence d'entasser toujours.

Il est donc à ce qu'il paroît dans la nature
de l'économie, que toute espèce de richesse
ait sa limite. Mais ce qui se passe sous nos
yeux, est l'opposé de ce principe. Tous ceux

qui employent l'argent comme moyen de spéculation, acquièrent, entassent sans mesure.
Pourquoi ? Parce que les deux espèces de spéculation se touchent. Leurs résultats étant les
mêmes , on les emploie l'une pour l'autre.
Toutes deux ont une fonction commune, qui
est de procurer les besoins de la vie, mais leurs
opérations sont bien différentes. L'une s'arrête à sa fin, l'autre tend à accroître la richesse
dans une progression indéfinie. Aussi on se
persuade souvent que la fonction d'amasser
sans fin , est du ressort de l'économie naturelle. En conséquence, on regarde comme un
devoir de conserver et d'entasser trésors sur
trésors. D'où vient ce renversement de principes ? De ce qu'on ne pense qu'à vivre sans
s'inquiéter de bien vivre. Le désir de la vie est
infini : on veut posséder à l'infini les moyens
de vivre. Ceux même qui aspirent à la gloire
de bien vivre, ne laissent pas de rechercher
aussi les plaisirs du corps. Mais ce sont les
richesses qui procurent ces jouissances : tous
courent donc après les richesses. Voilà ce qui
a donné lieu à l'espèce de spéculation factice
qui ne s'occupe que d'argent.

L'homme insatiable dans ses désirs poursuit sans mesure tous les moyens de jouissance. Si l'économie naturelle ne le conduit pas à

C 3

son but, il a recours à toutes les facultés de son ame. Il veut arriver contre le vœu même de la nature. La fonction de la grandeur d'ame n'est pas de produire de l'or, mais du courage. Où tendent les talens du général et du médecin? N'est-ce pas uniquement à vaincre et à guérir? On a fait de tout cela des spéculations d'argent, comme si l'argent étoit la fin de tout, car tout dans la nature tend nécessairement à sa fin.

Concluons. Il y a donc une espèce de spéculation hors de la nature. Nous l'avons définie, et nous avons indiqué sous quel rapport elle étoit utile. Il y a aussi une espèce de spéculation différente de la précédente, c'est la spéculation naturelle qui pourvoit aux besoins de la famille, et fait partie de l'économie : celle-ci a sa fin déterminée, l'autre, au contraire, n'a ni but fixe ni mesure.

CHAPITRE VII.

Que la spéculation naturelle est aux or-
dres de l'économie ; de ses attribu-
tions ; du produit artificiel, et de ses
divisions ; des arts honnêtes et vils.

Nous venons de résoudre la question que
nous avions posée au commencement de cette
discussion. Il s'agissoit de savoir si la spéculation naturelle fait partie ou non de l'économie domestique et politique. Or elle en fait
partie : j'ajoute de plus que la spéculation naturelle doit, sous le rapport de ses acquisi-
tions, exister avant l'économie.

En effet la politique ne crée pas l'homme,
mais elle le reçoit tout formé des mains de la
nature : son art consiste à savoir l'employer.
De même, c'est à la spéculation naturelle à
chercher les objets de première nécessité, sur
la terre, dans la mer, par-tout où la nature
les a placés. L'économie les reçoit de sa main
pour en faire l'emploi. Ainsi le manufacturier
ne fait point la laine. Son art consiste à la
mettre en œuvre, à connoître si elle est de
bonne ou de mauvaise qualité, si elle est convenable ou non à la fabrique.

C. 4

Ici s'élève une question. Puisque la spéculation naturelle tient à l'économie, pourquoi la médecine n'en fait-elle pas aussi partie ? Or il est évident que les individus qui composent la famille, ont autant besoin de santé que d'alimens, ou de tout autre objet de première nécessité.

Je réponds que l'économie domestique ou politique doit, par son essence, soigner la santé des administrés, mais comme surveillance seulement. L'application de l'art appartient exclusivement à la médecine. De même, l'acquisition des biens nécessaires, est, sous un rapport général, un des devoirs de l'économie, mais c'est la fonction plus directe de la spéculation qui opère sous ses ordres. Cependant, je le répète encore ; que cette spéculation soit dans la nature, parce qu'à la nature seule appartient de pourvoir à la nourriture de tout ce qui respire. Sa marche constante est de placer les alimens des différens êtres dans le sein même qui les engendre ; d'où il suit, que la spéculation qui tire les subsistances des productions de la terre ou des animaux, est parfaitement dans la nature.

Ainsi il y a deux espèces de spéculations (1), comme nous l'avons déjà dit : l'une naturelle, et faisant partie de l'économie ; l'autre factice,

et consistant dans les opérations d'un vil trafic (*). La première, essentielle à nos besoins,
est un art noble et honnête. La seconde est
justement méprisée, parce qu'elle n'est pas
dans la nature, et qu'elle n'existe que par
l'avarice des hommes qui l'ont créé.

Une des branches de cette espèce de spéculation mérite sur-tout l'exécration générale.
C'est ce trafic d'argent qui tire un profit de la
monnoie, et altère ainsi sa véritable destination. Le signe monétaire a été inventé pour
faciliter les échanges : l'usure le rend productif par lui-même (2), et c'est de-là qu'elle a
tiré son nom, qui veut dire enfantement ; car,
de même qu'un être engendre son semblable,
de même l'usure est monnoie qui engendre
monnoie. On a eu raison de regarder cette
espèce de spéculation, comme la plus contraire à la nature.

Après le développement des principes, passons à leur application. S'il est beau pour un
écrivain d'approfondir une théorie, n'ou-

_____

(*) Tout bas commerce étoit infame chez les Grecs.
Il auroit fallu qu'un citoyen eut rendu des services à
un esclave, à un locataire, à un étranger. Cette idée
choquoit l'esprit de la liberté grecque. Esp. des Loix,
liv. 4, ch. 8.

blions pas que les connoissances pratiques
sont sur-tout vraiment utiles.

L'art de la spéculation naturelle embrasse
plusieurs branches de première nécessité. Il
est essentiel d'avoir approfondi la nature des
objets à acquérir, de savoir ceux qui sont d'un
meilleur rapport, et comment on obtiendra
ce produit. Il faut se connoître en chevaux,
bœufs, moutons, troupeaux de tout genre;
savoir quelles sont les races les plus producti-
ves, et dans quel lieu elles se trouvent, parce
que le climat influe sur la perfection des animaux (3). La science agricole est également
nécessaire. Elle embrasse la grande et la petite
culture (4), l'éducation des abeilles, des vo-
lailles, des poissons, et de tous les animaux
qui peuvent servir à nos besoins. Ces connoissances font partie de la spéculation naturelle :
elles en sont même la base.

La spéculation artificielle embrasse aussi
plusieurs branches, dont la plus importante
est le commerce, qui se fait de trois manières (5): par eau, par transport de roulage, et
par vente sur place. Ces genres de trafics diffèrent entr'eux : les uns présentent un produit
plus sûr; les autres offrent l'appas d'un plus
gros bénéfice.

La seconde branche de la spéculation artificielle, comprend toutes les opérations d'argent qui produisent un intérêt.

La troisième se forme des salaires du travail. Elle se divise en deux parties; savoir, les métiers ignobles, et les travaux grossiers qui n'exigent que la force du corps.

Il y a encore une autre espèce de spéculation qu'on peut regarder comme un moyen terme entre les deux autres, parce qu'elle se compose des produits de la nature et des opérations du trafic. C'est l'art d'exploiter les productions renfermées dans le sein de la terre, ou croissant à sa surface, productions qui sans être des fruits, sont cependant très-utiles. Telles sont la coupe des bois et la fouille des mines. La Métallurgie comprend plusieurs sous-divisions, à raison des divers minéraux que l'on extrait de la terre. Nous nous contenterons d'indiquer sommairement ces différentes branches d'industrie. Des développemens partiels seraient utiles aux progrès de ces arts; mais nous ne nous appesantirons pas sur ces détails avilissans (6). Il suffit de poser en principe, que plus un métier demande d'art et de combinaison, plus il est honnête; plus il déforme et abâtardit le corps, plus il est avilissant; plus il exige exclusivement de forces physiques, plus il est servile; enfin que moins la main-

d'œuvre a besoin de vertu, plus la profession
est ignoble. Au reste nous avons des écrivains
qui ont traité de toutes ces matières. Charète
de Paros, et Apollodore de Lemnos ont écrit
sur la grande et la petite culture. Toutes les
parties des arts et métiers ont été approfondies
par d'autres auteurs. Ceux qui veulent acquérir des connoissances plus précises sur ces
objets peuvent consulter leurs ouvrages.

On peut encore recueillir des méthodes in-
génieuses, éparses dans divers écrits. Des spéculateurs adroits en ont tiré grand parti, et
ceux qui attachent du prix aux richesses ne
doivent pas négliger des connoissances qui
peuvent leur apporter un bon intérêt. Je me
contenterai de citer la spéculation de Thalès
de Milet (7). Il fit une affaire d'argent dont le
succès fut attribué à ses rares connoissances,
quoique dans le fait son opération fût fort
ordinaire et sûre. On lui reprochoit sa pauvreté, d'où l'on concluoit que la philosophie
ne servoit à rien. Il avoit prévu par ses con-
naissances astronomiques, qu'il y auroit l'année suivante une grande abondance d'olives.
On étoit encore en hiver. Il se procura quelqu'argent, loua tous les pressoirs de Milet et
de Chio, et donna des arrhes. Il les afferma
tous à un prix modéré, attendu qu'il ne se

trouva pas d'enchérisseurs. Au moment de la récolte il y eut concurrence. Alors il mit à ses pressoirs le prix qu'il voulut, fit de gros bénéfices, et prouva ainsi qu'il étoit facile aux philosophes de gagner de l'argent, quoique les spéculations mercantiles ne soient point l'objet de leurs études.

Thalès, dit-on, fit cette affaire afin de prouver l'étendue des ressources de la philosophie; mais, je le répète, son opération n'exigeoit pas une science si profonde, attendu que l'accaparement réussit toujours. Ainsi les gouvernemens emploient quelquefois le monopole dans la pénurié de leurs finances, et la vente exclusive leur forme une branche de revenu. Un Sicilien avoit une somme d'argent en dépôt. Il en acheta tout le fer qui se trouva dans les forges. Bientôt les marchands arrivèrent de différentes contrées, et ne trouvèrent du fer que chez lui. Il n'en avoit pas trop élevé le prix, cependant il doubla sa mise de fonds qui étoit de cinquante talens. Denys eut connoissance de cette spéculation. Il ne dépouilla point cet adroit monopoleur de son argent, mais il lui ordonna de sortir de Syracuse, attendu qu'un tel système de commerce étoit nuisible à l'état. Ce Sicilien avoit fait le même calcul que Thalès, c'est-à-dire que tous deux avoient habilement accaparé à leur profit.

Il est bon que les hommes qui sont à la tête des gouvernemens (8) connoissent ces sortes de spéculations. Elles sont utiles à un état qui a souvent autant et plus besoin qu'une famille, et d'argent et de moyens d'en acquérir. Aussi voit-on par-tout que quelques-uns des premiers magistrats sont uniquement chargés des finances.

CHAPITRE VIII.

Du pouvoir marital et paternel. Si ceux qui obéissent ont des vertus.

Nous avons dit que l'économie se compose de trois pouvoirs, de celui du maître ; nous avons traité cette question. De celui du père, enfin de celui du mari.

En effet le père de famille est investi d'une autorité naturelle sur sa femme et ses enfans ; mais il leur commande comme à des êtres libres, et l'espèce de pouvoir qu'il exerce sur eux n'est pas le même. Il a sur sa femme l'autorité d'un magistrat constitué dans le système de l'égalité. Il règne sur ses enfans en monarque. Le mâle doit commander à la femelle ; c'est un ordre naturel qui ne doit point être interverti. Le père qui a la maturité de l'âge et de la raison, doit diriger l'enfant qui est plus jeune et plus imparfait. Telle est la loi de la nature. Il est vrai que dans l'ordre politique fondé sur les principes de l'égalité, le magistrat commande pour obéir à son tour, parce que des égaux n'admettent pas de prérogative. Mais il existe des distinctions réelles d'habillement, de respect, de marques d'honneurs entre celui qui commande de fait, et celui qui obéit, distinctions qu'Amasis fit si bien valoir en parlant de son vase à laver les pieds (1). De même l'homme dans ses relations avec la femme a une prérogative, et il a l'avantage de ne pouvoir jamais la perdre. Quant aux enfans, le père règne sur eux en monarque, parce qu'il est père, parce que c'est l'amour qui commande, parce qu'il a la prééminence de l'âge, caractères distinctifs de la royauté. C'est la belle idée d'Homère qui salue ainsi Jupiter (*):

O toi, père des dieux et de tous les humains.

La nature donne aux rois la même origine qu'au reste des hommes, mais elle assigne des caractères particuliers qui les font reconnoître. De même la maturité de l'âge et la paternité sont des marques distinctives à l'égard de ceux qui sont plus jeunes et des enfans.

Il suit de-là que celui qui est investi des pouvoirs dans la famille, doit s'occuper plus des hommes que de l'acquisition des choses; plus de la vertu des individus, que de la qualité des biens; plus enfin des êtres libres, que des esclaves. Mais avant d'aborder la discussion

(*) Ill. I, v. 544.

de

de ces objets, on fait une question préliminaire.
L'esclave a-t-il des vertus autres que celles qui
sont dans la nature de son travail manuel et
passif? Peut-il être doué de qualités plus relevées, comme de tempérance, de force, de
justice? En un mot, est-il susceptible de posséder les vertus morales, ou bien est-il réduit
aux vertus physiques d'une matérielle obéissance? Or il y a embarras quelque système que
l'on adopte; car si l'esclave est susceptible de
vertus morales, où est la différence entre
l'homme libre et l'esclave? Prétendra-t-on
qu'il est incapable de vertus? Mais il est homme,
il a la raison en partage; ce seroit une absurdité. Il semble qu'on peut demander aussi, à
l'égard de la femme et des enfans, ont-ils des
vertus? La femme peut-elle être douée de
tempérance, de force et de justice? L'enfant
est-il ou non susceptible de mettre un frein à
ses désirs et à ses passions?

Toutes ces questions doivent être ramenées
au principe général que voici. Les êtres que la
nature a fait pour commander, et ceux qu'elle
a destinés à l'obéissance, ont-ils ou non les
mêmes vertus? Si tous sont susceptibles du
développement des mêmes vertus, pourquoi
les uns jouiroient-ils de la prérogative de toujours commander, tandis que les autres se-

roient réduits à une perpétuelle obéissance?
Or il n'est pas possible d'admettre ici de tem-
péramens, parce que commander et obéir
diffèrent par l'espèce, d'où il suit que le plus
ou le moins ne peuvent les rapprocher. D'un
autre côté les uns seroient-ils vertueux, et les
autres sans vertus? Alors quelle étrange dé-
sorganisation? Si celui qui doit commander
n'a ni tempérance ni justice, où sera la sagesse
de ses ordres? Si celui qui obéit est sans vertus,
comment exécutera-t-il avec discernement?
Être inconséquent et pusillanime, il ne fera
rien à propos. Il est donc indispensable que les
uns et les autres soient doués de vertus, mais
de vertus qui diffèrent entre elles dans la raison
du commandement et de l'obéissance. La composition de notre ame démontre ce principe.
Elle a deux parties, l'une faite pour commander, l'autre essentiellement obéissante, et les
vertus de l'entendement diffèrent de celles de
l'appétit. Or cette harmonie coordonnée existe
dans toutes les œuvres de la nature : elle a
seulement nuancé les différens genres de commandement et d'obéissance. Ainsi le maître,
le mari et le père, commandent différemment
à l'esclave, à la femme et à l'enfant: ces êtres
obéissans ont reçu de la nature les deux parties
de l'ame, mais le développement des facultés

n'est pas le même pour tous. L'esclave n'a pas
la faculté consultative (2) ; la femme la possède
foiblement ; l'enfant n'en a que le germe.
Cette différence entre les facultés intellectuel-
les, existe aussi entre les vertus morales. Tous
doivent participer à ces vertus, chacun dans
la mesure donnée de sa fonction. Ainsi celui
qui commande, sera susceptible du développement parfait de la vertu morale. Son emploi
consiste à être simplement ordonnateur ; or
qui doit ordonner ? la parfaite raison. Quant
aux individus faits pour obéir, il leur suffit
d'être assez vertueux pour remplir respectivement leurs devoirs d'obéissance : tous auront
donc des vertus morales, mais ces vertus auront des différences. Ainsi la tempérance, la
force et la justice de l'homme ne ressembleront
pas à ces mêmes vertus de la femme, comme
Socrate l'a pensé. Dans l'homme, elles auront
le caractère du commandement ; dans la femme,
celui de l'obéissance. La même nuance existe
entre toutes leurs autres vertus. On en demeu-
rera convaincu, en les comparant toutes en
détail : c'est la méthode qu'il faut suivre, plutôt que de donner des définitions générales de
la vertu ; de l'appeller bonne disposition de
l'ame, conduite conforme à la raison, enfin
de la définir par toute autre idée vague équi-

valente. Ce néologisme de quelques auteurs
ne peut être adopté (3). Préférons à ces expressions insignifiantes, la méthode de ceux qui,
à l'exemple de Gorgias (4), ont dressé le tableau détaillé de toutes les vertus. Il est indispensable d'assigner individuellement le caractère de toutes. Un poète a dit de la femme :

Son modeste silence est sa belle parure.

Cette silencieuse timidité ne seroit pas une
vertu dans un homme. L'enfant n'est pas développé, sa vertu ne consiste pas à s'appuyer
uniquement sur lui-même, mais bien sur une
vertu plus parfaite, qui doit le diriger. De
même la vertu de l'esclave manœuvre par celle
du maître : mais nous avons dit qu'il étoit fait
pour nos besoins physiques : il aura donc un
peu de vertu, c'est-à-dire autant qu'il en faut
afin que la pusillanimité et l'intempérance (5)
ne l'empêchent pas de remplir sa tâche.

Mais en partant de ce dernier principe,
j'entends qu'on me demande si les artisans sont
susceptibles de vertus, car on les voit souvent
devenir le jouet de l'intempérance, et s'ac-
quitter fort mal de leur travaux. Je réponds
qu'il y a une grande disparité entre l'esclave
et l'artisan. L'esclave vit sous les yeux de son
maître : l'artisan existe plus indépendant ; car

il ne tient à une sorte d'esclavage que sous le
rapport de ses travaux grossiers. Il aura donc
une demi-vertu, puisqu'il n'a qu'une demi-
servitude ; mais l'esclave est tout entier l'homme de peine de la nature, qui n'a créé ni cordonniers, ni aucune autre espèce d'artisans.

Nous conclurons des principes posés dans
cette discussion, que l'esclave a des vertus dont
le maître est la cause nécessaire ; mais qu'il
en est la cause comme maître qui ordonne, et
non comme instituteur qui enseigne. Par conséquent on a tort de refuser la raison à l'esclave et de prétendre qu'il n'a que l'instinct pour
exécuter ce qui lui est commandé. Seulement
il faut le diriger dans ses actions plus soigneusement encore que l'enfant. Nous terminerons
là notre discussion sur l'esclave.

Il nous reste à traiter de la femme et du
mari, du père et des enfans ; des vertus
propres à chacun d'eux ; de leurs rapports
dans le commerce de la vie, des devoirs qu'ils
ont à remplir, des écarts qu'ils doivent éviter.
Ces connoissances sont indispensables pour
l'organisation d'un gouvernement. En effet,
une famille est partie intégrante de la cité.
Les femmes et les enfans sont partie de la
famille, la vertu de la partie doit être en harmonie avec celle de tout ; la saine politique

veillera donc soigneusement à l'éducation des
femmes et des enfans. Pourroit-on douter de
l'immense intérêt qu'a la cité de renfermer
dans son sein des femmes et des enfans vertueux ? Qu'on observe seulement que les femmes composent la moitié de la population
libre, et que les enfans sont la pépinière de
l'état. Mais ces questions importantes trouveront leur place ailleurs (6). Celles que nous
venons de traiter nous paroissent suffisamment développées : ainsi nous regardons cette
discussion comme terminée, et nous allons
passer à une autre matière.

Nous examinerons d'abord les opinions des
politiques sur le mode le plus parfait de gouvernement.

FIN DU LIVRE PREMIER.

LIVRE SECOND.

Analyse des deux Républiques de Platon, pour l'intelligence de la réfutation qu'en fait Aristote.

Nous allons exposer en peu de mots le plan des deux Républiques de Platon. Ce développement est indispensable pour l'intelligence de la réfutation qu'Aristote en fait dès le commencement du second Livre. D'ailleurs nous ne faisons que donner de l'ensemble aux notes par lesquelles nous aurions été forcés d'expliquer le texte de notre auteur.

Platon a tracé le plan de deux gouvernemens. Le premier, dans son traité intitulé de la république ou du juste ; le second, dans son traité des loix.

Analyse de la première République de Platon.

Extrait du Traité de la République ou du Juste.

Un gouvernement parfait, est l'image de la parfaite justice ; pouvons-nous, foibles mor-

D 4

tels, espérer tant de perfection sur la terre?
Cependant un peintre habile dessine ses modèles d'après le vrai beau. Donnons donc un
type accompli de l'organisation sociale : plus
les constitutions se rapprocheront de ce modèle, plus elles avanceront les cités vers la
prospérité et le bonheur (1).

Voyons nos gouvernemens : l'aristocratie
est basée sur la vertu : c'est ce que l'on dit à
Lacédémone et en Crète. Mais, j'y vois des
hommes avides d'or et de sang, qui craignent
de placer la vertu au poste d'honneur, qui la
jouent en public, et s'en dédommagent en
secret par toutes les jouissances de la volupté.
Ce gouvernement a deux vices dominans ;
l'ambition et la brigue (2).

Dans l'oligarchie, la fortune et le cens conduisent aux honneurs. Des riches insolens,
des hommes abîmés dans le luxe, des caprices
à la place des loix. Je ne vois-là que de l'or
qui est tout, tandis que la vertu n'est rien.

Qu'est ce que la démocratie? Une liberté
qui est licence, une égalité qui est oppression :
une légéreté sans tenue ; un despotisme à
mille têtes.

La monarchie amène la tyrannie sur ses

(1) Rép. liv. 5, p. 465. (2) Rép. liv. 8, pag. 492,
494 et seq.

pas. Comme l'homme, elle est sujette aux passions de tous les âges. Elle fait naître dans tous les cœurs l'égoïsme et l'indifférence.

Certes la justice n'est pas là. Où donc la trouver ?

Dans un gouvernement où les hommes soient vraiment heureux sous l'empire de la vertu. Créons donc des institutions si sages que tous desirent d'être vertueux; si fortes que tous soient obligés de l'être : qu'une éducation soignée arrache des cœurs, jusqu'aux derniers germes de la perversité; que les intérêts les plus chers soient liés si intimement à la justice que nul ne puisse s'en écarter, sans devenir le plus malheureux des êtres. Lorsque vous serez fort de tous ces moyens, que l'autorité soit confiée à plusieurs, ou déposée entre les mains d'un seul, votre peuple sera heureux, parce que la justice sera le véritable souverain (3).

Organisons donc une cité parfaite. D'abord n'y employons que les élémens indispensables. Il faut des laboureurs pour les subsistances; des ouvriers, pour les produits nécessaires des arts; des guerriers pour défendre l'état, des magistrats pour gouverner. Voilà le juste nécessaire. Du superflu seroit vice (4):

(3) Rép. liv. 4, p. 455. (4) Rép. liv. 2, p. 426.

mais le guerrier a la force, mère de l'ambition: appliquons-nous à le former. C'est sur son éducation que repose le sort de la république..

Les enfans apprendront la musique, le chant et la danse : de dix à treize ans ils se livreront aux lettres. La poésie, et Homère lui-même sera banni de leurs études. La poésie n'est que fable et mensonge.. De treize à dix-huit, ils s'appliqueront aux mathématiques et à l'astronomie. A ce moment ils se formeront pendant trois ans à la gymnastique, et aux exercices militaires. L'étude de la dialectique et de la sagesse sera ensuite celle du reste de la vie. C'est par elle sur-tout qu'ils seront formés au mépris de la mort ; qu'ils apprendront à faire consister l'héroïsme dans la tempérance et la soumission aux loix (5).

Voilà les mains pures auxquelles les armes seront confiées, pour repousser l'ennemi du dehors, et maintenir au-dedans la tranquillité.. Ces guerriers seront les gardiens de l'état : ils veilleront à sa sûreté, comme les bergers à celle du troupeau (6)..

Mais que deviendront les compagnes de ces guerriers ? Ils sont les gardiens du troupeau,

(5) Leg. liv. 6, p. 618, 636. Rép. liv. 7, p. 448, 449. seq. (6) Rép. liv. 2, p. 426.

qu'elles en soient aussi les fidèles gardiennes.
Les chiennes ne veillent-elles pas aussi-bien
que les chiens à préserver le troupeau ? Sont-
elles moins propres à la chasse ? Sont-elles
incapables d'autre chose que d'élever leurs
petits ? Pourquoi les femmes ne rempliroient-
elles pas aussi les mêmes fonctions que les
hommes ? On leur donnera donc la même
éducation : comme eux , qu'elles soient formées à la gymnastique et à la guerre (7).

Nos défenseurs sévères des mœurs vont
s'écrier qu'il est peu décent de voir des filles
nues s'exercer dans le gymnase , et que le
corps déformé d'une vieille excitera le rire.
Mais, en Crète, le premier qui lutta tout nud,
prêta à la raillerie. Aujourd'hui nos yeux y
sont accoutumés. Tout est bien et bon, lorsque la vertu en est la fin.

Quant aux laboureurs et aux artisans , ils
trouveront dans l'exercice de leur art, l'éducation qui leur convient. Ils obéiront toujours, et ne commanderont jamais. C'est leur
avantage. On ne fait bien que ce qu'on a appris. Or , quoi de plus utile pour eux que
d'obéir à ceux qui auront sans cesse appris à
commander par la justice et la vertu ? D'ail-

(7) Rép. liv. 5, p. 457.

leurs les professions méchaniques donnent et
supposent une si grande foiblesse de raison ,
elles laissent tant d'empire à l'appétit , que
l'homme de peine n'est pas fait pour commander (8).

Actuellement, à quels caractères reconnoître que le gouvernement sera parfait ? S'il a la
vertu. Mais en quoi consiste la vertu d'une
organisation sociale ? La vertu est une. Elle
sera pour la cité, la même que pour un individu. L'homme parfait est celui qui a la justice, la force, la prudence et la tempérance. La
cité parfaite sera aussi, tempérante, prudente,
forte, et juste. Toutes ces vertus doivent être
réunies dans un individu parfait ; elles le seront de même dans une cité parfaite (9).

Unité : voilà la perfection de l'ordre social
au moral, et à plus forte raison, pour les objets qui tombent sous les sens.

Le moyen le plus sûr d'obtenir l'unité, est
d'établir la communauté entière de tous les
biens et de toutes les jouissances. Ainsi les
propriétés seront communes dans ce gouvernement parfait. Les laboureurs cultiveront les
champs pour tous. Les ouvriers s'occuperont
des travaux de première nécessité, pour tous.

(8) Rép. liv. 2, p. 376, 377. (9) Rép. liv. 4, p. 448,
454.

Les guerriers veilleront pour tous, et seront nourris aux frais de l'état. Vous détruirez ainsi le mien et le tien, source de tant de maux. Tous diront: ceci est à moi. Tous diront aussi: ceci n'est pas à moi. On aura cette union intime, gage de la concorde publique. Le gouvernement sera l'ame douée de vertu. Les citoyens seront les membres en parfaite harmonie avec le tout. La cité sera une, comme un individu (10).

Le tien et le mien, fléaux des cités ! C'est d'eux que naissent les procès, et la sanglante discorde. Pourquoi les législateurs sont-ils sans cesse occupés des ventes, des contrats, des attributions judiciaires, des affaires mercantiles ? A cause du tien et du mien. Les gardiens ne posséderont donc ni or, ni argent, ni terres, ni aucuns des biens qu'on appelle richesses. Ils ne connoîtront par conséquent, ni la haine, ni l'ambition, ni toutes les passions, qui suivent l'or pas à pas, et croissent avec lui. Vous voulez régler par des loix tant d'intérêts et de discordes ? C'est couper les têtes de l'hydre qui renaîtront toujours (11).

Mais il est un sentiment terrible et doux, qu'il sera peut-être difficile de plier à cette loi

(10) Rép. liv. 5, p. 401. (11) Rép. liv. 6, p. 446.

générale ; c'est l'amour. Qu'il soit exclus de la
république ; qu'il ne soit plus une passion,
mais un devoir pour la réproduction de l'espèce. Il naît de la possession exclusive de
l'objet aimé : que toutes les femmes soient
communes. Il y aura des fêtes solemnelles de
l'hymen. Les guerriers âgés de trente à cin-
quante-cinq ans, seront unis avec les guer-
rières âgées de vingt à quarante ans. Le sort
en décidera, mais les magistrats sauront le
diriger par une heureuse adresse, afin d'as-
sortir les époux les plus propres à conserver
la pureté de la race (12).

Cependant si des guerriers se sont distingués par des actions d'éclat, il leur sera permis plus souvent qu'aux autres de goûter les
plaisirs de l'hymen entre les bras des guerriè-
res. Si ces guerriers généreux se trouvent dans
les camps ; tant que la campagne durera, ils
pourront jouir des plaisirs de l'amour avec un
beau jeune homme : nul jeune guerrier ne
pourra se refuser à leurs embrassemens (13).

Les magistrats régleront le nombre des mariages sur les pertes causées par la guerre,
les maladies, ou d'autres accidens. Lorsque le

(12) Rép. liv. 5, p. 459, 460. (13) Rép. liv. 5,
p. 466.

temps des unions sera passé, les époux seront
séparés des épouses, jusqu'au nouveau concours. Le sort, en variant les hymens, varie-
ra les plaisirs, et multipliera les relations d'attachement et de tendresse.

Mais il est des unions que la nature désa-
voue. Ce sont celles des pères et des enfans.
Comment les éviter ? Le voici. A dater de la
fête de l'hymen, jusqu'à la fin du dixième
mois, il naîtra des enfans. Tous ceux qui auront vu le jour, depuis le septième mois, jusqu'à la fin du dixième, appeleront leurs pères
et leurs mères, tous les époux unis à cette
fête. Les époux les nommeront aussi leurs tendres enfans. Tous les enfans nés dans la même
époque s'appeleront frères et sœurs. Ils pourront un jour s'unir ensemble. L'oracle d'A-
pollon ne s'y oppose pas (14).

Les enfans nés dans les époques qui viennent d'être marquées, seront réunis dans le
même lieu à l'instant de leur naissance. Les
mères les allaiteront indistinctement. On prendra des précautions, afin qu'aucune mère ne
puisse reconnoître celui auquel elle aura
donné le jour.

Mais la patrie n'adopte et n'avoue que les

(14) Rép. liv. 5, p. 461.

enfans nés des hymens ordonnés par la loi. Les autres sont illégitimes; il sera permis aux hommes qui auront passé l'âge de 55 ans, et aux femmes au-dessus de 40, d'avoir commerce ensemble. Leur goût décidera leur choix. Cependant l'âge de la vigueur est passé. Qu'ils jouissent donc avec précaution, et pour le plaisir seulement; s'il naissoit des enfans de ces unions, la patrie ne pourroit avouer des rejettons qu'elle présume dégénérés. Ils seront exposés. La république repousse de même les enfans qui naissent mal conformés, et ceux des hommes pervers (15).

L'état ne calcule point sa force par le nombre, mais par la perfection des individus : mille guerriers éprouvés, voilà le nombre qu'il ne sera jamais permis de surpasser. C'est assez pour défendre l'état, et le gouverner (16).

Les artisans et laboureurs n'exerceront qu'un art, et l'exerceront toujours. C'est le moyen d'atteindre à la perfection; parce que chacun d'eux sera employé à la profession pour laquelle il aura montré plus de goût et de talens. Des travaux serviles, un esprit non cultivé, les excluent des emplois importans. D'ailleurs la nature n'a point employé l'or et

(15) Rép. liv. 5, p. 460. (16) Liv. 5, p. 457.

l'argent

l'argent dans la composition de leur ame. Elle
ne la pétrie que de fer et d'airain. Cependant,
si quelquefois on reconnoissoit dans leurs
enfans, cet or pur qui compose l'ame des gardiens, ils seroient transférés dans cette classe.
De même, si les enfans des gardiens receloient
dans leur ame le fer et l'airain, ils seroient ré-
légués parmi les artisans : la vertu seule, et
non la naissance doit assigner les distinctions.
et les rangs (17).

Mais le bonheur des états dépend sur-tout
de ceux qui sont chargés de les gouverner.
On remarquera les enfans, dont l'ame sera
formée de l'or le plus pur. Aux avantages de
la force, de la grace et de la beauté, ils réu-
niront le germe des talens et des vertus. Jeunes
encore, on les éprouvera par des scènes en-
chanteresses ou terribles. On observera s'ils
ne sont ni effrayés, ni séduits. Le but de la
gymnastique, est d'augmenter la force. Celui
de la musique, est de régler l'ame par l'harmonie, et les passions par le rhythme et le
nombre. Il faut d'autres connoissances au
magistrat. A vingt-ans, lorsque le temps des
exercices sera passé, les jeunes gens les plus
distingués par leurs talens, leur courage et

(17) Rép. liv. 2, p. 376.

Tome I.   E

leur vertu, seront appliqués aux études propres à former l'homme public. Les mathématiques, l'astronomie, et sur-tout cette science,
qui est la perfection des autres, qui apprend
à connoître l'essence des choses, la philosophie, seront la base de leurs travaux. Ceux
qui auront passé par toutes les épreuves de
l'enfance, de la jeunesse, et de l'âge viril, et
qui en seront sortis purs, seront chargés de
gouverner l'état (18).

Une cité qui employera ces élémens parfaits,
sera vraiment organisée pour le bonheur. Les
rangs seront assignés non par la fortune, mais
par la vertu. Les arts nécessaires seront cul-
tivés et perfectionnés. La fortune et l'amour
ont rempli la terre de sang et de discorde ; la
communauté des biens et des femmes les exclut pour jamais de la cité : elle y introduit à
leur place la concorde et la fraternité.

Tous les individus, guerriers, femmes et
enfans, seront nourris à des tables fraternelles
où régneront la frugalité et l'aisance. Du pain
d'orge ou de froment, des viandes saines, du
vin, des olives, des figues et des fruits, dont
on usera sobrement, voilà les moyens d'entretenir la joie et la santé jusqu'à l'extrême

(18) Rép. liv. 3, p. 442, 444. Liv. 7, p. 488, 489.

vieillesse. Ainsi seront bannies l'opulence et la pauvreté, sources fécondes de révolutions (19).

Qui pourroit dire que les guerriers, vrais appuis de l'état, ne paroissent pas jouir d'un bonheur parfait, parce qu'ils ne possèdent rien ; que leur solde ne consiste que dans la nourriture ; qu'ils ne peuvent sortir du pays ? Mais que font les richesses au bonheur ? D'ailleurs le but d'une parfaite organisation sociale n'est pas l'avantage de quelques-uns, mais celui de tous (20).

Une cité dont l'organisation reposera sur de pareilles bases, sera un gouvernement parfait. En effet, d'où résulte la perfection ? De la vertu. En quoi consiste la vertu ? Dans la justice, la force, la tempérance et la prudence. Or la cité sera juste, puisque tout y est égal. Elle sera forte, puisque les qualités morales et physiques y sont employées dans tous leurs moyens, pour opérer le bien général. Elle sera tempérante, puisque les passions n'y ont point d'accès, et que personne n'y a rien à perdre ni à desirer. Elle sera prudente, vertu qui doit appartenir sur-tout aux chefs de l'état. Comment des magistrats qu'une vie entière de vertu sans tache a portés au commandement,

(19) Rép. liv. 2, p. 427.   (20) Rép. liv. 4, p. 445.

ne brilleroient-ils pas de tout l'éclat de la prudence (21)?

A présent qu'elle sera la division des pouvoirs, le nombre des magistrats, leurs attributions? Préparez les bases que nous avons indiquées, et tout cela sera facilement réglé. Toute cité qui a de la vertu et des mœurs, a nécessairement de bonnes loix. Qu'un seul gouverne, ou que plusieurs commandent, la république n'en sera pas moins parfaite, parce que la justice et la sagesse tiendront les rênes de l'empire (22).

Seconde République de Platon.

Traité des Loix.

Nous avons présenté le type d'un gouvernement accompli, comme nos praxitèles dessinent leurs modèles, d'après l'idée du vrai beau. Mais la nature humaine est-elle capable d'une si sublime vertu? S'il est difficile de rencontrer un homme juste, comment trouver un peuple de sages? Modifions donc quelques-unes de ces institutions trop fortes pour notre foiblesse, et présentons le plan d'une seconde

(21) Rép. liv. 4, p. 446 seq. (22) Rép. liv. 5, p. 443.

république que les hommes puissent réaliser.
Les institutions seront presque les mêmes.
Nous y introduirons seulement le tien et le
mien: les passions de l'homme nous y forcent;
malheureusement, qui ne sait que le changement d'une seule loi peut altérer entièrement la forme d'un état (1)?

Le tien et le mien une fois admis dans la
cité, quelle immense carrière à parcourir,
pour les retenir dans de justes limites? Combien de loix à établir, de réglemens à faire,
de magistrats à créer, dont le tien et le mien
sont la cause? Essayons cependant. Du moins,
faisons en sorte que tous disent à la patrie,
mes biens sont les vôtres; vous pouvez disposer de mes travaux et de mes sueurs. Ainsi
se maintiendra l'unité, base essentielle d'un
bon gouvernement; mais l'union sera-t-elle
aussi intime que celle des membres qui constituent un seul individu (2)?

D'abord que les citoyens conservent pré-
cieusement les institutions sur l'éducation.
Elles sont inaltérables comme la justice, et
nécessaires au bonheur comme la vertu.

Placez votre cité dans un terroir fertile, sur
un terrain facile à défendre. Eloignez-là de la

_____

(1) Leg. liv. 5, p. 465, 609. (2) Rép. liv. 5, p. 462,
465.

mer. L'esprit mercantile des marins, leur humeur vagabonde, et leurs vices corromproient les mœurs de vos citoyens. Vous ne l'environnerez ni de murs ni de remparts, qui ne sont qu'un motif de sécurité pour les lâches (3).

Vous préférerez la proximité des eaux vives pour la salubrité. Vous en éloignerez par la même raison, les sépultures, que vous établirez dans un lieu stérile. Les vivans, et à plus forte raison les morts, ne doivent pas priver la terre, notre mère commune, de sa fécondité. D'ailleurs pourquoi un cadavre empêcheroit-il la production de la nourriture d'un seul être (4)?

La ville centrale sera divisée en douze quartiers, et le territoire en douze cantons ayant chacun un bourg qui en sera le chef-lieu.

Chaque canton sera divisé en 420 héritages formant chacun deux portions. Le nombre des citoyens égalera celui des héritages, il s'élèvera par conséquent à 5040, qui se divise exactement par douze. Ce nombre est chéri des dieux, parce qu'il est celui des sphères éthérées, parce qu'il présente le plus de données pour la facilité des divisions, et des opérations de la paix et de la guerre : il est suffisant

(3) Leg. liv. 6, p. 624. Liv. 4, p. 596. (4) Leg. liv. 11, p. 692.

pour rendre l'état redoutable, et dans une sage proportion, afin que les guerriers puissent se reconnoître (5).

Chaque citoyen aura la moitié de son héritage dans un canton près du centre, et l'autre moitié dans un canton frontière ; ainsi il sera intéressé à défendre l'intérieur contre les troubles, et la frontière contre l'invasion.

Les citoyens n'exerceront aucune profession. Leur temps sera partagé entre le gymnase, l'étude, et les soins de la patrie. Ceux qui retirent un vil salaire des professions méchaniques, les brocanteurs, les aubergistes, les usuriers, ne sont point faits pour se livrer à la chose publique. Leurs occupations sont ignobles, et n'ont rien qui porte à la vertu.

Tous, depuis l'âge de 30 à 35 ans, se choisiront une épouse, parmi les jeunes vierges âgées de 17 à 26 ans. Cette époque est pour les deux sexes, le temps de leur développement parfait. La patrie a droit de veiller à la beauté des races, et d'empêcher qu'elles ne dégénèrent. Mais alors que l'époux soit fidèle à l'hymen. Qu'une concubine n'entre jamais dans son lit. Qu'il s'éloigne des embrassemens des jeunes gens. Il ne doit pas semer dans

(5) Leg. liv. 5, p. 608.

un sol que la nature a frappé de stérilité (6).

Les épouses, compagnes fidèles des guerriers, partageront leurs plaisirs et leurs dangers. Elles prendront les armes, et combattront à côté des époux, pour la défense de ce qu'elles ont de plus cher. Pourquoi éloigner les femmes des périls, contre le vœu de la nature? Parmi les animaux les plus timides, lesquels combattent avec plus de hardiesse pour défendre leurs petits? Ce sont les tendres mères (7).

Chacun des 5040 citoyens possédera un héritage national. Mais mille circonstances peuvent augmenter la richesse mobilière ou industrielle. Nul ne pourra posséder une fortune qui excéderoit le quadruple de la valeur d'un héritage primitif. Celui qui enfreindra la loi, sera dépouillé de son bien, et privé à jamais du droit de suffrage (8).

Comme la fortune des citoyens peut être dans une disproportion quadruple, il y aura de même quatre tribus. Le cens le plus bas sera d'une mine (90 livres), et le plus haut s'élèvera à quatre. Il est dans la nature des choses que la classe la plus riche soit la moins nombreuse, et que la proportion aille en croissant jusqu'à la dernière. Mais il est juste de

(6) Leg. liv. 8, p. 646, 647. (7) Leg. liv. 7, p. 638. (8) Leg. liv. 6, p. 614.

compter davantage sur les suffrages de ceux qui tiennent par plus de liens à la patrie (9).

Passons au mode d'élection, et n'oublions pas qu'il doit être combiné dans le système de la vraie république. Proposons pour modèle la nomination des sénateurs. Ils seront au nombre de 360, pris par quart dans chaque tribu. L'élection durera cinq jours.

Le premier jour on élira 90 sénateurs dans la tribu ayant le cens le plus élevé. Tous les citoyens voteront sous peine d'amende.

Le second jour on élira les sénateurs de la seconde tribu : même obligation à tous, sous la même peine.

Le troisième jour, on élira ceux de la troisième. Les trois premières tribus sont tenues de voter : la quatrième peut s'en dispenser.

Le quatrième jour on élira ceux de la quatrième. Les deux premières tribus sont tenues de donner leur suffrage. La loi y invite seulement les deux autres (10).

Le cinquième jour, les magistrats présenteront au peuple en assemblée générale, la liste des 360 candidats : le nombre en sera réduit à moitié par un nouveau scrutin. Les 180 élus formeront, avec un nombre égal déjà en

(9) Leg. liv. 6, p. 614.   (10) Leg. liv. 6, p. 615.

exercice, le sénat de la nation ; ce sénat sera renouvellé par moitié tous les ans.

La combinaison de ce mode d'élection est exactement le milieu entre la royauté et la démocratie. Tel doit être le caractère de la vraie république : elle est le moyen terme entre les extrêmes (11).

A présent quelle sera l'organisation du corps des magistrats, afin que ce principe soit invariablement maintenu ?

Un chef unique ne constitue pas la royauté. La monarchie résulte du mode de prise de possession, et de la nature des pouvoirs. Ainsi une cité peut avoir un seul magistrat suprême, ou plusieurs, trente-sept, si l'on veut, comme en Crète, sans cesser d'être république. Tout dépend de l'institution, et des limites de la puissance (12).

Le premier des ministères est celui des pontifes. Aux dieux seuls appartient de régler le culte. Appollon sera prié de donner le code religieux de l'état. Son oracle nommera les pontifes, dont les fonctions seront à vie, attendu qu'ils auront reçu du dieu un caractère sacré. Ils seront âgés de 60 ans. Il y aura aussi des prêtresses des dieux. Les femmes

(11) Leg. liv. 6, p. 615. (12) Rép. liv. 4, p. 455.

sont destinées aux mêmes emplois que les hommes ; d'ailleurs elles ont quelque chose d'inspiré et de divin (13).

L'exécution des loix, et la défense de l'état est confiée à trois généraux qui commandent l'infanterie, la cavalerie et les troupes légères. Six questeurs surveillent les finances, les temples et les lieux sacrés. Trois édiles sont chargés de la haute police de la cité. Des édiles ruraux pourvoient à la sûreté intérieure et extérieure des cantons.

Les orphelins sont plus particulièrement les enfans de la patrie. Des magistrats respectables par leur expérience et leur probité, seront institués sous le nom de tuteurs des enfans. Les citoyens pères des plus nombreuses familles obtiendront la préférence (14).

L'état réclame encore une magistrature, la première de toutes par sa dignité et ses fonctions. C'est la surveillance de la jeunesse. Dans quelles mains assez pures sera confié ce dépôt précieux, l'espérance de l'état ? Il faut qu'il soit remis à la vertu même, si elle existe sur la terre.

Les juges seront en petit nombre, parce que dans les actions civiles les parties se choi-

(13) Leg. liv. 6, p. 616.   (14). Leg. liv. 11, p. 679.

siront des arbitres. Chaque collège de magistrats présentera un de ses membres, que le peuple confirmera comme juge; mais qu'il pourra
rejetter. Les magistrats ainsi élus termineront
les différens. Leurs jugemens seront publics
et sans appel.

Les causes d'état, les accusations d'homi-
cides seront instruites par les juges, et portées
devant le peuple. S'il y a condamnation, le
jugement sera revêtu de la sanction des gardiens des loix (15).

Le divorce sera jugé par dix magistrats,
ayant pour assesseurs autant de mères de famille. Pourquoi exclueroit-on les femmes
dans une cause qui intéresse également les
deux sexes (16)?

Le sénat composé de 360 citoyens, se divise en 30 sections de douze membres, qui sont
en surveillance successivement pendant un
mois, et le jour et la nuit. Un gouvernement
actif et vigilant ne doit jamais sommeiller (17).

Mais tout ce qui existe dans le monde sublunaire, porte le sceau de notre foiblesse. La
constitution la plus sage peut avoir des défauts que la prudence du législateur n'a pu
prévoir. La leçon de l'expérience doit perfec-

(15) Leg. 6, p. 619. (16) Leg. liv. 6, p. 682.
(17) Leg. liv. 6, p. 616.

tionner sans cesse le grand œuvre de l'organisation sociale. La sagesse humaine consiste à bien faire, et à savoir se corriger.

Il y aura un comité permanent pour la révision et la rectification des loix. Il sera composé de dix vieillards ayant rempli les premières charges de l'état, et d'un surveillant actuel, ou honoraire de la jeunesse. Chacun des vieillards aura un adjoint choisi parmi les citoyens les plus éclairés et les plus vertueux, qui seront âgés de 30 à 40 ans. De plus, il y aura des sages âgés de 50 ans qui voyageront pendant dix ans aux frais de l'état. Ces voyageurs, à leur retour, seront admis dans cet auguste conseil. Les jeunes gens feront part des circonstances présentes qui exigeroient quelques changemens. Les vieillards exposeront les défauts que l'âge et l'expérience leur auront indiqués dans la constitution : les voyageurs communiqueront ce qu'ils auront trouvé de meilleur dans les loix, les institutions, et l'éducation des peuples renommés par leur sagesse. Un tel conseil arrivera à la perfection de l'organisation sociale, autant qu'elle est possible sur la terre (18).

Des réglemens sévères et sages sont néces-

(18) Leg. liv. 12, p. 690.

saires pour maintenir la police et l'harmonie dans la cité. Voici les plus importans, dont les autres ne seront que des conséquences.

Un père nommera pour son héritier celui de ses fils qui lui sera le plus cher par ses vertus et sa tendresse. C'est un moyen d'émulation dans la famille ; d'ailleurs l'indivisibilité du patrimoine national exclut toute idée de partage. Les autres enfans seront adoptés par les citoyens qui n'auroient pas de postérité. Les filles seront mariées sans autre dot que leur vertu. Si le nombre des citoyens surpasse celui des héritages, le magistrat arrêtera l'excès de la population. L'avortement est le moyen le plus doux. Si le mal est à son comble, des essaims partiront de la mère patrie, qui les aimera toujours comme ses enfans, et leur restera unie par les liens d'une douce maternité (19).

Une redevance en nature sera prélevée sur tous les héritages, pour les banquets publics. Tous les citoyens, et même les femmes et les enfans, prendront leurs repas en commun. Les femmes repousseront cette institution avec toute la force dont elles sont capables. Ce sexe plus caché et plus rusé que l'autre,

(19) Leg. liv. 5, p. 609.

parce qu'il est plus foible, préfère l'obscurité
et fuit la représentation publique. Mais il faut
qu'il paroisse au grand jour, puisque nous
l'appellons aux mêmes fonctions que les hommes. D'ailleurs les loix doivent observer tous
les individus. Elles seroient imparfaites, si la
moitié de la population échappoit à leur surveillance (20).

Le commerce sur-tout ouvre la porte aux
spéculations de l'avarice. Il sera resserré dans
des bornes sévères. Le citoyen pourra vendre
seulement les fruits directs de sa récolte. Le
prix des denrées sera fixé par les édiles, avec
défense de vendre au-dessus ou au-dessous
de la taxe. Ce tarif étouffera dès sa naissance
toute idée de bénéfice mercantile. Il faut maintenir le commerce dans la limite que lui assigne la nature. C'est de vendre sa denrée su-
perflue, pour se procurer celle dont on manque (21).

Nul citoyen n'exercera le métier de reven-
deur ni de courtier. Il laissera aux étrangers
ces professions viles qui habituent à la tromperie et à l'impudeur. Le citoyen qui contre-
viendroit à cette loi, sera puni par la prison
et les fers (22).

(20) Leg. liv. 6, p. 625.   (21) Leg. liv. 6, p. 650,
651.   (22) Leg. liv. 11, p. 678.

Il y aura uniformité de poids et mesures, qui tireront leurs noms des nombres, en suivant leur valeur graduelle. C'est un moyen de mettre en défaut la tromperie et l'avarice. Tyr et l'Egypte n'ont pas adopté cette uniformité; est-ce la faute du législateur, de la fortune, ou de la nature (23)?

Il ne sera prélevé aucun droit, ni sur l'importation, ni sur l'exportation. Taxerez-vous les marchandises étrangères, comme la pourpre et l'encens qui servent au culte des dieux? Pourquoi repousser le marchand qui vous apporte ce qui vous manque? Soumettrez-vous à des droits les subsistances qui sortent de chez vous? Un gouvernement sage ne laisse aller que son superflu: pourquoi rançonner l'étranger qui vous en débarrasse (24)?

Toute monnoie métallique sera prêtée sans intérêt. Nul n'aura d'or et d'argent. Le voyageur ou le commerçant qui auroient acquis ces métaux dangereux, par des échanges étrangers, les remettront au questeur, qui leur en comptera la valeur en monnoie du pays. L'état seul a besoin de ces richesses factices pour ses dépenses de guerre et ses relations de politique (25).

(23) Leg. liv. 5, p. 612.   (24) Leg. liv. 5, p. 610.
(25) Leg. liv. 8, p. 650.

Les

Les propriétés et les récoltes qui sont le produit des sueurs et du travail, sont sacrées ; nul n'a le droit d'y toucher. Quant aux fruits des arbres que nous avons plantés, mais qui croissent sans culture, l'étranger pourra en cueillir : respectons dans sa personne les droits de l'hospitalité. Il n'y a point de honte aux citoyens qui n'ont pas atteint trente ans, de les voler subtilement : c'est une espèce de capture innocente, qui excite l'adresse d'un côté, et de l'autre la surveillance. Si le larron mal-adroit se laisse prendre sur le fait, il est permis de le frapper, pourvu qu'il n'en résulte ni sang, ni blessure. L'homme âgé peut cueillir des fruits pour son usage momentané : présumons qu'il a des besoins ; d'ailleurs respect à la vieillesse (26).

Toutes les loix auront un préambule qui instruira le peuple de leurs motifs. La loi doit convaincre avant de commander.

(26) Leg. liv. 8, p. 649.

SOMMAIRE DU SECOND LIVRE.

Aristote, après avoir exposé ses principes d'organisation sociale dans le premier Livre, examine dans le second, les constitutions les plus célèbres de son temps.

Il les divise en deux espèces ; celles qui n'étoient que des projets de gouvernemens, et celles qui ont été réellement mises à exécution.

Il commence par les projets de constitution les plus vantés. Ce sont, 1°. les deux républiques de Platon ; décrites, la première, dans son traité de la justice, et la seconde, dans son traité des loix. Il les censure amèrement, sur-tout les principes, sur l'unité absolue que Platon regarde comme le caractère essentiel d'une république parfaite, et ses opinions sur la communauté universelle des biens, des enfans, et des femmes.

Il examine légèrement les plans de constitution proposés par Phaléas de Chalcédoine, et Hippodame de Milet.

Il passe ensuite aux constitutions des peuples les plus célèbres de son temps. Il discute la constitution de Lacédémone, à laquelle il est loin de donner des éloges sans restriction, comme l'ont fait Xénophon et Platon.

Il examine aussi celle de Crète donnée par Minos, et qui a beaucoup de conformité avec celle de Lacédémone, celle de Carthage, qu'il trouve fort sage, enfin celle d'Athènes, qu'il ne considère que sous le point de vue des changemens que Solon avoit faits à l'ancienne constitution. Il ne considère dans sa discussion, que l'espèce du gouvernement, et l'organisation politique des différens pouvoirs.

Il finit par quelques observations sur plusieurs anciens législateurs.

CHAPITRE PREMIER.

Examen des constitutions des différens peuples. Réfutation du systéme de Platon, qui ordonne la communauté des biens dans sa république.

QUELLE est la meilleure forme de constitution (1), pour procurer aux membres de l'association politique la plus grande somme de bonheur ? Voilà le problème que nous cherchons à résoudre ?

Il est nécessaire de commencer par examiner nos constitutions actuelles les plus vantées par la sagesse de leurs combinaisons. Nous exposerons aussi les plans de gouvernemens que nous ont tracés quelques écrivains politiques, et qui jouissent d'une grande réputation. Ainsi nous réunirons sous un seul point de vue toutes les institutions politiques, qui ont un caractère marqué de sagesse et d'utilité. Qu'on ne nous accuse, ni de présomption, ni d'orgueil, si nous cherchons un plan de gouvernement différent de ceux que nous connoissons. Nous avons vu ces gouvernemens : tous nous ont paru viciés dans leurs institutions. Connoître leurs défauts, telle est l'intention de notre ouvrage.

Posons d'abord un principe qui est la base de toute recherche sur l'organisation sociale.

Il faut que tout soit commun entre les membres de la société politique, ou que rien ne le soit ; ou que certaines choses soient communes, et que d'autres ne le soient pas. D'abord il est impossible qu'il n'y ait rien de commun à tous. En effet, une organisation politique est en quelque sorte la propriété de tous. Or cette organisation exige d'abord un local commun ; car, qui dit cité, dit unité de lieu ; qui dit citoyen, dit jouissance commune de la même cité. Mais ce point, une fois convenu, une bonne constitution doit-elle ordonner que tous les biens susceptibles d'être communs (*) appartiendront à tous ; ou bien, seroit-il plus sage de statuer, qu'abstraction faite des biens qui doivent être communs, il y

(*) A la naissance des choses, toute loi étoit vicieuse, qui se relâchant sur la communauté des biens, tendoit de la manière la plus indirecte à favoriser l'établissement de la propriété ; mais, au contraire, toute loi sera sage aujourd'hui, qui tendra à ôter à nos passions quelque moyen, ou quelque prétexte de blesser les droits de la propriété, de la manière la plus légère. Mably, Leg. liv. 1, ch. 4.

aura, des propriétés individuelles (*) ? Il résulte de la première supposition, que les femmes, les enfans et les biens, pourroient être communs à tous les membres du corps social, comme le veut Platon dans sa république (2). En effet, Socrate y pose formellement en principe, que femmes et biens doivent être communs. Adopterons-nous une pareille institution, ou préférerons nous les loix sur la propriété telles qu'elles existent aujourd'hui ?

La communauté des femmes, entre tous les citoyens, présente de graves inconvéniens, et les raisons de Socrate, pour motiver sa loi, ne sont rien moins que concluantes. Il y a plus. Cette institution, telle que Socrate la propose, loin d'atteindre le but qu'il regarde comme fin de la cité, est sans rapport déterminé avec cette fin. En effet Socrate regarde comme fin parfaite de la cité (3), qu'elle soit la plus une qu'il est possible (**). Mais il est évident, qu'à force de centraliser, il finit par n'avoir plus de cité. Car, qu'est-ce qu'une cité ? C'est une multitude composée d'élémens divers (4). Donnez-lui plus d'unité ; votre cité

(*) Le bien public est toujours que chacun conserve invariablement la propriété que lui donnent les loix civiles. Esp. des Loix, liv. 26, ch. 15.

(**) Voyez Analyse des deux Rép. p. 60

devient une famille : centralisez encore, votre
famille se concentre dans l'individu, car il y
a plus d'unité dans la famille que dans la cité,
et plus encore dans l'individu que dans la famille. On doit donc se garder d'admettre cette
unité absolue dans le plan d'une organisation
politique, puisqu'elle anéantiroit la cité. En
effet, il est de principe que la cité n'est pas
seulement une multitude, mais une multitude composée d'élémens divers ; qu'ainsi elle
n'est pas un tout formé de parties homogè-
nes, et que cité et société militaire, sont deux
associations bien différentes (5). Ce n'est pas
cependant que le nombre ne soit utile, lorsque
les parties sont les mêmes : cette combinaison
est très-bonne dans une association militaire,
qui a pour but la défense commune, comme
l'homogénéité des parties est utile dans un
poids qui n'en presse qu'avec plus de force.
Société militaire et cité diffèrent entr'elles,
comme cité et nation, lorsqu'un peuple n'ha-
bite pas réuni, et que les individus vivent
isolés comme les Arcadiens (6).

Un tout politique, doit être formé de parties hétérogènes, dont l'amalgame en opposition, mais en équilibre (*) conserve la

(*) Morales ad nicom. liv. 5, ch. 6 et seq.

cité, comme nous l'avons prouvé dans notre
morale : ce système de balance est indispensable, là où tous sont égaux et libres. Tous
ne peuvent être magistrats à la fois ; quelques-uns commandent pendant un an, ou tel
autre espace de temps déterminé. Il résulte
de cette combinaison que tous sont appelés
aux fonctions de magistrats : on arrive par
tour, à peu près, comme feroient des cordonniers et des serruriers qui alterneroient
dans leurs professions. Quoique cet alternat
soit nécessaire dans les sociétés politiques où
les droits sont égaux, cependant il est vrai
qu'un gouvernement a plus d'aplomb, lorsque les mêmes commandent toujours. Mais si
cet ordre de choses est impossible en vertu des
droits naturels de l'égalité, les principes veulent que le moins habile soit magistrat comme
les plus expérimentés, que tous aient part
à l'autorité, et qu'ils alternent comme vrais
égaux qui succèdent pour avoir des successeurs. Voilà des hommes qui passent successivement du commandement à l'obéissance,
comme s'ils étoient des êtres différens. Ce
principe s'applique également aux magistrats qui remplissent des fonctions plus ou
moins subordonnées.

Concluons de-là qu'il n'est pas dans la nature de la cité d'avoir autant d'unité que quelques-uns l'ont dit (*), et que ce principe qu'ils regardent comme le plus solide apui de la cité, tend au contraire à la détruire : or ce qui est bon conserve toujours.

Une autre raison prouve encore la fausseté du principe de l'unité trop concentrée du corps politique. Une famille a plus d'abondance et de moyens de bonheur qu'un individu. La cité réunit tous ces moyens bien plus éminemment que la famille. Or, on entend par cité (7) une réunion nombreuse, ayant l'abondance de tous les moyens d'où résulte le bonheur ; mais le plus, est préférable au moins en politique. Donc l'unité moins concentrée de la cité, vaut mieux que trop d'unité (8).

(*) Platon.

CHAPITRE II.

De la communauté des femmes et des enfans dans la République de Platon : qu'elle n'est pas admissible.

Supposons pour un moment, que l'unité absolue soit la perfection de l'ordre social, l'existence de cette unité ne me paroît pas démontrée, parce que tous diront en même-temps, ceci est à moi et n'est pas à moi (1). Voilà cependant le signe caractéristique que donne Socrate, pour reconnoître que la cité est parfaitement une (*). J'observe que le mot *tous* a une double acception. S'il est pris pour désigner chaque individu, alors chacun dira, cet enfant, cette femme, ce bien, cette propriété sont à moi ; et sous ce rapport, il se rapprochera peut être davantage du résultat que Socrate a cherché. Mais ce n'est pas dans ce sens que le mot *tous* sera employé par un peuple chez lequel les femmes et les enfans seroient communs. Il signifiera là, non pas chaque individu, mais la collection des individus. Ainsi, tous appelleront *mien*, les biens

(*) Voyez Analyse, Rép. p. 61.

et toute espèce de propriété, mais collective-
ment, et non comme individus. Le mot *tous*
est à double sens (2), comme le mot tous
deux, qui présente l'idée du pair et de l'impair, l'un et l'autre sont toujours embarras-
sans dans un syllogisme. Ainsi, que tous disent d'un même objet, il est mien, je le conçois dans la première acception, mais la loi
ne le veut pas. Qu'ils le disent dans la seconde, je ne vois là rien qui puisse amener la
concorde et l'unité, j'y trouve même un grave inconvénient. Plus un bien a de co-pro-
priétaires, moins il est soigné ; on développe
toute son industrie pour le sien, mais on ne
fait valoir celui de tous, que dans la proportion de son intérêt individuel. On le néglige,
parce qu'on se repose sur l'activité des autres,
comme souvent une maison est plus mal tenue avec une foule d'esclaves, qu'avec un
petit nombre. Ainsi chacun aura mille fils qui
ne seront pas plus les siens que ceux des autres. Qu'arrivera-t-il ? Que tous les enfans
seront également négligés. D'ailleurs, chacun
appellera, mon fils, tous les individus vertueux
ou pervers. Mais quel citoyen pris individuellement, pourroit appeler un des enfans
quelconque de l'état, mon fils, plutôt que le
fils d'un autre ? Son incertitude sera fondée :

sait-il s'il a été père ? Si son fils a échappé aux dangers qui environnent le berceau ?

Je le demande, vaut-il mieux appeler mien, le premier venu, et dix mille indivi- dus, plutôt que de conserver à ce mot l'idée que nous lui attachons dans nos cités. Nous appellons fils, frères, cousins, ceux qui le sont par le vœu de la nature : nous donnons d'autres noms à ceux qui nous tiennent par les liens du sang ou de l'affinité : nous distin- guons encore nos liaisons de canton et de tri- bu (3). Plutôt mille fois être chez nous le dernier des arrières neveux, que le fils dans la république de Platon.

Au reste, c'est vainement qu'on veut em- pêcher des frères, des enfans, des pères et mères de se reconnoître. N'y a-t-il pas quel- quefois des ressemblances si frappantes, entre les père et mère et les enfans, qu'elles devien- nent pour les uns et les autres des preuves incontestables ? Selon quelques géographes, il y a a des peuples dans la haute Afrique (4) qui ont adopté la communauté des femmes. Le père reconnoît pour son fils l'enfant qui lui ressemble. Les femelles de quelques quadru- pèdes, comme les vaches et les jumens, don- nent ordinairement des veaux et des poulains qui ressemblent au père et à la mère. On cite

entr'autres, la jument de Pharsale, qu'on appelloit la juste (5).

Voici d'autres inconvéniens de cette communauté auxquels il est difficile de parer. Il y
aura des injures, des rixes, des voies de fait,
des meurtres involontaires ou prémédités.
Ces délits graves à l'égard des étrangers, deviennent des sacrilèges, lorsqu'ils attaquent
des proches parens, et sur-tout ceux qui nous
ont donné le jour. Ces crimes seront plus fréquens chez un peuple où personne ne connoît
ses parens, que dans les cités où l'on ne peut
les méconnoître. Il est possible, dans nos
mœurs, de se purger de ces forfaits par des
lustrations religieuses (6). Si les parens sont
inconnus, comment expier le sacrilège ?

Voici une immoralité (7): par une suite de
la loi, qui veut que les enfans soient communs, Platon éloigne les amans de la société
de leurs maîtresses, et il ne défend pas les
plus grands écarts de l'amour (*). Ainsi le
fils peut recevoir les caresses du père, le frère
celles de son frère : la décence abhorre ces
monstrueuses liaisons. Platon n'y voit que de
l'amour. Il sépare l'amant de sa maîtresse,
parce qu'il ne veut pas qu'ils se fondent dans

(*) Voyez Anal. des Rép. p. 62,

l'excès de la volupté. Mais les pères se mêlent avec leurs enfans, les frères avec leurs frères, et il voit d'un œil indifférent ces affreuses jouissances !

J'ajouterai qu'il eut été peut-être plus politique d'ordonner la communauté des femmes entre les laboureurs, plutôt qu'entre les guerriers : cette institution auroit relâché dans la classe agricole les liens les plus doux de la société. Il est bon qu'il y ait peu d'union parmi les hommes faits pour obéir. C'est un moyen de prévenir les révolutions.

Enfin cette communauté des femmes et des enfans donneroit un faux résultat en bonne législation. Elle produiroit même un effet contraire à celui que Socrate s'est proposé. On regarde l'amitié comme le bien le plus précieux pour une cité, puisqu'elle en éloigne les divisions et la discorde. N'est-ce pas l'amitié qui est le lien de cette unité politique si recommandée par Socrate ? Lui-même, dans ses dialogues érotiques (8), ne dit-il pas par la bouche d'Aristophanes, que deux amans, dans le transport de la volupté, brûlent de s'identifier, et de ne faire qu'un ; d'où il suit que l'un et l'autre, ou du moins l'un des deux seroit fondu dans l'autre amant. Au contraire, l'amitié, dans la république de Platon, est comme une liqueur délayée à grande eau, dont le goût est à peine sensible. Ainsi les noms les plus doux n'y rappellent que des sentimens vagues et sans force, puisqu'on s'y attache sur-tout à dispenser réciproquement les pères, les enfans et les frères, des affections les plus tendres. Quel principe rend l'homme aimant et soigneux ? C'est lorsqu'il trouve un objet aimable, et qu'il le possède exclusivement. Or tendresse et doux soins, sont nécessairement inconnus dans la communauté universelle de Platon.

Platon veut encore qu'on fasse passer des enfans d'ouvriers et de laboureurs dans la caste des gardiens, et réciproquement (*). Comment faire ces échanges dans l'esprit de la loi ? Comment empêcher que les agens de ces échanges ne connoissent, et ceux qu'ils donnent, et ceux à qui ils remettent ? N'arrivera-t-il pas encore que ces fils adoptifs donneront plus souvent lieu aux rixes, au libertinage, au meurtre même ? Les enfans des gardiens qui auront passé dans les autres classes, ceux des autres classes qui auront passé dans celle des gardiens, ne pourront donner à personne les noms de père, de mère,

(*) Voyez Anal. des Rép. p. 65.

de frère et d'enfans (9). Le respect naturel pour des parens, ne les retiendra pas dans leurs emportemens.

Voilà ce que nous avions à dire sur la communauté des femmes et des enfans.

CHAPITRE III.

Suite. Inconvéniens de la communauté des biens dans la République de Platon.

L'ᴏʀᴅʀᴇ naturel des idées amène ici la question de la propriété. Quelle sera la loi sur les propriétés, dans le plan d'une bonne constitution ? Seront-elles communes ou individuelles ?

Cette question est indépendante de la législation sur les femmes et les enfans. Nous ne considérons ici que les immeubles.

1°. Les fonds étant divisés (1) en propriétés particulières, comme ils le sont aujourd'hui, seroit-il plus avantageux que les produits fussent communs ? Ainsi les champs seroient des propres, et les récoltes appartiendroient à tous. Cet usage existe chez quelques nations.

2°. Le sol pourroit être commun et la culture commune ; mais les récoltes seroient ré-

parties entre tous, comme propriétés individuelles. On retrouve cette espèce de communauté parmi quelques peuples barbares.

3°. Enfin la loi ordonnera-t-elle que champs
et récoltes, tout sera commun ?

Si les terres étoient cultivées (2) par d'autres mains que celles des citoyens, peut-être
scroit-il possible de trouver un mode de partage. Mais si les récoltes sont le fruit des sueurs
des citoyens eux-mêmes, la répartition présente mille difficultés. Si les produits ne sont
pas répartis dans la proportion du travail, tel
aura moins travaillé, qui enlevera ou con-
sommera davantage. Tel autre n'aura qu'une
foible part, pour indemnité de travaux plus
assidus. Calculez la suite nécessaire de tant de
débats. Il est si rare de voir les hommes vivre
en bonne intelligence, lorsqu'ils forment ensemble des sociétés d'intérêt. Que sera-ce,
dans l'ordre de choses que nous supposons ?
Voyez les sociétés de voyageurs. Une baga-
telle, un rien amène souvent entr'eux la discorde et des scènes violentes. Les esclaves qui
nous servent journellement au sein de nos
maisons, ne sont-ils pas les plus exposés à nos
reproches et à notre humeur ? En général,
toute propriété commune, quel que soit le
mode

mode de jouissance, présente de graves inconvéniens.

Tenons-nous en donc à nos loix actuelles,
sur le droit de propriété. Avec de bonnes
mœurs, et de sages institutions, elles l'emportent mille fois sur toutes les théories de
communauté universelle. Ces loix peuvent
réunir le double avantage de la communauté
des biens, et de la propriété individuelle.
Organisez vos loix, de manière que les biens
appartenant aux individus, les produits soient
en quelque sorte communs. En partageant les
soins, vous tarissez la source des querelles.
Bien plus, vous donnez plus de ressort à l'industrie, qui veut toujours améliorer. Faites
ensuite que la vertu soit la dispensatrice de ces
biens, suivant la belle maxime que tout est
commun entre amis. Ces institutions sont
comprises implicitement dans les loix de plusieurs cités, où il ne seroit pas impossible de
les mettre à exécution. Il y a plus, les gouvernemens les plus sages les ont adoptées, ou
peuvent les mettre aisément en vigueur. Là,
chaque citoyen a sa propriété, qu'il partage
avec ses amis; mais il use du bien des autres,
comme s'il étoit commun. Ainsi à Sparte, on
se sert d'un esclave étranger comme du sien.
Un citoyen est-il surpris par le besoin au mi-

Tome I.   G

lieu des campagnes ? Il entre chez le premier
venu, et lui prend son cheval, ses provisions,
et même son chien. Il est donc évident que la
plus sage des loix seroit celle, qui en consa-
crant le principe de la propriété individuelle,
porteroit les citoyens à regarder leurs biens
comme communs. Mais comment inspirer
aux hommes cette philantropie ? C'est au législateur à opérer ce prodige.

Il y a plus. N'est-il pas vrai qu'on ressent
un plaisir inexprimable, lorsqu'on peut se
dire, ceci est à moi ? Ce n'est pas une illusion
que l'amour de nous-mêmes. Ce sentiment
est gravé dans notre ame par la main de la
nature. L'égoïsme, voilà le genre d'amour qui
est justement décrié, parce qu'il n'est pas l'a-
mour de soi, mais une passion désordonnée
de soi, passion funeste qui entraîne l'avare
vers son argent, et tous les hommes vers l'objet de leurs désirs.

Est-il encore un plaisir plus pur, que de
secourir ses semblables, et de répandre des
bienfaits dans le sein de ses compagnons, de
ses hôtes et de ses amis ? L'homme qui a des
propriétés peut seul connoître cette jouissance. Ils en ignorent le prix, ceux qui ordonnent la communauté des biens pour donner
plus d'unité à leur cité. Ils font plus, ils ôtent

à l'homme l'exercice de deux vertus. Quel devoir sacré l'oblige à respecter une femme qui n'est pas la sienne ? Ils le privent donc de la tempérance. La générosité consiste dans le noble emploi de la fortune. Quel moyen lui laissent-ils de développer ce beau sentiment ? Ils lui enlèvent donc encore la libéralité.

Cette loi, je le sais, paroît séduisante par son apparence de philantropie. A peine est-elle proposée qu'on l'adopte avec transport, parce qu'on se persuade qu'elle peut former entre les hommes le nœud de la plus aimable fraternité. Que sera-ce (3), lorsqu'on peindra des plus noires couleurs, tous les maux qui assiègent nos gouvernemens, et qu'on en cherchera la cause dans le prétendu fléau de la propriété ? On citera les procès dont les contrats sont la source, les jugemens rendus sur de faux témoignages, la flatterie qui corrompt les riches. Oui, ce sont des maux, mais viennent-ils du tien et du mien, plutôt que de notre propre malice ?

Cependant, jettez vos regards sur les hommes qui possédent et jouissent en commun, vous verrez qu'ils ont entr'eux des débats plus fréquens que les propriétaires individuels. Mais, dira-t-on, on entend peu parler des querelles des hommes qui possédent tout en

commun. C'est qu'ils sont en immense minorité , si on les compare avec le nombre des
propriétaires. Soyez juste , vous qui calculez
les maux dont la communauté des biens nous
délivreroit , et comptez aussi les biens que
vous nous ôtés. Tranchons le mot. La communauté des biens est une chimère. Socrate , en
adoptant cette erreur , a pris pour le principe
une fausse lueur de vérité. Sans doute , il faut
de l'unité dans la cité comme dans la famille ,
mais cette unité ne doit pas être trop concentrée. Il ne faut pas centraliser , jusqu'à n'avoir
plus de cité. Votre cité qui conserveroit ses
formes , et qui cesseroit presque d'être ellemême , seroit un détestable gouvernement.
Que diriez-vous d'une harmonie dont tous les
accords se fondroient dans une seule partie ,
ou d'un vers qu'on réduiroit à un pied ? Nous
l'avons dit. Une cité se compose d'une multitude ayant des professions diverses. C'est par
la sagesse de vos institutions que vous lui
donnerez de l'unité et de l'ensemble. Mais établir la communauté des biens , comme moyen
universel , pour rendre une cité vertueuse ,
c'est une extravagance. On ne règle les états
que par les mœurs , la philosophie et les loix.
C'est ainsi que les législateurs de Crète et de
Lacédémone se sont contentés de modifier le

principe de la propriété par l'établissement
des repas communs.

Observons encore que le monde est vieux
aujourd'hui, et qu'il a l'expérience des siècles.
Si cette loi de Platon étoit si admirable, pen-
sez-vous qu'on eut été si long-temps avant
d'en faire la découverte ? Le génie de l'homme n'a presque plus rien à trouver, les inventions sont jugées, par la théorie ou par l'expérience qui les a rejettées. Cette vérité paroî-
troit dans tout son jour, si l'on voyoit en action la machine politique de Platon. Comment mettroit-il en jeu son gouvernement (4),
s'il n'établit ni distinctions, ni divisions ? S'il
n'organise ni les assemblées de banquets, ni
sections, ni tribus ? Tout le résultat de cet
appareil de législation, est de constituer des
gardiens qui recueillent sans semer (*), abus
qui, aujourd'hui s'introduit à Lacédémone.
Il faudroit des loix organiques, pour régler
le mode de cette communauté universelle :
Socrate n'en propose aucune (**) ; il lui eût
été difficile de les donner. Les habitans qui ne
sont pas gardiens, forment la presque totalité
de la république. Les laboureurs auront-ils

(*) Voyez Analyse des deux Rép. p. 59.
(**) Voyez Analyse des deux Rép. p. 68.

des biens communs, ou des propriétés individuelles ? La communauté des femmes et des
enfans existera-t-elle aussi pour eux ? Rien de
tout cela n'est réglé. Si le même mode de
communauté universelle existe pour tous indistinctement, où sera la différence entre les
laboureurs et les gardiens ? Quel avantage
auront ceux-ci, de soutenir le poids du gouvernement ? Comment se maintiendront-ils à
la tête des affaires ? Ou bien ils adopteront la
politique des Crétois, qui accordent à leurs
serfs la jouissance commune des autres droits,
et leur interdisent seulement la gymnastique
et le port d'armes ; ou bien, la condition de
leurs gens de peine, sera chez eux ce qu'elle
est dans les autres gouvernemens. Alors, où
sera le lien de l'unité politique ? Je vois, au
contraire, dans cette république, deux cités
distinctes avec des intérêts opposés. Car Platon veut que ses gardiens soient exclusivement
chargés des soins du gouvernement, et que
les laboureurs, les artisans, et autres, soient
simples habitans. Or cet ordre de choses
n'empêche pas de naître là, comme ailleurs,
les accusations, les procès, enfin tous les
maux politiques que Platon reproche si amèrement aux autres cités.

Socrate prétend, qu'au moyen d'une bon-

ne éducation, sa cité n'aura besoin que d'un
petit nombre de loix, et qu'elle sera dispen-
sée d'instituer des magistrats, pour surveiller
l'ordre public, faire la police des marchés, et
suivre mille autres objets d'administration.
Fort bien (*), mais il ne donne d'éducation
qu'à ses seuls gardiens (5).

Platon veut que les laboureurs soient propriétaires des fonds, sous la condition d'une
redevance. Cette classe seroit évidemment
très-difficile à contenir. Comment n'a-t-il pas
vu qu'elle seroit plus entreprenante, que les
ilotes de Lacédémone (6), les penestes de Tessalie, et les serfs de tous les autres états ?

Ces points, importans ou non, sont entièrement oubliés. Quels seront les droits politiques des laboureurs, leur éducation, les loix
particulières à leur condition ? Autres objets
dont il ne parle pas davantage. Cependant,
n'étoit-il pas du plus grand intérêt de fixer les
rapports entre les laboureurs et les gardiens,
afin de maintenir entre ceux-ci la communauté universelle ? Il étoit même difficile de
trouver un mode parfait d'équilibre.

Que les laboureurs soient propriétaires individuels, ou qu'ils possèdent tout en com-

(*) Voyez Analyse des deux Rép. p. 58.

mun, s'il y a communauté de femmes dans cette classe, qui prendra soin de l'intérieur des maisons, tandis que les hommes seront occupés à la culture des champs?

Platon ordonne que les femmes remplissent les mêmes fonctions que les hommes, qui ne s'entendent guère aux détails du ménage. Prouver ce paradoxe (*) par une comparaison tirée des bêtes (7), n'est-ce pas une absurdité?

Les réglemens de Socrate pour la nomination des magistrats entraînent aussi de graves inconvéniens. Il veut que les mêmes citoyens administrent toujours (8). Cette prérogative est de nature à soulever les hommes les moins faits pour gouverner. Que feront donc des hommes pleins d'honneur, et armés? Mais écoutons la raison nécessaire qui détermine ce choix forcé. C'est que le ciel ne verse pas alternativement dans les ames son or divin (9), et que les mêmes hommes en sont toujours pêtris. Au moment de la naissance, telle ame est imprégnée d'or, telle autre d'argent. Le fer et l'airain sont réservés pour les ames des laboureurs et des manoeuvres.

Platon pose encore en principe que le but

(*) Voyez Analyse des deux Rép. p. 58.

du législateur est de rendre heureuse *toute* la cité, et telle est la condition de ses gardes, qu'ils ne sont pas heureux (10). Mais bien loin que tous jouissent du bonheur, si la majorité, si une partie, si même quelques-uns en sont privés, il sera donc impossible que *toute* la cité soit heureuse. On ne calcule pas le bonheur comme les nombres (11). Une somme peut être paire, quoique ses diviseurs soient impairs. En fait de bonheur, les élémens et le tout doivent être de même nature. D'ailleurs, si les gardiens ne sont pas heureux, quelle autre classe le sera. Est-ce parmi les artisans et les mercenaires que vous irez chercher le bonheur ?

Voilà quelques-uns des défauts de la république de Platon. Il y en a bien d'autres encore.

CHAPITRE IV.

Réfutation de la seconde République proposée par Platon, dans son Traité des Loix.

PLATON publia son traité des loix après sa république. Comme il y modifie quelques principes de son premier systême, nous examinerons en peu de mots ce nouveau gouvernement.

Socrate, dans la république, s'est contenté de poser quelques principes, sans entrer dans les développemens. Il y traite de la communauté des femmes et des enfans, de la propriété, des bases du gouvernement. Il divise les habitans en deux classes, celle des laboureurs et celle des guerriers : il tire de celle-ci un troisième ordre de citoyens, qui forme le conseil de l'état, et exerce le pouvoir suprême dans la cité. Quant aux artisans et laboureurs, seront-ils éligibles à quelques magistratures, ou exclus de toutes les charges ? Auront-ils le port d'armes ? Serviront-ils à la guerre ? Socrate n'en dit rien, tandis qu'il n'oublie pas d'ordonner que les femmes partageront les travaux militaires, et seront for-

mées aux mêmes exercices que les guerriers.
Il entre dans les plus grands détails sur l'éducation de ses gardiens. Le reste de l'ouvrage
ne contient que des dissertations étrangères à
son sujet.

Le second ouvrage (1) est consacré presque
tout entier au développement d'un grand
nombre de loix. L'auteur y parle peu de
constitution politique. Cependant, en voulant mettre sa république plus à la portée des
différens états, il la modifie, de manière qu'il
lui donne presque une autre forme. Il suppri-
me dans ses loix la communauté des femmes
et des biens, il y conserve l'éducation de ses
guerriers, et la défense qui leur est faite de
se livrer aux arts de première nécessité. Il y
maintient la loi des repas communs. Il y ajoute seulement que les femmes auront aussi
leurs banquets (*). Enfin il y porte à cinq
mille (2) le nombre des guerriers qui étoit fixé
à mille dans sa première république. Du reste
il conserve dans toutes deux les mêmes institutions.

Sans doute les entretiens de Socrate sont
pleins d'élévation et de noblesse : ils renferment des questions neuves et des recherches

(*) Analyse des deux Rép. p. 78.

profondes ; mais tout y est-il sagement combiné ? J'ai peine à me le persuader. Citons,
par exemple, les gardiens dont nous venons
de parler. Convenons qu'il faudroit toutes les
plaines de la Babylonie, ou tel autre territoire immense, pour nourrir ces cinq mille
oisifs (3), et avec eux un peuple plus nombreux encore de femmes d'ouvriers et d'individus à leur suite. Formez des projets, à la
bonne heure, mais que leur exécution ne soit
pas impossible.

Socrate dit que le législateur doit avoir
sans cesse deux choses sous les yeux, le sol
et les hommes (*) Il falloit ajouter qu'il doit
étendre aussi ses regards sur les pays voisins.
Cette considération est indispensable pour assurer l'existence politique de la cité. En effet,
il ne suffit pas d'avoir une force militaire analogue à la défense du pays, il faut encore
qu'elle soit organisée pour attaquer au-de-
hors. Sans doute on n'approuveroit pas un législateur qui feroit un camp de la cité, et de
chaque citoyen un soldat ; cependant la poli-

(*) On peut mesurer un corps politique de deux
manières ; savoir, par l'étendue du territoire, et par
le nombre du peuple.... Ce sont les hommes qui font
l'état, et c'est le terrain qui nourrit les hommes. Cont.
Soc. liv. 2 ; ch. 10. Rousseau est de l'avis de Platon.

tique veut que vous ayez des moyens pour être redoutable à l'ennemi qui attaque, comme à celui qu'on poursuit.

Platon devoit encore fixer avec plus de précision et de clarté, l'étendue des propriétés (4). Il faut, dit-il, que la propriété suffise pour vivre avec tempérance : (il auroit dû dire, pour vivre commodément.) Cette définition est trop vague, parce qu'on peut vivre avec tempérance, et se trouver en même-temps dans la misère. Il devoit dire, vivre avec tempérance et libéralité, parce que la libéralité toute seule suit l'opulence : la tempérance seule vient après la pauvreté, et que la réunion de ces vertus peut seule déterminer la juste mesure de nos jouissances. On ne dit pas jouir avec douceur, jouir avec courage ; la tempérance et la libéralité ne peuvent donc être séparées, pour déterminer exactement le mode de jouissance.

Passons à une inconséquence. Platon établit l'égalité des fortunes, mais il ne statue rien, ni sur le nombre des citoyens (5), ni sur l'augmentation progressive de la population. Il suppose que la stérilité compensera le nombre des naissances, parce que cette balance s'établit assez naturellement dans nos cités. Cependant, il devoit sentir qu'il auroit dans sa république des résultats bien différens. Personne, dans nos gouvernemens actuels, n'est réduit à une misère absolue, parce que les propriétés, grandes ou petites, sont partagées par têtes d'héritiers. Mais les propriétés sont indivisibles dans la république de Platon : ainsi le nombre des enfans qui excédera celui des propriétés, n'aura rien du tout (*).

Peut-être seroit-il d'une bonne politique de fixer le nombre des enfans, plutôt que celui des propriétés, et de permettre ou de restreindre les naissances, d'après des calculs basés sur la stérilité ou le nombre des morts. C'est l'imprévoyance de nos gouvernemens sur un point si essentiel, qui peuple aujourd'hui nos cités de tant de misérables ; de-là, tant de séditions et de crimes, dont la pauvreté est la mère. Phidon de Corinthe (6), un des plus anciens législateurs, se rapprochoit de cette opinion. Il vouloit que la constitution établît des inégalités dans l'étendue des possessions, mais qu'ensuite le nombre des héritages, et celui des citoyens, restassent invariablement les mêmes. Platon adopte dans ses loix un système tout opposé. Nous espérons, dans la suite de cet ouvrage, présenter

(*) Voyez Analyse des deux Rép. p. 78.

des idées plus saines sur cette question (7).

Platon oublie encore de régler les rapports nécessaires entre les magistrats et les citoyens. Il se contente de dire que le gouvernement est au gouverné, comme la laine de la trame est à celle de l'ouvrage. Où est l'analogie ?

Il permet d'accroître la richesse mobiliaire dans une raison quadruple de la valeur du cens le plus foible. Pourquoi ne pas autoriser aussi une augmentation quelconque dans la propriété foncière (*) ?

Il veut que chaque citoyen ait deux habitations (8) assez distantes l'une de l'autre. Il est assez incommode d'avoir deux ménages. Ce double établissement n'est guère favorable à l'économie domestique (**).

Passons à l'organisation politique de sa cité.

Ce n'est ni une démocratie, ni une aristocratie (9), mais ce gouvernement mixte qu'on appelle république (***) ; car l'autorité rési-

(*) Voyez Analyse des deux Républiques de Platon, p. 72.

(**) *Id.* p. 71.

(***) République, suivant Aristote et Platon, terme moyen entre le gouvernement de peu, et celui de tous : prépondérance de la classe moyenne sur celles des pauvres et des riches.

de entre les mains de plusieurs, qui sont les gardiens des loix. Si Platon propose cette forme de constitution, comme très-convenable aux cités, je crois qu'il a raison. Mais il prétend qu'après sa première république, c'est le plus parfait des gouvernemens. Il est ici dans l'erreur. Je crois qu'on peut lui préférer la constitution Lacédémonienne, et même tel autre gouvernement qui auroit plus de tendance à l'aristocratie. D'habiles politiques ont pensé que la constitution la plus parfaite résultoit de l'heureux mélange des divers gouvernemens. Ils trouvent cette sage balance dans la constitution de Lacédémone, qu'ils regardent comme une combinaison de l'oligarchie, de la royauté, et de la démocratie. Elle est, disent-ils, monarchique par ses rois, oligarchique par son sénat, démocratique par ses éphores, qui sont toujours pris dans la classe du peuple. D'autres, il est vrai, prétendent qu'elle est tyrannique par ses éphores (10), et qu'elle tient à la démocratie par les repas publics, et par l'égalité des exercices communs à tous.

Platon, au contraire, avance dans son traité des loix, que la vraie république est une combinaison de la tyrannie et de la démocratie,

cratie (*), résultat étrange de deux systêmes politiques qu'on ne met pas au rang des gouvernemens, ou qu'on regarde comme les pires de tous. Préférons le systême qui admet dans la république un plus grand nombre de mélanges. Plus elle comprend de bases des autres gouvernemens, plus elle approche de la perfection.

Il y a plus. Cette république de Platon n'a pas même de bases monarchiques (10). C'est plutôt un gouvernement oligarchi-démocratique, avec une tendance plus marquée à l'oligarchie. On trouve ces caractères dans l'élection des magistrats. Ils sont élus, partie au sort, partie au scrutin. Ce mode est dans l'esprit combiné de l'oligarchie et de la démocratie (**). Mais les classes des riches sont tenues de se trouver aux assemblées, de voter dans les élections, de remplir tous les devoirs politiques. Les autres classes sont dispensées de cette obligation. Le vœu secret de la loi est de porter les plus riches aux emplois, et de faire arriver aux premières charges ceux qui ont le plus fort revenu. Voilà la tendance à l'oligarchie.

La nomination du sénat a aussi un carac-

(*) Voyez Analyse des deux Rép. p. 74.
(**) Voyez liv. 4, ch. 15, sur les élections.

Tome I.   H

tère oligarchique (*). Lorsqu'on élit les sénateurs de la première classe, tous les citoyens
sont tenus de voter (11). Même obligation
pour les élections de la seconde classe. Aux
élections de la troisième, ceux de la quatrième peuvent s'en dispenser. Enfin, aux élections pour la quatrième classe, les seules deux
premières classes sont tenues de donner leurs
suffrages. Ensuite, dit-il, il sera formé de
tous ces candidats, en nombre égal par classe, une liste de nomination. Il est évident que
les électeurs les plus riches auront la principale influence, parce que les pauvres n'étant
pas tenus de voter, très-peu useront de leur
droit.

Il est évident qu'une pareille constitution
n'est pas une combinaison de la monarchie
et de la démocratie. Nous venons de le prouver : nous le démontrerons encore plus évidemment, lorsque nous traiterons de la république (**). J'observe encore que le mode d'élire
sur une première liste d'élus, est sujet à de
graves inconvéniens. Un petit nombre d'intrigans coalisés peut aisément se rendre maître des nominations définitives.

(*) Voyez le mode d'élection proposé par Platon,
Analyse des deux Rép. p. 73.

(**) Voyez liv. 4, chap. 8 et 9.

Telles sont nos observations sur le mode de république proposé dans le traité des loix.

CHAPITRE V.

Examen de la Constitution de Phaléas de Chalcédoine.

Des philosophes, des politiques, et de simples littérateurs nous ont aussi donné des projets de constitution. Tous se rapprochent davantage que les deux républiques de Platon, de la forme des anciens gouvernemens, ou de ceux qui existent de nos jours. Aucun de ces législateurs n'admet ni la communauté des femmes et des enfans, ni les banquets publics des femmes. A la place de ces innovations chimériques, ils posent des bases plus solides. Persuadés que l'intérêt est une source féconde de révolutions, presque tous ont regardé comme le plus important de leurs devoirs, de régler par de sages loix le mode de propriété. Phaléas (1) est le premier qui est parti de ce principe.

Il veut l'égalité de fortune entre les citoyens. Il est aisé, dit-il, d'établir cette égalité, lorsqu'on organise une société politique.

Mais le principe est d'une exécution plus difficile, si l'on réforme une ancienne cité. Cependant voici le moyen de ramener promptc-
ment les fortunes au même niveau. Les riches
donneront des dots à leurs filles, et n'en rece-
vront pas de leurs femmes, la loi sera en raison inverse pour les pauvres. Lorsque Platon
veut dans ses loix rapprocher les fortunes de
l'égalité, il propose de fixer le *maximum* (2)
de la richesse au quadruple du revenu de la
dernière classe. Quand on se mêle d'être législateur, il faudroit ne pas ignorer, qu'on
ne peut établir un pareil tarif des fortunes,
sans fixer en même temps le nombre des enfans (3). Car s'il y a plus d'héritiers que d'héritages, il faudra changer la loi. Si elle est maintenue, il en résultera un mal. Des enfans élevés dans l'aisance seront réduits à la misère;
et ces hommes-là sont des instrumens tout
prêts pour opérer des révolutions.

Quelques législateurs anciens ont parfaitement senti que le nivellement des fortunes
influoit sur l'existence politique de la cité.
C'est, d'après ce principe, que Solon porta sa
loi sur la division des classes (4), et que d'autres législateurs, ont défendu d'acquérir des
fonds, au-delà d'une quantité déterminée.
Ainsi, à Locres (5), la loi défendoit de vendre

son bien, à moins qu'il ne fût prouvé qu'on y
étoit forcé par des circonstances malheureu-
ses. Ailleurs, il est défendu de vendre son
héritage d'origine nationale. Cette loi fut
abrogée à Leucade (6). Il s'ensuivit qu'on
n'exigea plus la condition d'un revenu pour
arriver aux magistratures, et bientôt la constitution dégénéra en pure démocratie. Cependant le législateur qui veut le nivellement des
fortunes, doit éviter deux excès, la trop grande étendue des propriétés (7), qui ameneroit
le luxe ; et la petitesse des héritages qui en-
traîneroit la misère : il prendra le moyen terme, qui est la médiocrité. Au reste, il ne suffit pas de fixer les héritages, d'après les bases
d'une sage proportion. La grande affaire est
de niveler les passions, plutôt que les fortunes. Sublime entreprise, dont le succès dépend de la sagesse des institutions et des loix.

Ici, Phaléas me répond qu'il a rempli ce
double objet, et que son but est d'établir dans
sa république la double égalité des institutions et des fortunes. Fort bien ; mais c'étoit
le mode de ces institutions qu'il falloit nous
donner. Quand vos institutions seroient unes,
égales pour tous, croyez vous avoir beaucoup fait ? Où est la preuve que ces institutions, malgré leur uniformité, n'exciteront

pas dans le cœur des hommes, l'ambition des honneurs, ou la soif des richesses, et peut être ces deux maux ensemble? Prenez-y garde ; l'inégalité des honneurs révolte autant les hommes que l'inégalité de la fortune. Les motifs seuls forment la différence. La multitude regarde d'un œil jaloux l'inégalité des fortunes. La classe distinguée (8) se soulève contre l'égalité des honneurs, lorsqu'elle voit :

Du prix de la grandeur l'homme vil couronné.

Trois grands mobiles poussent les hommes à l'injustice. La misère ; l'homme pressé par le besoin, veut l'égalité des biens, pour se garantir du froid et de la faim, autrement que par le brigandage. La cupidité ; l'homme veut satisfaire ses désirs ; et s'ils sont plus grands que ses besoins, il a recours à l'injustice pour assouvir sa passion. Le plaisir ; on veut écarter de ses jouissances les épines de la douleur. Quel sera le remède à ces cruelles maladies ? Faites que le pauvre ait un petit héritage, et donnez-lui des occupations utiles. Guérissez l'ambition par l'exercice de la tempérance. Quant au vrai plaisir, l'homme qui veut le trouver dans lui-même, ne doit le chercher qu'au sein de la sagesse ; les autres jouissances exigent des moyens étrangers. Il y a plus ;

l'homme ne se permet jamais de grandes injustices, pour appaiser les besoins de première nécessité, mais pour satisfaire des dé-
-sirs superflus. Par exemple, ce n'est pas pour
se garantir de la misère, qu'un ambitieux
s'empare de la tyrannie. On part de ce principe, lorsqu'on donne de si belles récompen-
ses à celui qui tue un tyran, tandis qu'on
n'accorde que peu à celui qui débarrasse la
société d'un voleur. Concluons de-là que la
constitution de Phaléas n'est bonne que pour
empêcher de légères injustices.

En second lieu, toutes les institutions de
Phaléas se bornent à des réglemens pour assurer le bonheur intérieur de la cité. Ne falloit-
il pas aussi jetter un regard politique sur les
peuples voisins et les étrangers ? Un état ne
doit-il pas avoir une force militaire ? Phaléas
n'en parle pas. Il oublie aussi les finances. Ce
n'est pas assez de pourvoir aux dépenses de
l'intérieur, il faut aussi des moyens pour parer aux dangers du dehors. Un peuple doit
éviter, et ce luxe de richesses qu'il ne pourroit défendre contre la convoitise d'un voisin
plus puissant, et cette étroite parcimonie,
qui le mettroit hors d'état de repousser un
ennemi égal en nombre et en force : Phaléas
n'a rien réglé sur un objet si important. C'est

H 4

un axiome politique, qu'un gouvernement
sage doit avoir une somme de richesses à sa
disposition. Dans quel rapport ? Voici, je
crois, le juste milieu. Faites qu'un voisin plus
puissant ne soit pas tenté de vous attaquer,
par l'espoir d'un riche butin, parce que les
frais de la guerre lui coûteroient plus cher
que ne vaudroit la conquête. C'est le calcul
que fit Eubule. Autophradate méditoit le siége
d'Atarnée (9). Eubule le pria de calculer le
temps et la dépense du siége, et lui observa,
qu'il seroit plus sage de laisser cette place,
qui lui coûteroit plus qu'elle ne valoit. Il per-
suada Autophradate, qui se désista de son
projet.

Je vois, j'en conviens, un bien réel dans le
nivelement des fortunes. C'est un moyen de
prévenir les discordes, mais étouffera-t-il
tous les germes de division ? Non. Il n'empêchera pas la classe distinguée de se soulever
contre cette égalité qu'elle traitera d'injustice,
prétention qui a plus d'une fois troublé les
états, et causé des révolutions.

Telle est la perversité de l'homme, que ses
désirs sont insatiables. D'abord il se contente
de deux oboles (10). A peine il les possède,
qu'il veut avoir plus, et toujours sa cupidité
va croissant. La nature de cette passion ne

connoît point de bornes, et la plupart des
hommes ne respirent que pour la satisfaire.
Ainsi le point essentiel n'est pas de niveler
les fortunes, mais de faire des loix telles, que
l'homme né pour la vertu ne veuille pas être
injuste, et que le méchant ne puisse jamais
l'être. Le moyen d'enchaîner ainsi la cupidité, est de réduire les méchans en minorité,
sans cesser d'être juste à leur égard.

Au reste, les loix de Phaléas sont imparfaites pour opérer le nivellement des fortunes. Il n'établit l'égalité que pour les propriétés foncières. Mais des esclaves, des troupeaux, de l'argent, des étoffes, enfin toutes
les propriétés mobiliaires, ne sont-elles pas
aussi des richesses ? Il falloit établir aussi
l'égalité pour ce genre de fortune, ou faire
des loix somptuaires, ou bien ne rien statuer
sur le mode de propriété. Du reste, sa législation ne paroît faite que pour un petit état ;
car il ne veut pas que les artisans soient partie intégrante de la cité, et il les réduit tous à
la condition d'ouvriers publics (11).

Si les hommes de main-d'œuvre sont obligés de travailler pour l'état, il faut au moins
qu'ils soient aux mêmes conditions que les
ouvriers d'Epidamne (12), ou de ceux que
Diophante (13) établit à Athènes.

On jugera, d'après cette discussion, du mérite de la législation de Phaléas.

CHAPITRE VI.

Examen de la Constitution d'Hyppodamus de Milet.

HYPPODAMUS, fils d'Euriphon, étoit de Milet. Il fut l'inventeur du nouveau mode d'architecture, pour l'embellissement des villes (1). Ce fut lui qui fut chargé des nouvelles distributions du Pirée. C'étoit un homme ambitieux et vain, auquel on a reproché son excessive élégance. Il portoit une longue chevelure frisée avec art; il étoit revêtu, l'hiver comme l'été, d'une tunique superbe, et doublée de fourures précieuses. Il avoit de plus des prétentions à la science universelle. C'est le premier des écrivains qui ait traité de la république parfaite, sans être homme d'état.

Il constitue sa cité de dix mille citoyens divisés en trois classes, d'artisans, de laboureurs, et de gens de guerre. Il partage le territoire en trois parts, la première sacrée, pour fournir aux dépenses du culte des dieux; la seconde nationale, pour nourrir les gens de guerre; la troisième particulière, pour la sub-

sistance des laboureurs. Il établit qu'il n'y a
que trois espèces de loix , parce qu'il ne
compte que trois espèces d'actions judiciaires , qui sont l'injure , le dommage et le meurtre. Il crée une cour suprême, où seront portés par appel tous les jugemens qui ne seroient
pas conformes aux loix. Cette cour est composée de vieillards qui sont nommés au scrutin. Il ne veut pas que les suffrages se donnent
par boule noire et blanche dans les tribunaux , mais chaque juge aura une tablette
qu'il remettra blanche , s'il absout pleinement; ou bien il écrira, je condamne sur tout
point ; ou bien enfin , je condamne sur tel
point , et j'absous sur tel autre. Il blâme la
manière de voter dans nos tribunaux , parce
que , dit-il , le juge qui opine par oui ou
non (2), est souvent forcé de se parjurer.

Il ordonne d'honorer le citoyen qui a bien
mérité de la patrie par des découvertes utiles.
Il veut que les enfans des guerriers morts en
défendant leur patrie, soient nourris aux dépens de la république. Mais il n'a pas ici le
mérite de l'invention. Cette loi existe à Athènes, et dans quelques autres cités.

Enfin les magistrats sont élus par le peuple,
c'est-à-dire , par les trois ordres de l'état. Il
leur assigne leurs fonctions , qui sont l'admi-

nistration générale, la surveillance des étrangers, et la tutelle des orphelins.

Voilà les loix les plus remarquables de la république d'Hyppodamus.

Premièrement, la division des citoyens, dans le système d'Hyppodamus, ne paroît pas bien combinée. Les artisans, les laboureurs et les gens de guerre ont un droit égal au gouvernement ; mais le laboureur n'a pas d'armes, et l'artisan n'a ni armes ni propriétés. Je ne vois dans ces deux classes que d'honnêtes esclaves de celle qui a les armes à la main ; car je ne conçois pas qu'il leur soit possible de participer à tous les honneurs. Dans quel ordre choisira-t-on les généraux, les chefs de la police intérieure, enfin presque tous les premiers magistrats ? Ils seront pris nécessairement parmi les militaires. Que deviendra l'amour de la patrie dans le cœur de tant de citoyens qui n'auront aucune part au gouvernement ? Il est évident que les citoyens armés auront la prépondérance sur les deux autres classes. Mais comment la conserveront-ils, s'ils ne sont pas les plus nombreux ? Et s'ils se maintiennent en possession du gouvernement, à quoi bon appeller les autres à la participation des affaires, et leur

donner la principale influence dans l'élection
des magistrats ?

En second lieu, quelle est l'utilité des laboureurs dans la république d'Hyppodamus.
Je conçois les services que les ouvriers peuvent lui rendre. Ils sont nécessaires dans toutes les cités, et là, comme ailleurs, ils vivront
des produits de leur industrie. Quant aux laboureurs, s'ils étoient tenus de cultiver la
terre pour nourrir le militaire, je concevrois
pourquoi ils seroient partie intégrante de la
cité. Mais ici, que sont-ils ? Des propriétaires
qui font valoir uniquement à leur profit.

A présent, qui cultivera les propriétés nationales destinées à l'entretien de la force armée ? Est-ce le soldat ? Mais vous n'aurez plus
deux classes distinctes de militaires et de laboureurs, et le législateur veut expressément
qu'elles soient séparées. Ferez-vous cultiver
ces champs par d'autres que les laboureurs et
les soldats ? Alors vous introduisez dans l'état
une quatrième classe, qui ne jouissant d'aucuns droits, devient une superfétation politique. Chargerez-vous les laboureurs de faire
valoir les terres nationales en même-temps
que leurs propriétés particulières. Alors, je
soutiens que ces fonds ne rapporteront plus
la quantité de subsistances nécessaires à la

consommation de deux familles. N'étoit-il pas plus simple d'assigner, dès l'origine, aux laboureurs un seul héritage assez étendu pour nourrir leurs familles, et alimenter les militaires ? Qu'est-ce qu'une pareille législation ? Un vrai cahos sans ordre et sans suite.

La loi sur la manière d'opiner dans les tribunaux, me paroît également vicieuse. Hippodame veut que le juge donne une opinion mi-partie sur une question qui ne peut être complexe. Ce n'est plus alors un jugement, mais une sentence arbitrale. Des arbitres peuvent modifier plus ou moins leur avis, parce qu'ils délibèrent entr'eux pour former la sentence. Mais des juges ne se communiquent pas (2). La plupart des législateurs le défendent expressément.

D'ailleurs, quelle confusion introduisez-vous dans les jugemens, si le juge prononce qu'il est dû, mais une somme moindre que celle qui est réclamée ? Par exemple, le demandeur répète vingt mines. Un des juges en adjuge dix ; un autre, plus ou moins ; celui-ci réduit la demande à cinq, l'autre à quatre : au milieu de tant d'opinions divergentes, le procès se trouve perdu et gagné. Où trouver un mode pour compter les voix, et former le jugement ?

Je soutiens aussi que le juge n'est pas forcé
de se parjurer dans nos tribunaux, lorsqu'il
prononce sur une question simple par oui ou
non (3). Ainsi, dans le cas précédent, le juge
ne dit pas qu'il n'est rien dû, mais qu'il n'est
pas dû vingt mines. Il seroit parjure, s'il condamnoit le défendeur à payer vingt mines,
avec la conviction qu'elles ne seroient pas
dûes.

Hippodame propose encore de récompen-
ser le citoyen qui aura découvert quelque
chose d'utile à l'état. Cette loi fort belle en
théorie, pourroit être bien dangereuse dans
l'exécution, et devenir une source féconde de
calomnies et de révolutions. Cette question
tient à une autre, qui exige un mûr examen.

Est-il utile ou nuisible de changer les institutions anciennes, même pour y substituer de
meilleures loix ? Voilà un grand problême
politique. Or il pourroit être vrai que les innovations sont dangereuses. Il seroit possible,
par exemple, qu'on proposât, comme nou-
veauté utile, l'abrogation de certaines loix,
qui entraîneroient le changement de la constitution : par conséquent il ne faut pas adopter
par enthousiasme la loi d'Hyppodamus. Puisque nous avons touché ce point si délicat,
nous allons le discuter brièvement.

En général, disent les uns, le changement
est un bien. C'est par d'heureuses innovations
que la médecine, la gymnastique, toutes les
sciences enfin, ont secoué la rouille du vieux
temps, et fait de si rapides progrès; et puisque la politique est une science, le principe
lui est applicable. Ici les faits viennent à l'appui de la théorie. Les loix anciennes étoient
grossières et barbares. Nos pères marchoient
toujours armés. Ils trafiquoient entr'eux de
leurs femmes. A Cumes, la loi sur le meurtre,
ordonnoit que l'accusé fût condamné, si l'ac-
cusateur produisoit en témoignage un certain
nombre de ses parens. Est-il donc dans la nature de s'attacher à des coutumes, parce qu'elles viennent de nos pères, plutôt qu'à ce qui
est en soi beau et bon ? Il est vraisemblable
que nos premiers ayeux, rustiques enfans de
la terre (4), ou bien échappés à quelque grand
bouleversement, furent d'abord, comme le
vulgaire de nos jours, simples et ignorans.
Seroit-il sage de maintenir aujourd'hui leurs
sauvages coutumes ? Il y a plus, la raison dit
de ne pas même conserver invariablement les
loix écrites. Il est impossible en législation,
comme dans toute autre connoissance, d'é-
puiser la science toute entière. L'art se réduit
à donner des loix générales, tandis que nos
actions,

actions sont autant de faits particuliers. Il
suit de-là que quelques loix peuvent être imparfaites, et qu'il est bon de les changer.

D'autres envisageant la question sous un
autre point de vue, pensent qu'on ne doit
toucher aux loix qu'avec une religieuse sollicitude. Si le meilleur n'est pas beaucoup
mieux, gardez-vous d'accoutumer les hommes à l'inconstance des loix : souffrez plutôt
quelque imperfection dans la législation et le
gouvernement. Prenez-y garde : il y a moins
d'avantage à innover, que de danger à accoutumer les hommes à la versatilité de l'obéissance. On a dit que la législation se perfec-
tionnoit par les innovations, comme les autres arts. La comparaison n'est pas exacte.
La loi n'a de force que par l'habitude de
l'obéissance, habitude qui ne prend de la consistance, que par le temps et les années : ainsi
plus il vous sera facile de changer les loix,
plus vous énervés la force et l'empire de vos
institutions (*).

(*) On doit croire qu'il n'y a que l'excellence des
volontés antiques, qui ait pu conserver si long-temps
les anciennes loix : si le souverain ne les eut reconnues
constamment salutaires, il les eut mille fois révoquées.
Voilà pourquoi, loin de s'affoiblir, les loix acquièrent
sans cesse une force nouvelle dans tout état bien cons-

Ici se présentent de nouvelles questions. Si l'on admet le principe qu'on peut innover en législation, sera-t-il permis de proposer l'abrogation de toutes les loix, sans exception, et cela, dans toute espèce de gouvernement ? Tous auront-ils ce droit, ou sera-t-il réservé à quelques citoyens ? Toutes ces questions donneroient des résultats bien différens. Mais cette discussion nous écarteroit trop de l'objet qui nous occupe.

titué. Le préjugé de l'antiquité les rend chaque jour plus vénérables, au lieu que par-tout où les loix s'affoiblissent en vieillissant, cela prouve qu'il n'y a plus de pouvoir législatif, et que l'état ne vit plus. Cont. Soc. liv. 3, ch. 11.

CHAPITRE VII.

Examen de la Constitution Lacédémonienne.

Nous allons examiner les constitutions de Crète et de Lacédémone. Nous traiterons la question sous deux points de vûe, qui embrassent tous les gouvernemens. Premièrement, les bases du pacte social sont-elles habilement posées, pour élever l'édifice politique? En second lieu, toutes les loix sont-elles en harmonie avec l'ensemble de la constitution?

C'est un principe reconnu (1) que dans un bon gouvernement, les citoyens occupés à la chose publique, doivent être débarrassés du soin de pourvoir à leurs premiers besoins (*). Le mode d'exécution est difficile à trouver.

(*) Chez les Grecs, tout ce que le peuple avoit à faire, il le faisoit par lui-même.... Des esclaves faisoient ses travaux; sa grande affaire étoit sa liberté. Quoi! la liberté ne se maintient qu'à l'appui de la servitude? Peut-être: les deux excès se touchent. Il y a telle position malheureuse, où le citoyen ne peut-être parfaitement libre, que l'esclave ne soit entièrement esclave. Telle étoit la position de Sparte. Cont. Social, liv. 3, ch. 15.

La constitution Lacédémonienne a-t-elle résolu le problème par l'institution des ilotes?

Mais ces ilotes, ainsi que les penestes de Tessalie (2), n'ont cessé de conspirer contre leurs maîtres, et dans les temps de crise, l'état n'a pas d'ennemis plus dangereux. Il n'en est pas ainsi en Crète. Jamais les esclaves n'y ont pensé à la révolte. Peut-être les Crétois doivent-ils cet avantage à des circonstances locales. Lorsque les petits états de cette île se font la guerre, ils ne favorisent jamais la révolte des serfs (3), attendu qu'ils en ont aussi dont la condition est la même. Mais les Lacédémoniens ont pour voisins, et souvent pour ennemis, les peuples de l'Arcadie, de l'Argolide, et de la Messenie, qui n'ont point d'ilotes. Il en est de même des Tessaliens. Pendant leurs guerres contre les Achéens, les Magnésiens et les Pérébiens, qui n'ont point de penestes, ceux-ci ont souvent conspiré. En général, l'organisation de l'esclavage exige une rare prudence. Trop de douceur rend l'esclave insolent, il prétend égaler son maître; mais des traitemens barbares comme à Lacédémone, font des esclaves autant d'ennemis et de conspirateurs. Il est donc évident que les loix de Sparte sont vicieuses, sous le rapport des ilotes.

La licence des femmes est encore un vice dans la constitution, comme un obstacle au bonheur public. L'homme et la femme sont deux parties de la famille ; ils forment de même les deux grandes divisions de la cité. Par conséquent, s'il existoit un gouvernement où les femmes ne fussent retenues par aucune institution, la moitié de l'état n'auroit pas de loix. Or telle est la position de Lacédémone. Le législateur vouloit que la cité toute entière fut un modèle de tempérance. Il a réussi quant aux hommes. Quant aux femmes, le but est entièrement manqué. Elles vivent dans la licence ; elles se livrent à tous les excès du luxe et de l'intempérance. Par une conséquence naturelle, les richesses sont en honneur dans un pareil gouvernement, sur-tout si les hommes y sont enclins à l'amour. Or ce penchant pour les femmes, est assez ordinaire parmi les peuples guerriers, si vous exceptez les Celtes (4), et quelques autres nations, qui préfèrent l'amour androgyn. Les fables nous représentent Mars à la suite de Vénus. C'est une allusion vraie à la passion des guerriers, pour l'amour et tous ses écarts. Les Lacédémoniens, amoureux et guerriers, ont laissé aux femmes une grande influence. Elles n'y gouvernent pas, mais elles maî-

I 3

trisent ceux qui gouvernent, et n'est-ce pas le
même résultat ? Ce caractère hautain dans les
femmes, toujours nuisible au dedans, peut
au moins être de quelque utilité dans les temps
de danger. Cependant, jamais femmes ne furent plus lâches que celles de Lacédémone.
Elles le prouvèrent au temps de l'invasion des
Thébains (5). Non-seulement, elles furent
inutiles, comme par tout ailleurs, mais encore elles causèrent plus d'embarras et de
trouble que l'ennemi même.

L'origine de cette grande liberté des femmes de Lacédémone remonte à une cause connue. Les citoyens laissèrent leurs femmes seules pendant les guerres de l'Argolide (6), de
l'Arcadie et de la Messénie, qui durèrent si
long-temps. Lorsque la paix fut rétablie, les
maris accoutumés à la discipline des camps,
qui est sous un rapport une école de vertu, se
plièrent aisément au joug des nouvelles loix.
Mais les femmes opposèrent une si forte résistance, que Lycurgue, dit-on, abandonna ses
projets de réforme à leur égard. Que les femmes ayent été cause de ce défaut dans la constitution, je le veux bien. Mais le mal existe. Je
ne prétends faire ici, ni censure, ni apologie:
j'examine seulement la sagesse ou le vice des
institutions. Je le répète ; l'absence des loix,

à l'égard des femmes, est une tache dans la constitution, et leur licence (7) une des principales causes qui introduisirent à Sparte l'amour de l'argent.

A ces vices de la constitution Lacédémonienne, ajoutez une législation imparfaite sur la répartition des propriétés. Les uns possèdent des biens immenses, tandis que les autres sont à peine propriétaires, de manière que le pays presque entier, est le patrimoine de quelques individus. Ce désordre est la faute des loix. Le citoyen qui vend ou achète un propre est déshonoré. Fort bien. Mais il est permis de disposer de sa fortune en faveur de qui on veut, ou par donation, ou par testament. Or, quoi de plus favorable que cette double disposition, à l'accroissement excessif des propriétés ? De plus, les femmes sont devenues propriétaires des deux cinquièmes des fonds, parce qu'un grand nombre d'entre elles sont restées uniques héritières (8), et qu'elles apportent de grosses dots en mariage. C'est un abus. Il faudroit qu'une femme n'eut point de dot (9), ou du moins la loi devroit en fixer le *maximum* à un taux très-modéré (*). Ajoutez qu'un père marie son unique

(*) Lorsque le législateur fait le partage égal des terres, s'il ne donne pas des loix pour le maintenir, il

héritière à qui il veut, et que s'il meurt *ab intestat*, le tuteur naturel lui donne un époux à son gré. Il est résulté de cette imprévoyance de la loi, que le territoire de Sparte qui pouvoit entretenir 1500 cavaliers, et 30,000 hommes d'infanterie, compte à peine aujourd'hui mille guerriers. L'expérience n'a que trop prouvé le vice de ces institutions. Sparte n'a pu soutenir un revers, et la disette d'hommes l'a perdue. On dit que les anciens rois donnoient le droit de citoyen à des étrangers, qu'ils réparoient ainsi le vuide de la population causé par de longues guerres, et que Sparte comptoit alors dix mille citoyens. Que le fait soit vrai ou non, je maintiens que l'égalité des fortunes est un moyen plus sûr pour augmenter le nombre des citoyens.

Mais la loi pour encourager la population, n'est guère propre à ramener cette égalité. Le législateur invite les pères de famille à don-

ne fait qu'une constitution passagère. L'inégalité entrera par le côté que les loix n'auront pas défendu, et la république sera perdue. Il faut donc que l'on règle les dots des femmes, et toutes les manières de contracter; car s'il étoit permis de donner son bien à qui on voudroit, chaque disposition particulière troubleroit la disposition de la loi fondamentale. Esprit des Loix, liv. 5, ch. 5.

ner à l'état un grand nombre d'enfans. Celui qui en a trois est dispensé de la garde. Celui qui en a quatre est exempt de toute charge publique. Or, d'après la mauvaise répartition des propriétés, plus un père laisse d'enfans, plus il fait de pauvres.

L'institution des éphores est encore mal combinée (*). Quoique ces magistrats soient chargés des plus importantes affaires, ils sont tous choisis dans la classe du peuple. Il arrive souvent que des hommes sans ressources sont élevés à cette magistrature éminente, et que l'indigence les rend accessibles à toutes les séductions. On leur a souvent reproché leur vénalité; et dans ces derniers temps ils ont justifié ce reproche dans l'affaire des banquets (11). La corruption de quelques-uns d'entre eux a beaucoup contribué à la ruine de leur pays.

En second lieu, les pouvoirs de cette magistrature sont trop étendus, et trop voisins

---

(*) L'énorme pouvoir des éphores, qui fut sans danger, tant que Sparte conserva ses mœurs, en accéléra la corruption commencée. Le sang d'Agis égorgé par ces tyrans, fut vengé par son successeur. Le crime et le châtiment des éphores hâtèrent également la perte de la république; et après Cléomène, Sparte ne fut plus rien. Cont. Soc. liv. 4, ch. 5.

de la tyrannie. Les rois eux-mêmes sont obligés de caresser les éphores (12). De-là une altération dans l'esprit de la constitution qui étoit aristocratique, et penche vers la démocratie. Cependant il faut convenir que cette magistrature donne de l'aplomb au gouvernement, parce que le peuple qui arrive par elle aux premiers honneurs, ne cherche pas à innover. Quelle est la garantie d'un gouvernement durable ? C'est lorsque les différens ordres de l'état l'aiment tel qu'il est, et ne veulent pas de changement. Or les rois de Lacédémone sont contens de leur prérogative : la classe distinguée a l'espoir d'entrer au sénat, comme récompense de sa vertu. Le peuple a droit à l'éphorie à laquelle tous peuvent arriver. Que cette adroite combinaison soit dûe à la sagesse du législateur ou à la fortune, elle n'en produit pas moins les plus heureux effets. Je voudrois seulement, qu'en conservant à tous le droit de suffrage pour l'élection des éphores, on adoptât une autre manière de voter (13). Celle qui est en usage aujourd'hui est un vrai jeu d'enfans.

J'observe encore que les éphores, quoique pris dans la classe la moins instruite, décident en dernier ressort des plus importantes affaires. C'étoit un motif de plus de ne pas abandonner les décisions à leur arbitraire , et de leur donner pour guide un droit écrit et des loix (14).

Enfin le régime des éphores n'est point en harmonie avec l'esprit de la constitution. La loi ne les astreint à aucune responsabilité dans leur gestion, tandis qu'elle pèse sur tous les autres citoyens par son extrême sévérité. Il est vrai que les Lacédémoniens se dédommagent de cette contrainte par la jouissance de tous les plaisirs, lorsqu'ils ne sont plus sous les yeux de la loi.

L'organisation du sénat est encore défectueuse sous plusieurs rapports. Sans doute , c'est un rare avantage pour l'état, de voir au timon des affaires des hommes recommandables par leur expérience (15) et leur vertu. Mais est-il politique de leur confier pour la vie la direction des plus grandes affaires ? D'abord l'esprit a sa décrépitude comme le corps. En second lieu, il n'est pas sûr de confier de si longs pouvoirs à des hommes chez lesquels l'éducation développe nécessairement tous les germes de l'ambition. Le législateur l'a si bien senti, qu'il se défie d'eux, comme s'il ne comptoit pas sur leur probité. N'a-t-on pas vu en effet des sénateurs accessibles à l'or, d'autres dilapider la fortune publique ? Il eut

mieux valu que le sénat eut eu une responsabilité ; or il n'en a point aujourd'hui. Il est
vrai que toutes les autorités sont soumises à
la surveillance des éphores. Mais ce n'est-là
qu'une disposition vague, et je voudrois pour
le sénat une responsabilité plus précise.

Je ne parlerai pas du mode d'élection qui
est puérile et sans dignité (16). Mais comment
approuver la loi , qui veut que le citoyen
digne d'occuper le poste éminent de sénateur,
se présente comme candidat ? C'est le plus
digne qui doit être nommé, sans égard pour
son consentement ou sa répugnance. Mais on
reconnoît ici l'intention politique, qui semble
avoir dirigé le législateur dans l'ensemble de
ses institutions. Il cherche par-tout à éveiller
l'ambition. Il l'a met donc en jeu dans l'élection des sénateurs ; car on ne demande pas un
poste éminent, si l'on n'est pas ambitieux.
Cependant, d'où viennent tant de crimes froi-
dement prémédités ? presque toujours de la
soif de l'or ou des honneurs.

Venons à la royauté. Nous examinerons
ailleurs les avantages et les inconvéniens de la
monarchie. Nous dirons seulement ici , qu'à
Lacédémone la naissance fait les rois, et qu'il
seroit plus sage de ne porter au trône que le
citoyen qui en seroit digne par ses actions et

sa vertu. On voit que le législateur a senti
cette vérité, et qu'il ne compte guère sur la
vertu de ses rois. Il se défie d'eux, comme
n'étant pas assez bons. Si les rois vont à la
guerre, on leur donne pour adjoints des hommes qui ne sont pas leurs amis (17). On regarde
la discorde entre les rois, comme la sauve-
garde de l'état.

On trouvera encore des vices essentiels dans
l'organisation des repas publics, vices qui re-
montent à l'institution même. Il eût été plus
sage d'ordonner, comme en Crète, que la dépense entière de ces repas, seroit à la charge
de l'état. Mais à Lacédémone, chacun contribue à la dépense commune, et plusieurs sont
si pauvres, qu'ils ne peuvent contribuer dans
la proportion déterminée. De-là un ordre de
choses tout opposé à l'intention du législateur. Il vouloit faire de ces repas communs,
une institution démocratique, mais le mode
de l'organisation n'est rien moins que populaire. Il est difficile que le citoyen très-pauvre
puisse fournir son contingent pour la dépense commune, et une coutume qui a force de
loi, exclut des droits de citoyen, celui qui ne
peut contribuer.

Quelques politiques blâment avec raison la
loi qui règle la surintendance de la marine ;

ils pensent qu'elle menace la sûreté de l'état.
Il est vrai que réunir dans la main des rois les
pouvoirs d'amiraux et ceux de généralissi-
mes, c'est presque leur conférer une double
royauté.

Nous blâmerons encore l'intention générale du législateur, comme Platon l'a fait dans
son traité des loix. Le grand but de toutes les
institutions est de former les citoyens aux
vertus militaires. Fort bien, si vous ne vou-
liez qu'organiser la victoire. Aussi qu'est-il
arrivé ? Que Lacédémone s'est maintenue
avec éclat pendant la guerre, et qu'elle s'est
perdue après la conquête. Toutes ses institutions lui apprenoient à se battre : aucune ne
l'avoit préparée à vivre au sein de la paix.

Voici une grande erreur des Lacédémoniens. Ils pensoient que les biens que les
hommes se disputent avec tant d'acharnement
devoient être le prix, non du vice, mais de la
vertu. Ce sentiment est louable. Mais ils ont
fait plus de cas de ces biens que de la vertu
même (18). C'est là une grande faute.

Nous terminerons par un mot sur le mauvais ordre de leurs finances. Ils sont souvent
exposés à de rudes guerres. Cependant ils
n'ont point de trésor public, et les impositions
sont mal payées. Comme ils sont propriétai-

res de presque tous les fonds du pays, ils sont respectivement intéressés à ne pas exiger sévèrement la rentrée des contributions. Il en résulte un effet contraire à l'intention du législateur. L'état est pauvre, et le particulier riche et avide.

Voilà les principaux défauts que nous avons remarqués dans la constitution Lacédémonienne. Nous finirons ici cette discussion.

CHAPITRE VIII.

Examen de la Constitution Crétoise.

La constitution Crétoise a de grandes ressemblances (1) avec celle de Lacédémone. On y trouve quelques institutions aussi belles, quoiqu'elle ne présente pas un ensemble aussi bien combiné. On a dit que la constitution Crétoise a servi de modèle à celle de Lacédémone. Le fait est vrai ; mais il est naturel que les derniers venus perfectionnent les institutions de leurs prédécesseurs. Lycurgue, dit-on, quitta la tutelle du roi Carilaus, pour voyager. Il s'arrêta long-temps en Crète, dans une ville alliée de Lacédémone. C'étoit à Lycte (2), colonie Lacédémonienne, qui avoit adopté la constitution Crétoise, comme l'ont fait tous les peuples de l'île, dont Minos paroît être aujourd'hui le commun législateur.

La nature semble avoir placé l'île de Crète dans la position la plus favorable pour tenir l'empire de la Grèce. Elle domine sur les mers, et sur une grande étendue de côtes maritimes, que les Grecs ont choisies de préférence, pour y former des établissemens. D'un côté elle est près du Péloponèse, de l'autre elle touche à l'Asie, par le voisinage de Rhodes et du cap Triope. Cette heureuse position valut à Minos l'empire de la mer. Il soumit plusieurs îles, forma des établissemens dans quelques autres, et porta ses vues jusque sur la Sicile, où il mourut au siège de Camique (3).

Voici les points de conformité entre les deux constitutions. Les Lacédémoniens font cultiver leurs terres par des esclaves qu'ils appellent ilotes, et les Crétois par des serfs qu'ils nomment periœces (4). Les deux peuples ont des repas publics. Les phidities actuelles de Lacédémone, s'appeloient anciennement andries (5) comme en Crète, preuve évidente que cette institution est empruntée des Crétois.

Il y a également analogie dans l'organisation des deux gouvernemens. Les éphores de Lacédémone, et les cosmes (6) ou ordonnateurs de Crète, exercent les mêmes pouvoirs,

avec

avec cette seule différence, que Lacédémone
n'a que cinq éphores, et que les Crétois ont
dix cosmes. Le sénat de Sparte et le conseil de
Crète ont la même organisation. Les Crétois
avoient aussi anciennement leurs rois. Ils ont
depuis aboli la royauté, et les cosmes sont de-
venus les généraux de la république. Les Crétois ont des assemblées générales, où tous les
citoyens ont droit de suffrage. Mais ces assemblées n'ont pas l'initiative dans les affaires.
Leur droit se borne à ratifier les résolutions
combinées des cosmes et du sénat.

Maintenant, si nous comparons les institutions, nous trouverons les repas de Crète plus
sagement organisés que ceux de Lacédémone. A Sparte, chacun est tenu de fournir une
quantité déterminée de subsistances, autrement la loi le prive de l'exercice des droits de
citoyen. L'institution de Crète est plus populaire. Les périœces payent leurs redevances
en grains, bestiaux et argent. Une partie de
ces redevances sert au culte des dieux, et
aux charges communes; l'autre est employée
aux dépenses des repas publics, de manière
qu'hommes, femmes, enfans, tous sont nourris aux frais de l'état. Nous ne parlerons pas
ici, ni de la parcimonie de ces repas communs,
ni de la loi sur le divorce, pour arrêter la po-

pulation, ni des encouragemens donnés à l'amour androgyn (6). Le législateur essaye de justifier ces institutions par de belles maximes. Nous examinerons ailleurs ces questions. Nous observons seulement que l'établissement des repas publics est plus parfait en Crète qu'à Lacédémone.

Mais l'institution des cosmes a de grands défauts, qu'on ne trouve pas dans celles des éphores. Même vice dans le mode d'élection, car on ne considère de part et d'autre, ni le talent, ni la vertu. Mais on ne retrouve pas en Crète l'avantage politique que l'on apperçoit à Lacédémone. A Sparte, tous les citoyens ont droit à l'éphorie, et l'espoir d'arriver à cette éminente dignité, attache le peuple au gouvernement. En Crète, les cosmes ne sont pas choisis parmi le peuple entier, et l'éligibilité est la prérogative de certaines familles.

Ensuite les sénateurs sont choisis parmi les cosmes sortis de charge. Ici, mêmes vices dans l'organisation du sénat qu'à Lacédémone : le conseil de Crète est aussi à vie, et non responsable. Tant de pouvoir devroit-il être confié à des hommes qui ont si peu fait pour mériter l'estime publique ? Il y a plus, ils n'ont point de loi écrite, et décident arbitrai-

rement de toutes les affaires. Quelle dangereuse puissance !

Mais, dit-on, le peuple de Crète est tranquille, quoiqu'il n'ait aucune part au gouvernement. Pourquoi ? Parce que la magistrature
des cosmes n'est pas lucrative comme celle
des éphores. Les cosmes isolés dans leur île,
ne trouvent personne qui ait besoin de les
acheter ; ainsi le sommeil du peuple ne prouve rien en faveur de l'institution.

Mais le mode adopté par les Crétois pour
balancer les mauvais effets de pareilles loix,
est aussi peu sensé qu'impolitique. Il est digne
de la tyrannie (*). Veut-on destituer un cosme, ses propres collègues, ou de simples citoyens organisent une insurrection contre
lui. Il peut conjurer l'orage en donnant sa
démission. Pourquoi préférer des volontés
arbitraires à la raison de la loi ? Une pareille
décision n'est rien moins que sûre. Elle cause
un mal incalculable, en ce qu'elle offre souvent aux coupables un moyen de se soustrai-
re à la sévérité des loix. Cet ordre de choses

_____

(*) Les Crétois étoient un peuple très-corrompu
qui eut de bonnes loix. On vit en Crète de bonnes loix
et de méchans hommes, parce que Minos n'avoit dis-
cipliné qu'un peuple chargé de vices. Contr. Social,
liv. 1, ch. 8.

tient, dit-on, aux formes républicaines. Non, je ne vois pas-là une république, mais une factieuse tyrannie. Car le peuple se divise, les amis prennent parti, on se range sous un chef, il y a tumulte, on s'égorge. Légitimer ces terribles crises, n'est-ce pas suspendre pour un temps la garantie sociale, et briser tous les liens de l'ordre politique? Alors, quel danger pour l'état, si des ambitieux ont la volonté ou le pouvoir de s'en emparer? Heureusement que leur position dans une île les préserve de ce péril : c'est par elle qu'ils sont à l'abri de l'invasion étrangère. C'est par elle encore qu'ils maintiennent leurs serfs dans l'obéissance, tandis que les ilotes se mettent si souvent en rébellion.

Les Crétois ont pour principe de ne point étendre leur domination hors de leur île. Mais la guerre a été portée de nos jours jusque dans leurs foyers (7). C'est alors qu'on a reconnu toute la foiblesse de leur gouvernement. Voilà nos observations sur la constitution Crétoise.

BASES connues de la Constitution Carthaginoise.

Le gouvernement de Carthage est moins connu que les constitutions grecques. La jalousie romaine a détruit tous les monumens historiques de ce peuple fameux. Il nous a paru utile, pour l'intelligence du chapitre suivant, de présenter quelques bases de ce gouvernement, telles qu'on les trouve éparses dans Tite-Live, Polybe, la Politique d'Aristote, Diodore, Cornélius-Népos, etc.

De l'état des Citoyens.

Le peuple se divise par tribus Ἑταιρίαι. Tout individu né d'un père et d'une mère citoyens, est citoyen, s'il est inscrit dans sa tribu, s'il fait le service militaire.

Pouvoirs publics.

Le peuple, en assemblée générale, est le souverain ; à lui appartient exclusivement l'élection des magistrats.

Il fait les loix, statue sur les finances, sur

la paix, la guerre et les alliances, sauf le cas où il délégue ses pouvoirs.

Il confie le pouvoir exécutif au sénat et aux magistrats.

Toute proposition faite dans l'assemblée des magistrats et sénateurs, et adoptée à l'unanimité, a force de loi. S'il y a un seul opposant, le peuple s'en réserve la décision suprême.

Le peuple nomme les magistrats suprêmes, les sénateurs, les juges, les gouverneurs des provinces.

Toutes les élections se font par voie de suffrage.

Tout citoyen est électeur. Il faut le revenu prescrit par la loi pour être éligible.

De l'exercice du pouvoir exécutif.

Il y a deux magistrats suprêmes nommés suffétes. Ils convoquent le sénat, le président, proposent les objets de discussion, recueillent les suffrages. Ils sont les présidens nés des tribunaux, et les agens généraux de la république. Leur magistrature est annuelle.

Le sénat est composé de (*), 0000, mem-

(*) *Nota.* L'histoire ne nous dit pas le nombre des sénateurs, mais le corps devoit être très-nombreux, puisqu'on en tiroit un conseil de 104 membres.

bres. Il a l'administration suprême de la république. Ses décrets ont force de loi, s'ils sont adoptés à l'unanimité absolue. Autrement les propositions sont portées à l'assemblée du peuple, qui décide. Il nomme les généraux, et les fonctionnaires publics.

Il y a un conseil des anciens (gerontis), formé de 104 membres du sénat, ayant la surveillance des autorités constituées ; il juge leur responsabilité, et sur-tout celle des généraux et amiraux de la république. Il est le gardien de la constitution.

Il y a un conseil des cinq tiré du conseil des cent quatre. Il a la surveillance générale, et la direction secrète des affaires.

Les fonctions de membre du sénat, et du conseil des 104, sont à vie.

Les fonctions de membre du conseil des cinq sont temporaires. Les membres de ce conseil, nomment, 1°. leurs collègues, qu'ils sont tenus de choisir dans le conseil des cent ; 2°. les membres du conseil des cent, qu'ils sont tenus d'élire dans le sénat.

A la fin de leur exercice, les membres du conseil des cinq, reprennent leur place dans le conseil des cent.

Les fonctions de juges et de gouverneurs

K 4

sont temporaires, ils sont tenus de se conformer aux loix.

Les généraux et amiraux sont investis du pouvoir absolu dans le commandement des flottes ou des armées. A leur retour, ils rendent compte au conseil des cent. L'impéritie est punie de mort comme la trahison.

Toutes les magistratures nommées par le peuple sont exercées sans indemnité, les autres fonctionnaires sont salariés.

CHAPITRE IX.

Examen de la Constitution Carthagi- noise.

LA constitution Carthaginoise présente un grand caractère de sagesse. Elle a de belles institutions qu'on ne trouve pas ailleurs, et elle se rapproche par plusieurs de ses bases, de celle de Lacédémone. Ces trois constitu- tions de Crète, de Sparte, de Carthage, sont les plus parfaites que nous connoissions sur la terre. L'expérience a démontré la bonté de celle de Carthage. Quoique le peuple y ait part au gouvernement, jamais sédition n'a troublé l'état : jamais tyran n'a menacé la li- berté. Parcourons ses traits d'affinité avec la constitution de Lacédémone. Celle-ci a ses repas communs. Carthage a ses banquets de corporation. L'une a ses éphores ; l'autre a ses centumvirs, dont l'institution est bien plus sage. Les éphores de Lacédémone sont pris parmi le peuple. Les centumvirs de Carthage sont choisis dans les classes les plus distin- guées. Toutes deux ont leur sénat et leurs rois (1). Mais l'institution de Carthage est plus sage. La royauté n'y est ni la prérogative d'une famille, ni le droit de tous. L'âge n'y

indique pas le roi dans la ligne du sang, mais
les suffrages le désignent dans une classe illustre. Il est sage en effet de ne pas investir des
hommes obscurs d'une très-grande puissance. Ils font souvent beaucoup de mal. Lacédémone en a fait la cruelle expérience.

Les vices de législation que nous avons
censurés, ont démontré comment une constitution incline (2) vers le gouvernement corrompu qui l'avoisine, comment des institutions aristocratiques penchent vers l'oligarchie, et comment une république dégénère
en démocratie. Ces principes qui embrassent
toute espèce de gouvernement, trouvent ici
leur application. Le sénat et les rois peuvent
tout décider sans l'intervention du peuple. Il
faut pour cela que la résolution soit prise à
l'unanimité, autrement l'affaire est portée à
l'assemblée générale. Alors le peuple n'est pas
tenu d'écouter seulement la proposition, pour
décider en conséquence, mais il ordonne ce
qui lui plaît, et tout citoyen a le droit d'attaquer le rapport dans toutes ses parties. Cette
institution populaire ne se trouve pas dans
les autres républiques.

Mais les cinq exercent les pouvoirs les plus
étendus. Ils choisissent leurs collègues ; ils
nomment aussi les centumvirs, magistrature

fort importante : leur autorité est de plus
longue durée que celle des autres magistrats,
attendu qu'ils étoient en charge avant d'arriver à ce poste éminent, et qu'ils s'y trouvent encore au sortir de leur exercice (*).
Cette institution est toute dans l'esprit de
l'oligarchie.

D'un autre côté, nul magistrat n'est élu
par le sort. Les fonctions publiques sont exercées sans indemnité (**). Tous les magistrats
jugent toute espèce de procès, et il n'y a
point, comme à Lacédémone, d'attributions
particulières. Ces loix sont dans les principes
de l'aristocratie. Cependant la puissance de
l'opinion fait pencher insensiblement l'aristocratie carthaginoise vers les formes de l'oligarchie. On s'y est fait une habitude de consulter non-seulement le mérite, mais encore
la fortune, dans le choix des magistrats. On
y est persuadé qu'un indigent ne peut en

(*) Voyez page 151.
(**) Ne voyant dans les magistratures que des devoirs, des peines, des soins et de la gloire, les ames
communes n'osèrent y aspirer : voilà ce qui fit la force
et la grandeur des Romains. S'ils avoient connu nos
honoraires, nos pensions, nos profits, tout citoyen se
seroit cru digne du consulat et de la censure. Mably,
de la Leg. liv. 2, ch. 1.

même-temps laisser son travail et remplir
une magistrature avec intégrité. On tient
compte de la fortune dans les élections; voilà
de l'oligarchie. On consulte aussi la vertu;
c'est le principe de l'aristocratie. Cette double
combinaison influe dans la nomination des
rois, des généraux et des premiers magistrats. Il s'ensuit que la constitution carthaginoise tient le milieu entre ces deux espèces
de gouvernemens.

Cette constitution s'écarte donc de son institution primitive, qui étoit aristocratique.
C'est une faute du législateur. Il devoit, dès
l'origine, assurer une existence honnête à sa
classe distinguée, de manière que tous eussent les moyens de vivre avec dignité (3),
et comme magistrats, et même comme citoyens. Mais exiger que le magistrat soit si
riche qu'il soit dispensé de travailler, c'est
un bien dangereux principe; c'est mettre
l'or en balance avec le commandement des
armées, la royauté et les fonctions les plus
importantes de l'état. Quel est le résultat
d'une pareille loi? d'inspirer à tous plus
d'estime pour l'argent que pour la vertu, et
de faire d'une nation entière un peuple d'a-
vides spéculateurs. Car quel est le bien le
plus estimable dans l'opinion d'un peuple?

celui qui est le plus estimé par les premiers de l'état. La base du gouvernement aristocratique est la vertu : il n'y a guère d'aristocratie là où le premier des biens n'est pas la vertu. Vous voulez des magistrats riches et qui administrent à leurs dépens ; par conséquent vous voulez des hommes accoutumés à gagner. Mais l'homme pauvre qui est vertueux, ne cherche jamais à s'enrichir par de viles spéculations, tandis que l'homme corrompu voudra toujours retrouver ce qu'il aura dépensé (4). En un mot, il est de l'essence de l'aristocratie que les honneurs soient le prix de la vertu. Le législateur de Carthage avoit négligé d'assurer un bien-être à sa classe distinguée : il devoit au moins donner une indemnité (*) au magistrat, afin qu'il n'eût rien autre chose à faire.

Voici encore une institution vicieuse. On regarde à Carthage comme un honneur de cumuler plusieurs emplois : cependant un seul homme ne fait bien qu'une seule chose. Le législateur devoit prévenir ce désordre, et ne pas enjoindre au même individu d'être en

(*) Toute peine, dit-on, mérite un salaire, propos d'esclave : le magistrat, ajoute-t-on, néglige ses affaires, et il est juste que l'état le dédommage, propos de commis. Mably, de la Leg. liv. 2, ch. 1.

même-temps cordonnier et musicien. Il est plus politique et plus dans les institutions républicaines, de ne point cumuler les emplois dans un grand État. Indépendamment de la popularité, l'individu qui n'a qu'une fonction à remplir, fait mieux, et expédie plus vîte. Ainsi, dans une armée et sur une flotte, chacun est chargé individuellement, ou de commander, ou d'obéir.

Le gouvernement des Carthaginois est donc une véritable oligarchie; mais ils le maintiennent habilement par l'appât des richesses. Ils ont d'opulens établissemens (5), où ils ont soin de placer un grand nombre de citoyens de la classe du peuple ; c'est ainsi qu'ils remédient au vice de leur gouvernement, et qu'ils assurent chez eux la tranquillité. Mais cette paix est un bienfait de la fortune; elle devroit être le résultat de la sagesse du législateur. Si jamais il leur arrive quelque grand revers (6), si leurs sujets se refusoient à l'obéissance, ils ne trouveroient aucun moyen dans leur constitution, pour ramener la tranquillité.

Voilà les défauts que l'on apperçoit dans les trois constitutions de Sparte, de Crète et de Carthage, qui, du reste, méritent leur célébrité.

CHAPITRE X.

Examen de la Constitution Athénienne.

Parmi les plans de gouvernemens que nous connoissons, les uns nous ont été donnés par des écrivains isolés, qui n'ont jamais eu part aux affaires publiques. Nous avons examiné ceux qui avoient acquis une juste célébrité. Mais nous avons aussi des projets de constitution, fruit de la sagesse de législateurs vraiment hommes d'état. Ces projets ont été réellement adoptés, ou par leur patrie, ou par des peuples étrangers. Parmi ces législateurs, les uns n'ont donné que des loix civiles, d'autres, comme Solon et Lycurgue, ont non-seulement donné un code de loix, mais encore une constitution à leur pays. Nous avons parlé des loix que Lycurgue donna à Lacédémone ; nous allons examiner la législation politique de Solon, qui a trouvé des admirateurs.

Solon réprima l'oligarchie qui s'étoit emparée des pouvoirs. Il délivra le peuple de l'esclavage (1), rétablit l'ancienne démocratie (2), et balança habilement les diverses espèces de gouvernemens, dans l'établissement de sa république. En effet, on y trouve l'oligarchie dans l'Aréopage (3), l'aristocratie dans le mode d'élection des magistrats, et la démocratie dans la forme des tribunaux. Il paroît que l'intention politique de Solon, fut de ne toucher, ni à l'Aréopage, ni à l'élection des magistrats, mais seulement d'appeler le peuple au gouvernement, en le constituant juge dans toutes les affaires (*).

(*) Des savans ont reproché à Aristote de n'avoir point développé la constitution Athénienne, comme il a fait de celle des peuples dont il a parlé précédemment. On observera, 1°. qu'Aristote n'examine ici que la principale base politique sur laquelle repose le gouvernement. Or Solon ne changea pas la constitution Athénienne ; il étoit ennemi de tout bouleversement. Mais la naissance seule donnoit droit aux honneurs avant lui : il transporta ce droit au cens ou à la richesse. Ainsi tous purent obtenir la prérogative pour arriver aux affaires ; 2°. Aristote déclare nettement, liv. 4 et 5, que la démagogie n'est pas un vrai gouvernement, mais une tyrannie ou absence de tout gouvernement, et que dans une pareille cité, il n'y a pas de constitution, mais seulement des meneurs ou démagogues, dont la volonté est la loi. Il s'arrête donc là, et ne veut point traiter d'un gouvernement qui n'a pas de bases ; 3°. on observe une grande réserve dans la politique d'Aristote, lorsqu'il y parle des Athéniens. Il n'étoit pas citoyen de cette ville. Il avoit été le précepteur d'Alexandre, qui avoit opprimé la liberté

Mais

Mais on lui reproche d'avoir détruit lui-même cet équilibre qu'il vouloit établir dans sa constitution, en donnant la décision suprême à des juges élus par le sort. Dès que la loi fut en vigueur, des démagogues flattèrent le peuple, comme un tyran, et bientôt la constitution devint démocratique. Ephialte et Périclès (4) abaissèrent la puissance de l'Aréopage. Périclès salaria les juges. Les démagogues qui vinrent après eux dépouillèrent de même toutes les autorités, pour augmenter la puissance du peuple, il en est résulté l'espèce de démocratie qui gouverne aujourd'hui.

Il est vrai que cette altération dans la constitution, n'étoit point dans la pensée de Solon; elle fut l'ouvrage de la fortune.

Dans le temps de la guerre des Mèdes, le peuple gagna par sa valeur, cette victoire brillante qui lui donna l'empire de la mer (5). Il devint superbe et fier. Il ôta la direction des affaires à la classe distinguée, et éleva des hommes obscurs et vils qui flattoient ses caprices. Solon s'étoit borné à donner au peuple une juste portion de pouvoirs. Il l'avoit constitué maître des élections, et juge des magis-

athénienne. Il ne vouloit pas irriter un peuple au milieu duquel il vivoit, et qui, malgré ses ménagemens, pensa lui faire éprouver le sort de Socrate.

Tome I. L

trats. C'étoit assez, pour qu'il ne devint ni esclave, ni ennemi du gouvernement. Mais les magistrats ne pouvoient être choisis que dans les classes distinguées et riches. Il falloit avoir 500 médimnes de propriété (6), ou un char, ou un cheval, pour être éligible. La quatrième classe composée des mercenaires, n'avoit point droit aux magistratures.

On compte encore quelques autres législateurs fameux. Zaleucus donna des loix aux Locriens d'Occident (7). Charondas fut le législateur de Catane sa patrie, et des colonies chalcidiennes répandues sur les côtes de Sicile et d'Italie.

On a prétendu qu'Onomacrite avoit été le premier des législateurs distingués par la sagesse de ses institutions, qu'il étoit né à Locres, et qu'il alla demeurer en Crète, pour s'instruire, et y apprendre l'art de la divination (8). On ajoute qu'il avoit été l'ami de Thalès, et que celui-ci eut pour disciples Lycurgue et Zaleucus, qui fut le maître de Charondas. Mais ces assertions sont d'autant moins fondées, que les époques ne s'accordent pas.

Philolaus de Corinthe fut le législateur de Thèbes. Il étoit de la famille des Bacchides, et fut l'amant de Dioclès, qui remporta le prix aux jeux olympiques. Celui-ci voulant se dérober aux poursuites incestueuses d'Alcyone sa mere, quitta Corinthe, et se retira à Thèbes. Philolaus l'y suivit; ils y finirent leurs jours. On voit encore, près de Thèbes, leurs tombeaux, tous deux en regard l'un de l'autre, de manière que l'un domine le territoire de Corinthe, et que de l'autre on ne peut le découvrir. Suivant une ancienne tradition, c'étoient eux-mêmes qui avoient ordonné cette disposition. Dioclès, par ressentiment du malheur qui l'avoit forcé à l'exil, défendit que du haut de son sépulcre, on pût voir Corinthe; Philolaus voulut au contraire que son tombeau fut placé en regard de sa patrie. Tous deux étoient partis du motif qui avoit fixé leur séjour à Thèbes. Philolaus ne donna aux Thébains que des loix civiles, et entre autres des réglemens sur les naissances. Sa loi la plus remarquable, est celle qui ordonne de conserver toujours le nombre égal des héritages (*).

(*) Montesquieu s'est évidemment trompé, lorsqu'il dit : Philolaus de Corinthe établit à *Athènes* que le nombre des portions de terre, et celui des hérédités seroit toujours le même. Il cite cependant la politique d'Aristote à l'occasion de cette loi. Esprit des Loix, liv. 5, ch. 5.

La loi de Charondas la plus frappante, est celle qui concerne les faux témoins. Il est le premier qui ait traité ce point de législation : il l'emporte par la précision et la clarté de ses loix sur les législateurs de nos jours.

On remarque parmi les loix de Philolaus, celle qui consacre l'inégalité des fortunes. On distingue parmi celles de Platon (9), la loi sur la communauté des femmes, des enfans et des biens, et les repas publics des femmes : celle contre l'ivrognerie, qui ordonne de ne nommer présidens des banquets que des hommes sobres ; une autre sur les exercices militaires, qui veut que les guerriers s'habituent à être ambidextres, afin de ne pas avoir une bonne et une mauvaise main.

Dracon a donné des loix civiles à sa patrie, qui avoit déjà un gouvernement. Il n'y a de frappant dans ses loix, que leur rigueur, et la sévérité des peines.

Pittacus (10) a aussi donné des loix, mais il n'a pas fait de constitution. Il a une loi remarquable, qui ordonne de punir plus sévèrement l'homme ivre qui aura blessé quelqu'un, que celui qui jouit de sa raison. Il veut qu'on considère l'utilité générale, sans égard' pour l'indulgence que mérite un homme pris de vin.

Androdamas de Rhege a été le législateur
de Chalcis en Thrace. Ses loix concernent le
meurtre, et les filles uniques héritières. Il n'a
pas de loi qui mérite une attention particulière.

Telles sont nos observations, tant sur les
projets de gouvernement, que sur les constitutions qui ont réellement existé,

Fin du Livre second.

L 3

SOMMAIRE DU TROISIÈME LIVRE.

Après avoir examiné les constitutions des peuples les plus fameux, Aristote va discuter les différentes espèces de gouvernemens, qui sont celui d'un seul, de plusieurs, et de tous.

Mais les anciens pensoient que la politique n'est qu'une partie de la morale. Avant d'entrer en matière, il examine différentes questions, qu'il considère sous le double point de vue de la morale et de la politique.

Il fixe, 1°. les caractères auxquels on doit reconnoître un citoyen.

2°. Ceux qui constituent l'identité d'un gouvernement.

Il établit ensuite une discussion isolée sur la vertu de l'homme parfait, comparée avec celle du bon citoyen. Il entend par homme parfait, celui que la nature a fait pour commander, suivant le systême qu'il a développé dans son premier livre. Platon avoit dit que la vertu du gouvernement, est la même que celle de l'homme de bien. Aristote entasse sophisme sur sophisme, pour prouver le contraire.

Il traite ensuite des bons et mauvais gouvernemens, des droits, de l'exercice de la souveraineté, des prérogatives politiques, de l'ostracisme. Toutes ces questions sont considérées sous leur point de vue général, et toujours dans leurs rapports avec la morale. C'est véritablement là partie morale de sa politique. La forme de la discussion tient beaucoup au genre de l'école, tel qu'il l'a employée dans ses morales à Nicomaque.

Enfin, au chapitre 10, il aborde la discussion sur les différentes espèces de gouvernemens. Il commence par la monarchie, dont il fixe les espèces. Il examine en même-temps, sous le point de vue de la politique, s'il est plus avantageux qu'un seul regne plutôt que plusieurs, ou même que la loi. Il procède souvent dans cette question, d'après la méthode du doute qui lui est familière, et sur-tout utile, pour réfuter les différentes opinions des philosophes de son temps.

Il termine par poser en principe, que si un seul excelle par-dessus tous en vertu politique, il est juste que tous le reconnoissent pour souverain.

LIVRE TROISIEME.

CHAPITRE PREMIER.

De la Cité et du Citoyen.

L'ÉCRIVAIN politique qui traite des gouvernemens, de leurs espèces, et de leurs différences, doit fixer d'abord avec précision l'idée attachée au mot de cité. Aujourd'hui sur-tout, on n'est pas d'accord sur son acception ; ainsi les uns prétendent que tels actes de gouvernement sont l'expression de la volonté de la cité, les autres soutiennent qu'ils ne sont point le vœu de la cité, mais celui d'une minorité oligarchique ou d'un tyran. La cité ; tel est donc le grand objet des méditations des politiques et des législateurs, car la constitution n'est que la règle politique des habitans de la cité.

Une cité est composée de parties. Elle est un tout, qui par son essence a des élémens. Or ces élémens sont les citoyens dont la multitude constitue la cité : examinons donc d'abord qui doit être appellé citoyen, et qu'est-ce qu'un citoyen. Cette discussion est nécessaire, attendu qu'on ne s'accorde pas sur l'idée de citoyen. Ainsi l'individu qui est ci-

L 4

toyen dans une démocratie, peut ne pas l'être
dans une oligarchie.

En général, ne sont pas citoyens :

1°. Les individus auxquels on donne ce
nom par honnêteté, comme ceux qui ont obtenu le droit d'incolat. Ce n'est pas le domi-
cile qui constitue le citoyen, car les étrangers
et les esclaves sont domiciliés.

2°. Ceux qui n'ont que le droit d'action ju-
ridique, comme poursuivans et défendeurs.
Ce droit n'est qu'un privilège des peuples
avec lesquels on a des traités de commerce.
Les étrangers n'en jouissent même pas dans
certains états, où ils sont obligés de prendre
un patron (1), ou du moins ils n'en jouissent
pas dans sa plénitude.

3°. Les enfans qui ne sont pas encore inscrits
au rôle de la milice (2), les vieillards exempts
du service, peuvent être regardés comme citoyens : mais les premiers sont citoyens im-
parfaits, et les autres citoyens usés : nous
nous servons de ces expressions, que l'on re-
jettera si l'on veut. Nous ne les employons que
pour nous faire entendre, parce que nous
cherchons ici le citoyen dans la rigueur du
droit, et sans modification qui atténue sa prérogative. Cette observation s'applique aux
exilés, ainsi qu'aux individus notés d'infa-

mie, et prévient à leur égard toutes les difficultés.

A présent, établissons une définition précise. J'appelle citoyen celui qui a droit d'être juge et magistrat dans la cité (*).

Actuellement, je dis qu'il y a deux espèces de magistrature. J'appelle l'une temporaire, c'est-à-dire, ayant des fonctions à temps, de manière qu'on ne peut être en charge qu'une fois, ou n'y revenir qu'après un temps marqué. J'appelle l'autre perpétuelle. C'est la prérogative en vertu de laquelle un individu est constitué indéfiniment juge et membre du souverain. On dira peut-être que ce n'est point là une magistrature, attendu que les pouvoirs ne donnent pas le droit de commander de fait. Nous ne nous arrêterons point à cette chicane, qui tendroit à refuser le nom de magistrat au souverain même. La langue n'a pas d'expression pour désigner d'un mot la double prérogative de juge et de membre délibérant du souverain. Nous avons créé le mot de magistrature perpétuelle, pour rendre cette idée complexe avec clarté, et nous appellons citoyen, celui qui jouit de cette double prérogative. Voilà le type auquel doi-

(*) Dans le gouvernement populaire, tous les citoyens naissent magistrats. Cont. Soc. liv. 3, ch. 4.

vent plus ou moins ressembler tous ceux qu'on appelle citoyens, quelle que soit l'espèce du gouvernement.

En effet, il est de principe que les sujets ont entre eux, première, seconde, troisième différences (3), tellement nuancées, que leurs rapports finissent souvent par ne conserver que peu ou point d'affinité. Or on observe cette gradation marquée entre les différentes espèces de gouvernemens. Les uns tiennent le premier rang, parce qu'ils se sont maintenus dans leur pureté. Les autres n'occupent que la seconde place, parce qu'ils sont dégénérés. Nous expliquerons par la suite ce que nous entendons par cette altération (4). La prérogative du citoyen varie donc suivant l'espèce du gouvernement; mais notre définition s'applique sur-tout au citoyen d'un état démocratique.

Cependant elle ne laisse pas de convenir aux citoyens des autres états, quoique dans un sens moins stricte. Par exemple, il y a des gouvernemens où le peuple n'est rien, et ne délibère pas en assemblée. Ce sont des sénateurs qui gouvernent, et se divisent par tribunaux pour juger. Ainsi à Lacédémone, les éphores partagent entre eux les attributions au civil; le sénat juge au criminel, le reste des

affaires est également divisé entre les autres
magistrats : à Carthage, quelques magistrats
délégués jugent toutes les affaires. Or voilà
des restrictions à notre définition du citoyen.
Car, dans les gouvernemens qui ne sont pas
démocratiques, les magistratures sont limi-
tées (*), et l'on n'y connoît pas cette espèce
de magistrature, qui est le droit indéfini de
juger et de délibérer dans l'assemblée générale de la nation. Cependant là où la constitution n'admet que des magistrats temporaires, ou bien tous, ou bien quelques-uns, ont
le droit, ou d'administrer et de juger toutes
les affaires, ou quelques-unes seulement.
De-là une règle sûre pour reconnoître le citoyen. Celui qui a droit de parvenir aux magistratures instituées pour administrer et juger au souverain, voilà le vrai citoyen dans
toute espèce de gouvernement : c'est-à-dire,
dans toute association politique formée par
des hommes, pour se procurer les besoins et
les avantages de la vie.

Cette définition nous paroît plus exacte
que celle qu'on adopte ordinairement. On

_____

(*) Dans les gouvernemens populaires, tous les citoyens naissent magistrats, mais l'oligarchie les borne
à un petit nombre, et ils ne le deviennent que par
l'élection. Cont. Soc. liv. 3, ch. 5.

appelle citoyen, non pas l'individu né d'un
père ou d'une mère, mais de père et mère
ayant le droit de cité. D'autres exigent encore
une généalogie qui remonte à deux ou trois
ayeux, et même plus. On prétend que cette
définition est simple, et plus conforme à l'ordre politique, sans s'appercevoir que remonter ainsi dans une ligne d'ayeux, c'est embar-
rasser la question d'état du citoyen. Gorgias
de Leontium (5) adopte cette opinion. Mais
est-ce plaisanterie, est-ce embarras de donner une bonne définition, lorsqu'il dit, que
de même qu'un pot est l'ouvrage d'un potier,
de même il tient pour Larisséen la progéni-
ture d'un citoyen de Larisse, parce qu'à
l'œuvre on reconnoît l'ouvrier. Cet adage ne
signifie rien ; car celui, qui indépendamment
de la naissance, jouit de la prérogative dont
nous avons parlé, sera certainement citoyen. D'ailleurs, s'il falloit être né d'un père
et d'une mère ayant droit de cité, pour être
citoyen, comment adapter ce principe aux
premiers habitans ou fondateurs de la cité ?

Ici se présente une question plus difficile à
résoudre. Doit-on regarder comme citoyens
ceux qui ont obtenu le droit de cité dans une
révolution qui a changé le gouvernement ?
Par exemple, les esclaves étrangers et les af-

franchis que Clisthènes (6) admit dans les tribus après l'expulsion des tyrans, étoient-ils
vraiment citoyens?

J'observe qu'il ne s'agit pas ici de la nature
du droit, mais de son exercice illégal ou légitime.

Mais, ajoute-t-on, l'exercice illégal de la
prérogative de citoyen, vicie le droit dans
son essence. C'est un résultat nécessaire de
l'injustice et de la fraude.

Je répons que nous appellons souvent magistrats des hommes qui exercent l'autorité,
quoique leur pouvoir ne soit pas légal. Nous
appellons de même citoyen, l'homme investi
de la puissance dont nous avons assigné les
limites, ainsi les nouveaux inscrits de Clisthènes devoient être appelés citoyens.

Mais l'exercice du droit est-il légitime ou
non? Cette question rentre dans celle que
nous avons posée au commencement de ce
chapitre. Quels sont les actes que nous pou-
vons regarder comme émanans de la cité, ou
d'un pouvoir étranger à la cité? Telle est, par
exemple, la position d'un peuple qui a renversé l'oligarchie ou la tyrannie, pour établir
le régime démocratique. Alors, disent quelques-uns, on ne doit pas maintenir les enga-
gemens contractés par le tyran, comme n'é-

tant pas l'ouvrage de la cité. On peut aussi annuler une multitude d'actes de l'ancienne autorité. C'est alors vouloir régner pour soi, plutôt que gouverner pour l'avantage de tous. Mais si une démocratie agissoit, d'après ces principes, ses actes n'en seroient pas moins ceux du gouvernement. Concluez de même pour les actes émanés de la tyrannie et de l'oligarchie.

CHAPITRE II.

De l'identité de la Cité.

Voici une question qui est une conséquence naturelle de la discussion précédente. A quels caractères peut-on reconnoître qu'une cité est la même, et que son essence n'est point altérée ? La première question qui se présente, est celle du sol et des hommes. Il est possible que le sol se divise en plusieurs parts, toutes habitées par une portion de citoyens. Ce point de vue n'offre aucune difficulté, et attendu les acceptions diverses du mot cité (1), la solution se présente naturellement.

De même, si les hommes habitent le même lieu, on ne jugera pas de l'identité de la cité

par celle de ses murailles; car si le Péloponèse (2) étoit enfermé dans le même rempart,
il ne formeroit pas une même cité. A la vérité, des sociétés politiques, ou plutôt des nations entières ont été enveloppées dans des
circonvallations immenses. Telle on nous cite
Babylone (3), dont l'ennemi avoit forcé un
des points, trois jours avant que les habitans
de l'autre extrêmité en eussent appris la nouvelle. Nous traiterons ailleurs cette question (4). Un législateur doit connoître quelles
sont les justes proportions de l'étendue d'une
cité, et s'il est politique ou non d'y renfermer
des peuples entiers.

Mais si le local et les individus restent les
mêmes, la cité sera-t-elle la même, tant que
les mêmes hommes habiteront le même sol ?
Appliquerons-nous à la succession des naissances et des mortalités, nos idées sur les
fleuves et les fontaines, que nous regardons
comme les mêmes, quoique leurs eaux s'é-
coulent et se renouvellent sans cesse ? Ou
bien, en considérant les hommes comme les
mêmes, malgré cette perpétuelle vicissitude,
n'appellera-t-on changement, que les révolutions du gouvernement ? Oui, sans doute.
Une cité est une société composée de citoyens : si l'organisation politique de la cité

et changée, il est évident que la cité ne sera plus la même. Les chœurs, dans nos spectacles, passent alternativement du tragique au comique, et nous disons que la scène a changé, quoique les acteurs restent les mêmes. Ainsi, toute société qui adopte une autre manière d'être, modifie, et son espèce, et sa forme. L'harmonie se compose des mêmes tons : cependant leurs combinaisons variées produisent, ou les vifs accords du mode Phrijien, ou la mélodie grave du genre Dorique (5).

Concluons de ces principes, que l'identité de la cité doit être considérée, sur-tout sous le rapport de son gouvernement, et qu'elle peut conserver ou changer sa dénomination politique, soit avec les mêmes individus, soit avec un autre peuple.

Actuellement, lorsque le gouvernement a changé, est-il juste d'annuler ou de maintenir les actes de l'ancienne autorité ? C'est une question qui ne tient pas à celle que nous venons de traiter.

CHAPITRE

CHAPITRE III.

Digression sur la vertu du bon Citoyen.
Est-elle la même que celle de l'hom-
me parfait ? L'artisan a-t-il cette
vertu, et doit-il être Citoyen ?

EXAMINONS à présent une question qui se présente naturellement après celles que nous venons de traiter. La vertu du bon citoyen est-elle la même que celle de l'homme parfait (1) ? Cette question exige des développemens. Mais il est utile de fixer auparavant les caractères de la vertu du bon citoyen.

Comme le marin est membre d'une association, de même un citoyen est partie intégrante d'une société. Chaque individu de l'équipage a sa fonction; l'un est rameur, l'autre pilote : celui-ci dirige la proue ; tous ont leur emploi sous une dénomination différente. Une exacte précision dans le service, voilà la vertu de chaque marin, d'où résulte une vertu générale qui est le bien de tous, car l'ensemble de la manœuvre, qui tend à sauver l'équipage, n'est que le résultat des volontés individuelles, qui veulent se conserver. De même chaque citoyen a sa fonction

Tome I. M

différente, qui toutes ont pour but la conservation de la société. Or, qu'est-ce que cette
société dont le citoyen est membre? C'est la
commune cité. La vertu du citoyen sera donc
dans le rapport de la nature du gouvernement. Mais les gouvernemens sont de plusieurs espèces : il y aura donc aussi plusieurs
espèces de vertus du bon citoyen. Mais la
vertu de l'homme parfait est une, donc la
vertu du bon citoyen n'est pas la même que
celle de l'homme parfait.

L'idée de la république parfaite nous offre
une nouvelle démonstration de cette vérité.
Une cité composée de citoyens tous parfaits,
ne pourroit exister ; car il faut que chacun,
en supposant un ordre parfait, remplisse sa
fonction, dans la perfection de sa vertu. Mais
il est de l'essence de la vertu parfaite, d'être
semblable à elle-même. Tous feroient donc
une même chose. La vertu de l'homme parfait n'est donc pas la même que celle du bon
citoyen. En effet, il est de l'essence de la cité
parfaite, que tous ayent la vertu du bon citoyen : il est aussi de son essence que les citoyens ne soient pas tous parfaits. La vertu
de l'homme parfait ne peut donc y appartenir à tous les citoyens.

Autre preuve tirée de la différence des élémens de la cité. L'individu est composé de corps et d'ame. L'ame se divise en entendement et appétit. La famille est constituée par le mari et la femme : la propriété par le maître et l'esclave. Ces élémens divers, et d'autres, également hétérogènes, entrent dáns la composition de la cité. La vertu de tous les citoyens ne peut donc être la même, comme la vertu d'un coryphée n'est pas celle de l'artiste qui exécute, donc la vertu de l'homme parfait n'est pas la même que celle du bon citoyen.

Mais n'y a-t-il pas quelques bons citoyens qui auront la vertu de l'homme parfait? Nous avons posé en principe que l'homme fait pour commander (*), est bon et prudent, et que le citoyen qui prend part aux affaires, doit être essentiellement prudent. Aussi-tôt quelques-uns concluent de-là qu'il y a une science particulière à celui qui commande, qu'ainsi les enfans des rois apprennent sur-tout l'équitation et l'art militaire; que c'est la pensée d'Euripide, lorsqu'il dit :

Je ne connoïs qu'un art, et ne sais que régner,

Comme s'il étoit nécessaire d'apprendre à commander. Mais la vertu de l'homme par-

(*) Ce sont ses principes sur l'esclavage qu'il rappelle ici. V. liv. 1, ch. 3, 4.

fait commande essentiellement ; le citoyen doit non-seulement commander , mais aussi obéir ; sa vertu n'est donc pas exactement la même que celle de l'homme parfait. Ce principe n'est vrai qu'à l'égard de quelques citoyens : donc en général, la vertu du commandement n'est pas la même que celle du citoyen. C'étoit l'idée de Jason qui s'écrioit. Je souffre quand je ne regne pas : je ne sais pas être homme privé.

On insiste. N'est-il pas beau , dit-on, de savoir obéir et commander ? N'est-ce pas une vertu pour le bon citoyen , que de savoir également l'un et l'autre ? Oui sans doute ! il y a vertu faite pour commander dans l'homme parfait, vertu faite pour commander et obéir dans le bon citoyen, mais les rapports de perfection sont très-différens. L'homme fait pour commander , réuni à celui qui est fait pour obéir , doit savoir les deux choses , mais tous deux séparément (*). Le citoyen doit les savoir aussi , et les savoir seul toutes deux. C'est ce que nous allons démontrer.

Il y a un commandement despotique. C'est celui du maître qui ordonne dans les choses

(*) Il part du principe qu'il a posé , liv. 1 , ch. 4 , p. 26 , que la nature n'a fait du maître et de l'esclave, qu'un seul tout.

nécessaires aux premiers besoins. Cette science du maître ne consiste pas à savoir faire,
mais à savoir user. L'autre partie du commandement est l'obéissance de l'esclave qui
exécute passivement. Or l'esclavage a plusieurs nuances, suivant la nature des travaux
grossiers. La classe des gens de main-d'œuvre tient à la servitude. On appelle ainsi,
comme l'indique le nom, tous ceux qui ga-
gnent leur pain par le travail de leurs mains,
sur-tout lorsque leurs occupations sont viles
et sordides. Ce rapport avec l'esclavage est si
marqué, que plusieurs peuples ont exclus les
artisans des fonctions publiques, tant que le
gouvernement n'a pas dégénéré en extrême
démocratie. L'homme qui participe aux affaires, le bon citoyen ne doivent point se dégrader en exerçant ces professions, si ce n'est
pour leur stricte nécessaire. Autrement les
uns cesseroient d'être maîtres, et les autres
ne seroient plus esclaves.

Mais il y a une autre espèce de commandement. C'est le pouvoir exercé sur des hommes libres et égaux. Ce commandement s'appelle politique : c'est un art qui ne s'acquiert
que par l'exercice de l'obéissance. Ainsi on
n'apprend à devenir général, chef d'esca-
dron, commandant, capitaine, qu'après avoir

obéi dans les grades subordonnés. Voilà le rapport sous lequel il est vrai qu'on ne peut bien commander sans avoir bien obéi. Mais ceci ne détruit pas le principe, que la vertu du commandement n'est pas la même que celle de l'obéissance.

Le bon citoyen saura donc et pourra obéir et commander. Ce double caractère est la marque distinctive de la vertu qui doit commander à des hommes libres. L'homme parfait aura aussi ces vertus, avec cette différence que sa tempérance et sa justice faites pour commander, sont d'une autre espèce. En effet, l'homme qui obéit et qui est libre, ne peut avoir la même vertu que l'homme parfait, par exemple, la même justice. Cette vertu se modifie dans ses espèces, suivant qu'elle est en action pour le commandement ou l'obéissance. Ainsi la force et la tempérance de l'homme diffèrent de ces mêmes vertus de la femme. Si un homme n'avoit que la force d'une femme forte, il passeroit pour timide. Si une femme avoit la modestie qui sied à l'homme parfait, on l'accuseroit d'effronterie. Leur économie diffère également. L'homme travaille pour acquérir, la femme conserve et ménage. Enfin il paroît être dans l'ordre de la nature, que certaines vertus appartiennent également à celui qui commande, et à celui qui obéit, mais la prudence est exclusivement la vertu de celui qui commande. Celui qui obéit n'a pas besoin de cette vertu, mais de confiance motivée. Celui qui obéit ressemble à l'ouvrier qui fait un instrument de musique. Celui qui commande, est l'artiste qui en tire des sons.

La vertu du bon citoyen est-elle la même que celle de l'homme bon ? Comment n'est-elle pas la même ? En quoi consiste la différence ? C'est ce que nous croyons avoir démontré (*).

Il nous reste encore quelques difficultés à résoudre sur l'état de citoyen (**). Nous avons

(*) Cette conclusion est celle qu'Aristote employe à la fin de presque tous ses chapitres, suivant la méthode des anciens. Elle prouve que le chapitre finit là. Perionius, Sylburge et Heinsius ont adopté la division des chapitres que j'ai suivie. Je n'ai pas cru devoir la changer, mais seulement prévenir le lecteur que je pense que cette discussion de métaphysique obscure, est une intercalation ou une transposition. Voyez les notes.

(**) La fin de ce chapitre est évidemment la suite du premier de ce livre, qui traite des conditions requises pour être citoyen. Cette fin n'a aucun rapport avec la question qu'Aristote vient de traiter. Voyez Fabric. Biblioth. Græc. tom. 3.

M 4

défini le citoyen, celui qui a droit d'arriver
aux magistratures. L'homme de main-d'œuvre doit-il être regardé comme citoyen ? Si
vous donnez ce titre à l'artisan qui n'a pas
droit aux honneurs, que devient le caractère
distinctif auquel vous reconnoissez le citoyen?
Si vous lui refusez cette qualité; attendu qu'il
n'est ni étranger, ni naturalisé (2), quelle
place tiendra-t-il dans l'ordre social ?

J'observe que ce raisonnement ne prouve
rien contre nous. Car nous avons des affran-
chis et des esclaves. Sont-ils comptés dans
aucune des classes que nous venons de citer?
Voici le principe. Quoique la cité ne puisse
exister, si elle ne renferme des individus de
telle ou telle profession, il ne s'ensuit pas que
tous soient nécessairement citoyens. Ainsi un
enfant n'est pas citoyen dans la même acception qu'un homme fait. Celui-ci jouit du droit
de cité dans sa plénitude. L'enfant n'est citoyen qu'avec la modification d'imparfait (*).
Dans les anciens gouvernemens, les ouvriers
étoient tous esclaves ou étrangers. Cette institution se maintient encore dans plusieurs
états.

Mais, dira-t-on; qu'une bonne constitution

(*) Voyez chap. 1 de ce livre.

n'élève pas l'artisan à la dignité de citoyen,
à la bonne heure (3). Cependant il y a des
gouvernemens où il jouit de cette prérogative.
Alors la vertu du citoyen, telle que nous l'a-
vons définie, aura plus de latitude. Elle comprendra, indépendamment de l'homme libre,
l'artisan qui ne travaille point à des œuvres
essentiellement serviles, car tout homme
qui s'occupe à ces sortes de métiers pour le
compte d'un seul est esclave. Tous ceux qui
s'y livrent, pour servir le public, sous le nom
de mercenaires et de gens de peine, sont entachés d'esclavage. Un peu de réflexion prouvera la justesse de ce principe, qui jette un
nouveau jour sur la question qui nous occupe (4).

Autant il y a de variétés dans les gouvernemens, autant on compte d'espèces de citoyens, et sur-tout de classes différentes parmi ceux qui obéissent. Ainsi tel système de
constitution admet l'artisan et l'ouvrier au
rang de citoyen. Tel autre, les exclut nécessairement du droit de cité. Par exemple, une
des bases de l'aristocratie, est de n'accorder
les dignités qu'à la considération personnelle
et à la vertu. Or se livrer aux nobles occupations qui rendent l'homme vertueux, et gagner son pain par un travail manuel (5), sont

deux choses incompatibles. Au contraire,
dans une oligarchie, le mercenaire, quoique
exclus des droits de citoyen, parce que l'éligibilité aux magistratures est en raison des
richesses, peut arriver à cette prérogative;
parce que d'heureuses spéculations le conduisent souvent à la fortune. Cependant,
à Thèbes, la loi, en lui ouvrant la carrière
des honneurs, y mettoit pour condition, que
depuis dix ans au moins, il auroit quitté boutique. Ailleurs, la loi accorde aux étrangers
le droit de cité ; dans quelques démocraties,
le fils d'une citoyenne est citoyen : il y a
même des cités qui admettent les bâtards. Au
reste, c'est la pénurie des vrais citoyens, qui
force les gouvernemens à de pareilles mesures. Dès qu'une population plus nombreuse
a réparé le mal, on élague insensiblement les
races moins pures. On exclut d'abord les enfans nés d'un esclave, ensuite ceux qui n'ont
que leur mère citoyenne. Enfin on n'accorde
plus le droit de cité qu'aux enfans de père et
de mère citoyens. Quelle conséquence tirer
de tous ces faits ? Qu'il y a plusieurs espèces
de citoyens, mais que l'individu qui en a les
vrais caractères, est celui qui a la prérogative
d'être éligible aux magistratures. C'est la
pensée d'Achille, qui s'écrie dans Homère.

Moi laissé sans honneurs comme un vil étranger (*) !

Il regarde comme étranger dans la cité celui qui n'y participe point aux honneurs.

Mais il y a des gouvernemens qui cachent habilement ce résultat vrai, afin de ne pas indisposer la classe nombreuse des simples habitans.

La vertu du vrai citoyen est-elle la même que celle de l'homme parfait ? C'est ce que la discussion a mis à portée de décider. Elle a démontré que les vertus sont les mêmes dans certains gouvernemens; qu'elles diffèrent dans d'autres : que tous n'y jouissent pas de la prérogative de citoyen, mais seulement celui qui participe aux affaires, et qui commande, ou bien qui a droit d'arriver au commandement, ou seul, ou avec des collègues, et cela dans une république.

(*) Ill. liv. 9, v. 644.

CHAPITRE IV.

Caractères généraux des bons et des mauvais gouvernemens.

Nous venons de définir la prérogative du citoyen. La question qui suit naturellement est celle des pouvoirs publics. Y a-t-il un ou plusieurs modes d'organisation politique ? Et en admettant qu'il y en a plusieurs, combien y a-t-il de gouvernemens, quelles sont leurs espèces et leurs différences ?

Le gouvernement est l'ordre politique qui établit les autorités constituées, et sur-tout le souverain ; or le souverain est par-tout l'ordonnateur suprême de la cité, et l'espèce du souverain, détermine le genre de gouvernement (*). Ainsi la multitude est le souverain dans une démocratie. Le petit nombre est aussi

(*) On distingue dans le corps politique, la force et la volonté : celle-ci, sous le nom de puissance législative, l'autre, sous le nom de puissance exécutive. J'appelle donc gouvernement ou suprême administration l'exercice légitime de la puissance exécutive, et prince ou magistrat, l'homme ou le corps chargé de cette administration. Cont. Soc. liv. 3, ch. 1. Aristote, comme l'on voit, confond ici le souverain et le prince.

le souverain dans une oligarchie (*). Voilà deux espèces différentes d'organisation sociale : ce principe s'applique à toutes les autres.

Posons d'abord les principes , et voyons pourquoi les hommes se réunissent en société politique. Nous trouverons là l'origine des différentes espèces de pouvoirs, qui dérivent de la nature de l'homme, et tiennent aux bases de la société.

Il est dans notre nature de vivre en réunion politique. Nous avons démontré cette vérité dans notre premier livre , lorsque nous avons traité des pouvoirs du maître , et de ceux du père de famille. Par conséquent, lors même que l'homme peut se passer du secours des autres, il n'en éprouve pas moins l'irrésistible besoin de vivre avec ses semblables. Il est très-vrai que des avantages communs, et l'espérance d'une plus grande somme de bonheur individuel, sont la fin particulière et générale de l'association politique ; mais les hommes se rassemblent aussi pour le seul plaisir de vivre réunis , doux instinct qui est peut-être

_____

(*) Oligarchie , suivant Aristote et tous les anciens , gouvernement du petit nombre , établi sur la prérogative de la richesse , et quelquefois sur celle de la naissance , différente de l'aristocratie qui est essentiellement basée sur la vertu.

une sorte de vertu. Ils aiment leur réunion politique, pour la réunion même, l'excès du malheur peut seul rompre ces liens si doux. Voyez quelles angoisses cruelles tant d'hommes ont éprouvées pour l'amour de la vie sociale. Oui, cette vie est une délicieuse jouissance. Ainsi l'a voulu la nature.

Mais quels sont les différentes espèces de pouvoirs qui résultent de la vie sociale ? C'est ce qu'il est aisé d'établir, d'après les principes que nous avons déjà posés.

Premier pouvoir (1). C'est celui du maître. L'esclave et le maître trouvent dans leur réunion une utilité commune. Cependant l'avantage est essentiellement la chose du maître, et accidentellement celle de l'esclave, de manière que s'il n'y a plus d'esclave, tout périt pour le despote (*).

Second pouvoir. C'est celui qui s'appelle économie (**), ou pouvoir du père sur sa femme, ses enfans et sa famille. Ce pouvoir existe pour l'utilité de ceux qui obéissent, sans exclure celle de celui qui commande. Mais constitué par essence pour l'avantage

(*) Aristote rappelle ici ses principes sur l'esclavage, tels qu'il les a posés au liv. 1, ch. 3.

(**) Econome, signifie en grec, celui qui donne des loix dans la maison.

des gouvernés ; comme la gymnastique, la médecine, et quelques autres arts, il ne procure qu'accidentellement l'avantage du gouvernant. Ainsi rien n'empêche un maître d'exercice de se mettre en rang pour s'exercer lui-même, un pilote qui dirige, est aussi un des membres de l'équipage. Mais le pilote et le maître d'exercice sont essentiellement constitués pour l'avantage de leurs subordonnés. Ils peuvent mettre la main à l'œuvre, l'un comme matelot ; et l'autre comme élève, mais le premier comme maître d'exercice, le second comme pilote, ne participent qu'accidentellement à la sûreté commune (2).

Par une conséquence naturelle, si tous sont égaux, et pairs, ordre de choses qui peut exister entre des citoyens, tous alors regardent comme un droit d'exercer à leur tour les pouvoirs politiques. D'abord on a suivi les principes de l'éternelle équité. On a trouvé juste qu'un autre fut homme public à son tour, et jugeât par lui-même de ses vrais intérêts, comme soi-même on avoit jugé de ceux d'autrui. Bientôt on a spéculé sur les avantages des emplois et des honneurs. L'ambition a fini par vouloir toujours commander. On diroit que c'est une maladie dont les crises ne peuvent être calmées que par le topique

du pouvoir continu ; car, où trouver
autre cause à cette fureur de dominer ?

Or, à présent, voici la conséquence de ces
principes. Tout gouvernement constitué pour
l'avantage commun, est bon, et rigoureusement juste.

Tout gouvernement institué pour l'avantage des gouvernans, est vicié dans ses principes, il n'est qu'une corruption de la bonne
organisation sociale ; c'est là le despotisme,
et la cité ne doit être qu'une réunion d'hommes libres.

CHAPITRE V.

Des différentes espèces de gouverne-
mens.

En partant du principe que nous venons de
poser, voici la question qui suit dans l'ordre
des idées. Combien y a-t-il d'espèces de gouvernemens, et quelle est leur nature ? D'abord,
quels sont les bons gouvernemens ? Nous assi-
gnerons leurs caractères, et par-là même nous
connoîtrons les gouvernemens corrompus.

Le gouvernement est l'administration suprême, et l'administrateur suprême est le souverain. Or le souverain est ou un seul, ou
quelques-uns, ou le grand nombre.

Lorsqu'un

Lorsqu'un seul , ou quelques-uns, ou le grand nombre exercent le pouvoir suprême pour l'avantage commun, le gouvernement est sage et bon (*) Lorsqu'un seul, ou quelques-uns, ou le grand nombre commandent pour leur intérêt personnel, le gouvernement est corrompu. Pourquoi ? Parce que tout individu qui a droit à la chose publique, ou n'est plus citoyen, ou doit participer à l'avantage commun.

Le gouvernement d'un seul basé sur l'avantage de tous, s'appelle royauté (**). Celui de quelques-uns , quel qu'en soit le nombre , pourvu qu'il ne soit pas réduit à un seul, s'ap-

(*) L'établissement du corps politique est un vrai contrat entre le peuple et les chefs qu'il se choisit... Le peuple ayant réuni toutes les volontés en une seule , tous les articles sur lesquels cette volonté s'explique , deviennent autant de loix fondamentales.... Le magistrat , de son côté, s'oblige à n'user du pouvoir qui lui est confié, que selon l'intention des commettans , et à préférer en toute occasion l'utilité publique à son propre intérêt. Rouss. Inég. des Cond. 2 part.

(**) Aristote distingue le tyran du roi, en ce que le premier gouverne pour sa propre utilité , et le second seulement pour l'utilité de ses sujets. Il s'ensuivroit de la distinction d'Aristote, que depuis le commencement du monde , il n'auroit pas encore existé un seul roi. Cont. Soc. liv. 3 , ch. 10.

Tome I.   N

pelle aristocratie, c'est-à-dire, gouvernement
des meilleurs, ou gouvernement qui a pour
but le plus grand avantage possible de tous
les membres de la cité. Celui du grand nombre, lorsqu'il est combiné pour l'utilité de
tous, prend le nom générique des gouvernemens (*), et s'appelle république (1). Cette
dénomination est fondée en raison. Les deux
autres gouvernemens tirent leur nom des qualités morales, parce qu'il est possible qu'un
seul ou quelques-uns soient recommandables
par l'excellence de leur vertu ; mais la perfection ne peut être que difficilement le caractère
prononcé d'une multitude. Il n'y a guère
qu'une vertu qui lui soit propre, parce qu'elle
se développe naturellement chez les hommes
lorsqu'ils sont rassemblés. C'est la vertu militaire. Par une conséquence naturelle, les
guerriers tiennent un rang distingué dans la
république, et tous ceux qui portent les armes
y sont membres du souverain.

(*) J'appelle république, tout état régi par des
loix, sous quelque forme d'administration que ce puisse
être ; car alors seulement l'intérêt public gouverne, et
la chose publique est quelque chose. Tout gouvernement légitime est républicain. Je n'entends pas seulement par ce mot une aristocratie, ou une démocratie,
mais en général tout gouvernement guidé par la volonté générale, qui est la loi. Cont. Soc. liv. 2, ch. 7.

Trois gouvernemens corrompus correspondent à ceux-ci. Ce sont la tyrannie, l'oligarchie et la démocratie, qui sont la dégradation de la royauté, de l'aristocratie, et de la
république (*).

En effet, la tyrannie est le pouvoir d'un
seul qui rapporte tout au prince. L'oligarchie
est la suprématie de quelques-uns à l'avantage des riches. La démocratie est l'autorité suprême de la multitude au profit des pauvres.
Or aucun de ces gouvernemens ne s'occupe
de l'intérêt général.

Il est nécessaire de donner ici quelques développemens généraux sur les différentes espèces de gouvernemens, et de résoudre quelques difficultés qui se présentent. Telle doit
être la marche du philosophe, quel que soit
l'objet de ses méditations. Ce n'est pas assez
pour lui (2), de discourir sur les actions,
mais il doit aussi examiner tous les rapports
de son objet, n'en omettre aucun, et les éclai-
rer tous successivement du flambeau de l'évidence. Reprenons.

(*) L'abus du gouvernement, quel qu'il soit, prend
le nom commun d'anarchie. En distinguant, la démocratie dégénère en ochlocratie, l'aristocratie en oligarchie, la royauté en tyrannie. Cont. Social, liv. 3,
ch. 10.

La tyrannie, avons nous dit, est le despotisme d'un seul qui opprime la société politique. L'oligarchie est la puissance suprême des riches dans la cité. La démocratie est la souveraineté des pauvres, à l'exclusion des riches.

Voici d'abord une difficulté contre la définition même.

Il seroit possible que les riches fussent en majorité, et qu'ils exerçassent les pouvoirs souverains. Mais la démocratie est le pouvoir de la multitude : il y auroit donc démocratie de riches.

Il pourroit arriver aussi que les pauvres, quoiqu'en minorité contre les riches, fussent les maîtres de l'état. Mais l'oligarchie est le pouvoir du petit nombre; or il y auroit oligarchie de pauvres. Notre définition des différentes espèces de gouvernemens est donc vicieuse.

En second lieu, si l'on attache l'idée de la richesse au petit nombre, et celle de la pauvreté à la multitude; si on appelle oligarchie, le gouvernement d'un petit nombre de riches, et démocratie, la suprématie d'une multitude pauvre, il se présente une autre difficulté.

Nous n'avons établi que trois grandes espèces de gouvernemens, dans quelle classe rangerons-nous les deux espèces dont nous venons de parler, c'est-à-dire, l'oligarchie des pauvres, et la démocratie des riches ?

J'observe que cette minorité de pauvres constituant une oligarchie, et cette majorité de riches dans une démocratie, ne sont qu'une supposition métaphysique, parce qu'il est de fait que les riches sont par-tout le petit nombre, tandis que les pauvres forment constamment la multitude. Ainsi les résultats que l'on a supposés ne présentent pas une véritable différence.

Au reste, richesse et pauvreté, voilà les caractères essentiels de l'oligarchie et de la démocratie (*). Indépendamment de la majorité ou de la minorité, dès que la richesse donne droit au gouvernement, il y a oligarchie. Dès que la pauvreté est prérogative, il y a démocratie. Mais nous le répétons, minorité de riches, majorité de pauvres, voilà le résultat constant sur la terre. Le petit nombre se prévaut de sa richesse. La multitude est forte de sa liberté. De-là leurs luttes violentes

(*) Si la forme du gouvernement comporte une certaine inégalité de fortune, c'est bien pour qu'en général l'administration des affaires soit confiée à ceux qui peuvent le mieux y donner tout leur temps, mais non pas, comme prétend Aristote, pour que les riches soient toujours préférés. Cont. Soc. liv. 3, ch. 5.

pour s'emparer exclusivement de la suprême puissance.

CHAPITRE VI.

Des droits dans l'oligarchie et la démo-cratie : que le véritable consiste dans la vertu.

EXAMINONS quelles limites on assigne au droit dans l'oligarchie et la démocratie.

De part et d'autre, on avoue des droits (1), mais chacun veut en poser les limites, sans consulter les principes de l'exacte équité. Dans la démocratie, on fait consister le droit dans l'égalité : oui, elle est un droit ; mais ce droit s'étend-il à tout ? Non : il finit là où cesse l'égalité (*). Dans l'oligarchie, on prétend que l'inégalité est un droit : on a raison. Mais ce droit s'étend-il à tout ? Non : sa limite est là où finit l'inégalité. Mais des deux côtés, on ne convient pas de ces limites, et là commencent les prétentions injustes. Pourquoi ? Parce que les intéressés décident dans leur propre cause, et quel arrêt que celui qui est prononcé par l'intérêt personnel ? Le droit consiste dans une proportion égale, qui embrasse les choses

(*) Voy. le développement de ce principe, l. 5, c. 1.

et les personnes, ainsi que nous l'avons démontré dans notre morale (2). De part et d'autre, on convient du principe ; mais s'agit-il
d'en faire l'application ? Ici on ne s'accorde
plus. Pourquoi ? Nous le répétons ; parce
qu'on est mauvais juge dans sa propre cause.
Les uns et les autres ont un droit déterminé ;
tous veulent que leur droit n'ait pas de limites. Ainsi, dans l'oligarchie, les riches sont
inégaux par l'avantage des richesses : ils veulent toute l'inégalité. Dans la démocratie, les
individus sont égaux sous le rapport de la
liberté : ils prétendent étendre à tout cette
prérogative.

Je ne vois point-là le vrai droit : la vertu (3).

Si les hommes n'avoient formé de pacte
social, que pour la garantie des propriétés,
ils auroient droit à la cité dans la proportion
de leur mise (*). Alors les prétentions de l'oli-

(*) Trouver une forme d'association qui défende et
protège de toute la force commune la personne et les
biens de chaque associé, et par laquelle chacun s'unis-
sant à tous, n'obéisse pourtant qu'à lui-même, et
reste aussi libre qu'auparavant ? Tel est le problême
fondamental, dont le contrat social donne la solution.
Cont. Soc. liv. 1, ch. 6. Voici l'opinion d'Aristote sur
la nature de ce contrat. Trouver une forme d'association qui assure aux individus, et à la communauté, la

N 4

garchie seroient en quelque sorte fondées. Par exemple, si la mise étoit de cent mines (*), seroit-il juste que l'individu qui n'en auroit donné qu'une eut un droit égal à celui qui auroit contribué des quatre-vingt dix-neuf centièmes, tant capital qu'intérêt ? Mais ce n'est pas seulement pour vivre, que les hommes ont établi l'ordre politique. C'est sur-tout pour vivre heureux. Autrement, pourquoi les esclaves et les animaux n'auroient-ils pas de cité ? Ils n'en ont point, parce qu'ils ne sont pas susceptibles de bonheur, et qu'ils n'ont pas de libre arbitre (4).

Le pacte social n'est encore, ni la fédération d'une multitude pour la garantie des personnes, ni une convention pour la sûreté des relations ou des échanges. Il s'ensuivroit alors que les peuples qui ont fait des traités de commerce, par exemple, les Carthaginois et les Tyrreniens (5), seroient citoyens de la même

---

somme de bien suffisante au bonheur, de manière que les actions ayent leur principe dans la vertu. Polit. liv. 7, ch. 1. Ce principe est celui de Mably, qui dit, le devoir du législateur est de faire fleurir les vertus sociales, par lesquelles nous sommes invités à nous réunir en société. Princ. de Leg. ch. 1.

(*) La mine attique valoit 90 livres, cent mines faisoient 9000 liv.

cité. Il est vrai que ces deux peuples ont entre
eux des traités d'importation, de garantie des
individus, et de secours militaires ; mais ils
n'ont pas de magistrats communs. Leurs autorités constituées ne sont pas les mêmes ; de
part et d'autre, on ne s'inquiète, ni de la moralité de son allié, ni des vices, ni de la corruption de ceux qui sont compris dans le traité : on veille seulement à se préserver réciproquement de tout dommage. Seroient-ce là les
bases d'une bonne organisation sociale ? Non.
Le vice et la vertu politique, voilà ce qui doit
occuper le législateur.

La vertu : tel est le grand but des institutions dans une cité véritable, qui n'en portera
pas le nom sans réalité. Si vous négligez la
vertu, votre société n'est plus qu'une fédération militaire, semblable à une ligue de peuples éloignés, avec la seule différence de l'unité de lieu. Les loix d'une telle cité ne sont
qu'un pacte, où pour me servir de l'expression de Lycophon le sophiste (6), une garantie de justice, mais elles seroient insuffisantes
pour rendre les citoyens bons et justes ; résultat nécessaire qu'il est aisé de démontrer.

Supposons que les distances fussent rapprochées, de manière que les murs de Corinthe touchassent à ceux de Mégare (7). Y auroit-

il unité de cité ? Non, lors même que les deux peuples s'uniroient par des mariages, quoique ce soit un des caractères distinctifs de l'unité politique.

Supposons encore que des hommes habitent isolés, mais à des distances assez rapprochées, pour se communiquer aisément ; qu'ils ayent des loix de garantie, pour la sûreté des échanges ; que l'un soit charpentier, l'autre laboureur, celui-là cordonnier ; qu'enfin tous, au nombre de dix mille, exercent diverses professions, mais qu'il n'existe entre eux d'autre convention, que pour le commerce et la défense générale (*), je dis que cette aggrégation ne formera pas encore une cité. Pourquoi ? Ce n'est pas que les communications ne soient suffisamment rapprochées. Mais si tel est le système de cette réunion, que chacun regarde sa maison comme une cité, et

(*) Le pacte social consiste dans l'aliénation totale de chaque associé avec tous ses droits, à toute la communauté.... Car s'il restoit quelques droits aux particuliers, comme il n'y auroit aucun supérieur commun qui pût prononcer entre eux et le public, chacun étant en quelque point son propre juge, prétendroit bientôt l'être en tous. L'état de nature subsisteroit, et l'association deviendroit nécessairement tyrannique ou vaine. Cont. Soc. liv. 1, ch. 6.

que l'union ne soit qu'une ligue pour repousser l'injustice et la violence, je maintiens,
qu'en examinant de près les élémens de cette
association, on ne peut lui donner le nom de
cité. Où trouver une cité là où chacun ne
traite en commun, que comme individu isolé?

Il suit de-là qu'une cité n'est constituée,
ni par l'unité de lieu, ni par la garantie des
personnes, ni par les relations de commerce.
Ce ne sont que des préliminaires à l'établissement d'une cité, qui ne forment point l'organisation même. Réunion de familles et de maisons, pour vivre commodément au sein de
l'abondance et de la vertu (8), tels sont les caractères de la cité. Ils supposent nécessairement unité de lieu et union conjugale. Ils entraînent par une suite naturelle, l'établissement des tribus, des affinités, des sacrifices,
des réunions fraternelles. C'est l'amitié qui
forme ces liens si doux. L'amitié, penchant
irrésistible, qui nous porte à vivre avec nos
semblables.

Vertu (*), telle est la fin de la cité : toutes

(*) Les politiques grecs qui vivoient dans le gouvernement populaire, ne reconnoissoient d'autre force
qui pût le soutenir, que celle de la vertu. Ceux d'aujourd'hui ne nous parlent que de manufactures, de
commerce, de finances, de richesses, de luxe même...

les institutions doivent être des moyens pour arriver à cette fin. Cité, réunion de familles et de hameaux, pour une vie parfaite au sein de l'abondance ; c'est-là ce que nous appellons bonheur et vertu. Le but de la société politique n'est donc pas seulement de vivre avec ses semblables, mais de faire des actions bonnes et honnêtes.

Par conséquent, l'homme qui apporte plus de vertus (*) dans la mise en société a plus de droit à la cité, que celui qui lui est égal ou supérieur en naissance ou en liberté, mais qui lui est inégal en vertu. Il en a plus encore que celui qui le surpasse en richesse, et qui lui cède en vertu.

Concluons de-là que les partis qui se disputent le pouvoir, se prévalent bien de quelques droits, mais ne s'appuyent pas sur le véritable.

Dans un état populaire, il faut le ressort de la vertu. Espr. des Loix, liv. 3, ch. 3.

(*) Un auteur célèbre (*Montesquieu*) a donné la vertu pour principe de la république.... Mais faute d'avoir fait les distinctions nécessaires, ce beau génie a manqué souvent de justesse, quelquefois de clarté, et n'a pas vu que l'autorité souveraine étant par-tout la même, le même principe doit avoir lieu dans tout état bien constitué. Cont. Soc. liv. 3, ch. 4.

CHAPITRE VII.

De l'exercice de la souveraineté.

Qui doit exercer les pouvoirs suprêmes dans la cité (1) ? Est-ce la multitude, ou les riches, ou les gens de bien, ou un seul qui seroit le plus vertueux, ou un tyran ? Telle est la question qu'il s'agit de résoudre.

Si la multitude a l'autorité, qu'arrivera-t-il ? Les pauvres étant en majorité, partageront les biens des riches. On ne pourra traiter cette mesure d'injuste, parce que la volonté du souverain est le droit. Cependant, qu'appellerez-vous injustice, si celle-là n'est pas la plus criante ? D'ailleurs, cet envahissement universel, ce partage des dépouilles du petit nombre, fait par la majorité, tue la morale publique. Il est de l'essence de la vertu de ne rien corrompre : la justice ne peut être un poison pour les cités ; une loi de partage ne peut donc jamais être juste. Telles en seroient les conséquences, que les actes d'un tyran seroient nécessairement justes. Comment viole-t-il tous les droits ? Parce qu'il a le pouvoir. C'est par le même principe que ceux des riches seroient violés par la multitude.

Vaut-il mieux que des riches en petit nombre soient investis de tous les pouvoirs ? Mais ceux-ci, à leur tour, ne seront-ils pas usurpateurs ? Ne dépouilleront-ils pas aussi la multitude ? Si cet ordre de choses étoit juste, le premier le seroit aussi. En résultat, ces deux gouvernemens sont également injustes et corrompus.

Voyons à présent si la classe distinguée par ses vertus politiques doit être investie du pouvoir suprême. Mais vous avilissés toutes les autres classes de citoyens, qui ne pourront arriver aux magistratures. Car les magistratures sont les honneurs. Or si les mêmes hommes les occupent exclusivement et toujours, les autres sont nécessairement avilis.

Déférerons-nous donc la prérogative souveraine à un seul qui seroit le plus vertueux ? Mais c'est concentrer encore l'oligarchie, et augmenter le nombre des citoyens dégradés.

Et bien, dira-t-on, puisque les hommes sont sujets aux passions, qu'ils ne dominent pas. Constituez pour souverain, la loi seule. Mais si la loi est le résultat de volontés oligarchiques ou démocratiques, la difficulté subsiste toute entière, et vous retombez dans les inconvéniens que nous venons d'exposer. Il en est d'autres encore que nous développerons par la suite.

Cependant, s'il falloit décider, il paroît que la multitude devroit être le souverain, plutôt que la classe distinguée, et le petit nombre. Cette opinion, sans être l'évidence, semble approcher le plus de la vérité.

En effet, il est possible qu'aucun individu n'ait la vertu politique, dans une multitude. Cependant la collection peut être meilleure qu'un petit nombre d'hommes distingués, si on compare, non les individus, mais les masses. Ainsi le dîner où chaque convive apporte son plat, vaut mieux que le repas dont un seul fait la dépense. Chaque individu, dans une multitude, a sa portion de prudence et de vertu. Réunis en assemblée, ils forment un corps organisé, à l'instar d'un seul homme, corps qui a ses pieds, ses mains, ses sens, et qui au moral a aussi ses mœurs et son intelligence (*). Voilà pourquoi la multitude est le juge le plus sûr des ouvrages de musique et

(*) Au lieu de la personne particulière de chaque contractant, le pacte social produit un corps moral et collectif composé d'autant de membres que l'assemblée a de voix, lequel reçoit de ce même acte son unité, son moi commun, sa vie, sa volonté. Cont. Social, liv. 1, ch. 6.

de poésie. L'un saisit une beauté, l'autre un
défaut, et ces jugemens réunis apprécient
parfaitement tout l'ouvrage. L'homme distingué diffère de l'individu pris au hazard, comme la beauté diffère de la laideur, comme un
tableau soigné diffère de la réalité. Il réunit
l'ensemble des belles formes dont les traits
sont épars dans un grand nombre d'hommes.
Mais si vous examinez les beautés individuelles, l'un a l'œil plus beau, d'autres auront
également des parties de détail plus parfaites.
Cependant il n'est pas évident que toute
espèce de peuple et de multitude ne diffère
d'un petit nombre d'hommes vertueux, que
par des nuances aussi peu prononcées. Le
contraire seroit peut-être plus exactement
vrai, relativement à certaines nations. Prenons garde que la comparaison que nous
avons faite pourroit être applicable aux animaux, et quelle différence si sensible y a-t-il
entre tels hommes et telles bêtes ? Mais le
principe peut être vrai en faveur d'une multitude donnée seulement.

Ces réflexions, en jettant du jour sur la
question du souverain, préparent la solution
de celle-ci, qui lui est intimément liée. On
demande quel degré de pouvoir doit être confié aux individus d'une multitude libre, et
l'on

l'on entend par-là tous ceux qui n'ont ni richesses , ni cette noblesse de sentimens qui tient à la vertu. Leur confierez-vous les premières magistratures ? C'est risquer beaucoup. La multitude est sans prudence , sans idées nettes de la justice. De tels hommes commettront des vexations et des fautes cruelles. Les éloignerez-vous entièrement des honneurs ? Vous courez de grands dangers. Tout gouvernement dans lequel le grand nombre est pauvre et avili, a nécessairement une foule d'ennemis. Il reste donc à prendre un moyen terme, qui est d'admettre la multitude à voter dans les élections , et à juger la responsabilité des magistrats. Telles furent les intentions politiques de Solon , et de quelques autres législateurs. Ils donnèrent au corps du peuple le droit d'élire, et de censurer les autorités constituées (2). Mais ils privèrent les individus de l'accès aux premières magistratures. Ces législateurs pensèrent qu'un peuple en corps a le tact assez sûr , et que les citoyens vertueux se trouvant fondus dans la masse , un pareil ensemble opère le bien : ainsi une substance pure mêlée avec des alimens moins délicats , forme une nourriture plus saine qu'un élixir sans mélange. Mais ils crurent que

Tome I. O

l'individu de la classe du peuple, pris séparément, seroit incapable de bien gouverner (*).

Cependant cette combinaison politique a trouvé des contradicteurs. N'est-il pas vrai, dit-on, que pour juger sainement de la bonté d'un remède, il faut savoir connoître, traiter, guérir une maladie, et par conséquent être médecin ? Ce raisonnement s'applique aux arts et à tous les usages de la vie. Un médecin qui rend compte de ses ordonnances, doit être jugé par des médecins, et dans toute autre supposition, nos juges naturels sont nos pairs. Or la médecine renferme trois parties, l'opération, l'ordonnance et la théorie (3), division qui appartient presque généralement à tous les arts. Mais dans la question présente, le jugement des magistrats est abandonné autant à l'ignorant qu'à l'homme instruit.

Même inconvénient, dit-on, dans les élec-

(*) Le peuple est capable de choisir ceux à qui il doit confier une partie de son autorité. Il n'a à se déterminer que par des choses qu'il ne peut ignorer, et des faits qui tombent sous les sens. Il sait très-bien qu'un homme a été souvent à la guerre, et qu'il a eu tel ou tel succès. Il est donc très-capable d'élire un général... Mais saura-t-il conduire une affaire, connoître les lieux, les occasions, les momens, en profiter ? Non, il ne saura pas. Espr. des Loix, liv. 2, ch. 2.

tions. Il est nécessaire d'avoir des connoissances pour faire un bon choix. Voulez-vous
élire un pilote ou un géomètre ? Il faut que les
électeurs soient des géomètres ou des pilotes.
Des ignorans peuvent se mêler de donner leur
avis dans les sciences et les diverses opérations de la vie. Mais jugent-ils aussi sainement que les gens même de l'art ? Ainsi, la
multitude ne devroit, ni voter dans les élections, ni juger la responsabilité des magistrats.

Mais ces raisonnemens ne sont pas sans réplique (*). D'abord, il est possible, comme
nous l'avons dit, qu'on ait affaire à une multitude qui ne soit pas trop dégradée. Les individus de cette classe ne décideront pas avec la
sagacité d'hommes instruits, mais la masse
jugera aussi-bien, et peut-être mieux. D'ailleurs l'ouvrier n'est pas exclusivement bon
juge dans l'œuvre de sa profession. Il y a des
arts qu'on apprécie parfaitement par leurs

(*) Le peuple doit entrer dans le gouvernement
pour choisir ses représentans, ce qui est très à sa portée. Car s'il y a peu de gens qui connoissent le degré
précis de la capacité des hommes, chacun est pourtant
capable de savoir en général si celui qu'il choisit est
plus éclairé que la plupart des autres. Espr. des Loix,
liv. 11, ch. 6. Cette réponse à l'objection me paroît
plus solide que celle d'Aristote,

résultats, sans en connoître la théorie. Ainsi
l'architecte n'est pas le seul homme en état de
décider de la bonne construction d'une maison. Le père de famille qui doit l'habiter, en
jugera plus sûrement encore. Un pilote se
connoît mieux en gouvernail qu'un charpentier ; un parasite est plus fin gourmet qu'un
cuisinier. Ces observations peuvent suffire
pour répondre à la difficulté, mais il s'en
présente naturellement une autre.

Il semble qu'il y a plus que de l'inconséquence, à vouloir qu'une multitude sans vertu, plutôt que les bons citoyens, ayent la
décision des plus importantes affaires. Or,
quelles affaires plus majeures que l'élection
des magistrats, et le jugement de leur responsabilité ? Cependant le peuple, ainsi que nous
l'avons vu, exerce cette prérogative dans
quelques états, et l'assemblée générale statue
au souverain sur ces objets. D'ailleurs l'assemblée est une réunion d'individus de tout
âge, ayant droit de voter et de délibérer,
pourvu qu'ils ayent le revenu fixé pour la
dernière classe. Au contraire, les trésoriers,
les généraux, et les premiers magistrats sont
élus nécessairement dans les classes qui ont le
plus fort revenu.

Cette difficulté peut se résoudre d'après les

principes déja établis, et l'ordre de choses que l'on critique, pourroit être sagement combiné : en effet, ce n'est pas tel homme en particulier qui a jugé, voté, délibéré, mais la personne du peuple entier (*) formant un tribunal, et délibérant en assemblée, qui a décidé souverainement. L'individu votant, jugeant, délibérant, n'étoit qu'un infiniment petit du grand tout.

Il suit de-là qu'il est dans les principes de la justice, que le peuple ait la suprématie sur la classe distinguée. Qu'est-ce que le peuple, le tribunal national, et l'assemblée délibérante ? C'est la multitude. Mais le grand nombre possède en masse des revenus plus considérables (4) qu'un seul, ou que quelques-uns, qui ont exclusivement droit aux grandes magistratures.

La question incidente nous paroît suffisamment traitée : revenons à la première, qui doit être le souverain ? Nous concluerons des inconvéniens qui nous ont frappé, que de bonnes loix doivent être le souverain (**), de

(*) Cette personne publique qui se forme ainsi par l'union de toutes les autres, prenoit autrefois le nom de cité. Contr. Soc. liv. 2, ch. 7.

(**) Il faut en général que tout gouvernement soit guidé par la volonté générale, qui est la loi ; pour être

manière que le pouvoir d'un chef unique, ou
d'un plus grand nombre de magistrats, se
borne à suppléer à l'imperfection de la loi,
qui ne peut prévoir tous les cas particuliers.

Mais à quels caractères reconnoître les bonnes loix ? Ce point si important n'est pas encore traité, et la question reste dans son entier. Seulement j'observerai en général que les
loix sont constamment en rapport avec la
constitution, et qu'elles sont justes ou injustes, bonnes ou mauvaises, suivant le système
du gouvernement. Par conséquent, un bon
gouvernement a de bonnes loix, un gouvernement corrompu en a de mauvaises (*).

légitime, il ne faut pas que le gouvernement se confon-
de avec le souverain, mais qu'il en soit le ministre.
Cont. Soc. liv. 2, ch. 6.

(*) Les bonnes loix en font faire de meilleures : les
mauvaises en amènent de pires. Cont. Social, liv. 3,
ch. 15.

CHAPITRE VIII.

Des prérogatives politiques (1).

LE bien est la fin des arts et des sciences. Le premier des biens est donc la fin de la première des sciences. Or cette science est l'économie sociale : le premier des biens se trouve donc dans l'ordre politique. Ce bien est la justice, c'est-à-dire, l'utilité générale.

Les hommes semblent s'accorder à placer la justice dans l'égalité, et cette opinion générale est conforme aux principes philosophiques que nous avons exposés dans notre morale (*). Tous conviennent qu'il y a des droits, que ces droits appartiennent à quelqu'un, qu'ils appartiennent également à ceux qui sont égaux. Mais en quoi consiste l'égalité et l'inégalité ? Voilà ce qu'il importe de définir avec précision. Cette recherche mérite toute l'attention du philosophe politique.

En général, toute supériorité donne des droits à l'inégalité, dans la raison de sa prééminence. Mais suit-il de-là que les honneurs politiques doivent être inégalement répartis,

(*) Morale ad Nicom. liv. 5, ch. 8.

dès qu'il se trouve un avantage quelconque, quoique tout le reste soit dans l'équilibre parfait de l'égalité ?

Si ce principe étoit vrai, un beau teint, une superbe taille, et toute autre qualité physique, donneroient droit à des prérogatives politiques, puisque ce sont des avantages. C'est une absurdité. Nous allons le démontrer par des exemples tirés des sciences et des arts.

Je suppose que vous fassiez une distribution d'instrumens à des joueurs de flûte, auquel donnerez-vous le plus parfait, sera-ce au plus noble ? Non. La naissance ne fait pas le talent. Vous confierez donc la meilleure flûte au plus habile artiste. Cette comparaison n'est peut-être pas assez claire : donnons-lui plus de développement.

Supposons que ce joueur de flûte est un virtuose, mais que d'autres artistes de sa profession l'emportent sur lui par la noblesse ou la beauté, qualités plus précieuses que son talent. Ajoutons de plus que ceux-ci seront doués de ces avantages dans une raison supérieure au degré de talent du premier ; je dis que le virtuose n'en doit pas moins obtenir l'instrument le plus parfait. Pourquoi ? Parce qu'il s'agit ici d'exécution musicale, et que noblesse et beauté n'y ont aucun rapport.

Observez encore qu'en admettant ce principe, les avantages les plus disparates deviendroient objets de comparaison. Si toute grandeur en général, l'emporte sur une autre
grandeur, toute espèce de grandeur pourroit
entrer en concurrence avec la richesse ou la
liberté. Or si quelqu'un étoit plus remarquable par sa grandeur qu'un autre par sa vertu,
et que toute grandeur indéterminée pût surpasser la vertu, il n'y a point d'objets sur la
terre qui ne puissent être mis en parallèle ;
car si toute grandeur est susceptible d'en surpasser une autre, elles peuvent donc aussi se
rencontrer au point de l'égalité.

De pareilles suppositions sont des chimères
en théorie. De même, en politique, on ne
peut se prévaloir de toute espèce d'avantage,
pour s'en faire un droit aux honneurs. Que
des concurrens soient légers ou lents à la
course, qu'importent ces qualités dans l'ordre politique. Qu'ils aillent aux jeux gymni-
ques, c'est-là que le plus agile recevra le prix
de sa vertu.

Quels avantages seront donc en concurrence, dans la carrière politique ? Ceux-là seulement qui maintiennent la cité. D'abord la
richesse et l'indépendance. Liberté, et ri-

chesse (*) pour contribuer aux charges publiques, voilà deux bases essentielles de l'organisation sociale ; car une réunion d'esclaves, et d'individus strictement pauvres, ne peut former un corps politique. Justice et valeur guerrière, voilà deux autres bases également nécessaires. Les premières constituent la cité : les autres assurent sa durée. Or ces avantages peuvent entrer plus ou moins en concurrence, attendu qu'ils sont la vie de la cité. De plus, la vie morale de la cité est constituée, comme nous avons dit, par la sagesse et la vertu : voilà les avantages éminens, qui par-dessus tout, doivent être comparés dans la concurrence au pouvoir.

Mais si des hommes égaux dans un point, usurpent l'égalité sous tous les rapports, ou s'ils envahissent une supériorité absolue, quoiqu'ils ne soient inégaux que par une seule prérogative, de pareils gouvernemens sont essentiellement corrompus. En effet, tous

(*) Si la forme *républicaine* comporte une certaine inégalité de fortune, c'est bien pour qu'en général l'administration des affaires publiques soit confiée à ceux qui peuvent le mieux y donner tout leur temps, mais non pas, comme prétend Aristote, pour que les riches soient toujours préférés. Cont. Social, liv. 3, ch. 5.

ont des droits qui dérivent, comme nous l'avons dit, de leur qualité politique, mais ils n'ont pas droit à tout. Quelle est la prérogative des riches ? C'est de posséder une plus grande étendue du territoire, car le sol est un avantage politique : c'est encore de jouir d'un plus grand crédit, dans les transactions et les affaires. Quelle est celle des hommes libres et des nobles, dont les prérogatives ont beaucoup d'affinité ? C'est d'être citoyens plus accomplis que l'homme de la foule. En effet, la noblesse est honorée dans tous les gouvernemens ; on y présume que les meilleures races produisent des individus plus généreux : la noblesse, est la vertu du sang. La vertu a de même sa prérogative légitime, car la justice est la véritable vertu sociale, qui accompagne nécessairement toutes les autres vertus. Enfin la multitude a également sa prérogative : c'est d'être, comme corps, plus puissante, plus riche, et meilleure que le petit nombre. A présent, je suppose qu'une même cité renferme dans son sein des hommes bons, riches, nobles, enfin une multitude libre, je demande laquelle de ces classes prétendroit exclusivement au droit de gouverner ? Il est inutile d'envisager la question sous le rapport de chacun des gouvernemens dont nous avons parlé. Tous se réduisent à deux divisions, caractérisées par la nature des gouvernans, le petit nombre des riches, et la multitude des hommes libres. Les autres espèces ne sont que des nuances intermédiaires. Je suppose donc ces deux classes réunies en même-temps dans la cité, et je demande laquelle auroit des droits légitimes au commandement ? Sera-ce le petit nombre ayant une prérogative ? Mais quelles seront les bases du nombre même ? Sera-t-il déterminé dans la raison du travail, de manière qu'il suffise pour l'administration de l'état ? Ou bien, faudra-t-il qu'il soit dans une proportion telle, que la minorité puisse former un corps de cité ? Au reste, voici une considération qui sappe toutes ces prétentions au pouvoir exclusif. De quel droit les riches veulent-ils dominer, parce qu'ils ont la prérogative de la fortune, et les nobles, parce qu'ils ont celle de la naissance ? S'il se trouvoit un homme plus opulent que tous les riches ensemble, il auroit donc droit à l'autorité suprême ? De même si un seul l'emportoit sur tous par l'éclat de la naissance, il prétendroit donc au diadême au milieu d'un peuple qui n'auroit que sa liberté. On fera le même raisonnement pour l'aristocratie, car un seul qui auroit plus de vertu que la masse des gouvernans, devroit aussi, en partant du principe, être constitué seul souverain. Enfin même résultat pour la multitude qui prétendroit à l'autorité, parce qu'elle vaut mieux que le petit nombre. Car s'il arrivoit qu'un seul, ou quelques-uns, ou une minorité quelconque fussent meilleurs que la majorité, pourquoi la souveraineté ne leur seroit-elle pas dévolue de droit, plutôt qu'à la multitude ? Que conclure de ceci ? Que tous veulent se prévaloir injustement de leur prérogative, pour usurper le pouvoir, et asservir les autres. Quelles que soient les prétentions, soit prérogative de vertu, soit prérogative de richesses, la multitude peut avec raison se prévaloir des mêmes avantages. N'est-il pas possible qu'elle soit et meilleure, et plus riche, non pas individuellement, mais comme personne politique ?

Ces principes préparent d'avance la solution d'une question que quelques politiques ont proposée. On a demandé si le législateur qui veut établir un gouvernement parfait, doit considérer plutôt les bons que le grand nombre, lorsqu'ils se trouvent réunis en même-temps dans la cité, ainsi que nous l'avons supposé.

Le législateur ne doit connoître que les

bases de l'impartiale justice. C'est cette justice strictement égale, qui seule est utile à la cité, et à la masse des citoyens. Or on entend par citoyen en général, l'homme social, participant également au commandement et à l'obéissance. Il n'y a de nuances, qu'à raison de l'espèce bonne ou mauvaise de l'organisation politique. Dans un bon gouvernement, le citoyen est celui qui participe, et veut également participer au commandement et à l'obéissance, pour vivre conformément à la vertu.

CHAPITRE IX.

De l'ostracisme.

S'IL s'élève un ou plusieurs citoyens tellement supérieurs aux autres par l'éclat de leur vertu, qu'ils soient trop grands pour entrer dans le systême du gouvernement; si telle est leur force et leur influence, qu'un seul ou quelques-uns pèsent davantage dans la balance politique, que le reste des citoyens; de tels personnages ne peuvent être partie intégrante de la cité (*). Soumettrez-vous au niveau

(*) L'ostracisme doit être examiné par les régles de la loi politique, et non par les régles de la loi civile; et bien loin que l'ostracisme puisse flétrir le gouverne-

de l'égalité des hommes si distingués par leur force et leur vertu politique ? C'est faire une injustice à des dieux qui habitent parmi les mortels. Les placerez-vous sous le joug de la loi ? Non, les loix ne sont faites que pour des égaux par la naissance et la vertu ; et de tels hommes sont eux-mêmes la loi. Prétendrez-vous les réduire par la force à l'obéissance ? Ils repliqueroient alors, comme les lions d'Antisthène (1), lorsque les lièvres eurent décrété le principe de l'égalité. Les constitutions démocratiques, toutes basées sur le système de l'égalité, ont voulu se préserver contre cet excès de grandeur. De-là l'ostracisme. Dès qu'il se trouve dans leur sein un citoyen qui s'élève au-dessus des autres, par sa puissance, ses amis, ou toute autre influence, on le comprime par l'ostracisme, en le forçant de s'éloigner pour un temps déterminé. Les fables nous fournissent un exemple de ce genre d'épuration. Lorsque les Argonautes délaissè-

---

ment populaire, il est très-propre à en prouver la douceur.... Ce jugement du peuple combloit de gloire celui contre lequel il étoit rendu : c'étoit une loi admirable que celle qui prévenoit les mauvais effets que pouvoit produire la gloire d'un citoyen, en le comblant d'une nouvelle gloire. Esprit des Loix, liv. 18, ch. 17.

rent Hercule, et ne voulurent plus l'admettre
dans le navire Argo, c'étoit à cause de sa supériorité sur le reste de l'équipage. On a blâmé et la tyrannie, et le conseil de Périandre à
Trasibule (2). Sous le point de vue qui nous
occupe, a-t-on pleinement raison ? Trasibule
envoya un courrier à Périandre pour lui demander conseil. Celui-ci, pour réponse, cou-
pa tous les épis qui s'élevoient au-dessus des
autres, et nivella ainsi un guéret. Le courrier
rendit compte de ce qu'il avoit vu, sans en
comprendre le sens. Mais Trasibule pénétra
aisément que Périandre lui conseilloit de se
défaire des hommes qui avoient trop d'influence. Au reste, les tyrans ne sont pas les
seuls qui employent ce moyen, comme mesure utile pour eux. On le retrouve dans l'oligarchie et la démocratie : l'ostracisme y produit à-peu-près les mêmes résultats, par l'humiliation des hommes supérieurs et leur condamnation à l'exil. On cite même des gouvernemens qui ont usé de cette mesure contre
des cités et des nations entières. Telle fut la
politique des Athéniens à l'égard des peuples
de Samos, de Lesbos et de Chio. A peine
eurent-ils assuré leur domination, qu'ils firent
tout pour les affoiblir, malgré les traités les
plus solemnels. Les rois de Perse ont aussi
rabaissé

rabaissé souvent les Babyloniens, les Mèdes, et d'autres nations, impatientes du joug, parce qu'elles avoient autrefois commandé.

J'observerai que l'ostracisme n'est pas seulement utile dans les gouvernemens corrompus, mais encore dans ceux qui sont basés sur la justice. Seulement les premiers en font usage pour l'intérêt des gouvernans, et les autres dans la vue du bien général. Cette vérité deviendra sensible par une comparaison tirée des arts. Un peintre laisseroit-il dans un tableau, un pied peint d'après l'idée du vrai beau, si ce pied étoit hors de proportion avec l'ensemble de la figure ? Un constructeur employeroit-il une poupe dont les dimensions ne seroient point en rapport avec le corps du vaisseau ? Enfin un maître d'orchestre admettroit-il dans un chœur une voix trop pleine et trop sonore, qui couvriroit celle des autres chanteurs ?

Les monarques peuvent donc imiter ici les républiques, pourvu qu'ils n'ayent en vue que le maintien de l'ordre établi et le bien public. Car, l'ostracisme (3) n'est véritablement qu'une sorte de justice politique contre une trop grande prépondérance. Cependant un sage législateur combinera ses loix constitutionnelles, de manière à se passer de ce

Tome I. P.

violent remède, ou s'il n'est chargé que de
corriger un gouvernement qui marche déja,
il régularisera habilement cette crise politique. C'est à quoi nos cités n'ont jamais pensé.
L'intérêt général n'entroit pour rien dans
cette mesure, et l'ostracisme n'y étoit qu'une
affaire de cabale (*). Cependant si cette institution est utile aux gouvernans, et même juste
dans les gouvernemens corrompus, elle ne
l'est certainement pas, dans l'idée absolue de
la justice.

En effet, si on suppose un gouvernement
basé sur la vertu, la question de l'ostracisme
est plus difficile à résoudre. S'il s'élevoit au
sein de la cité un personnage supérieur à
tous, non par ses prérogatives politiques,
telles que la fortune et le nombre de ses amis,
mais par la prééminence de sa vertu, quel
parti prendre ? Dans cette supposition, pour-
ra-t-on dire qu'un tel personnage doit être
banni de la cité ? Encore moins prétendra-t-on

(*) L'ostracisme fut une chose admirable. On n'y
soumettoit jamais qu'une seule personne. Il falloit un
si grand nombre de suffrages, qu'il étoit difficile qu'on
exilât quelqu'un dont l'absence ne fut pas nécessaire...
Lorsqu'on en eut abusé à Athènes contre un homme
sans mérite, on cessa de l'employer. Esprit des Loix,
liv. 29, ch. 7, et liv. 18, ch. 17. On voit ici que Montesquieu s'est trompé.

qu'il est fait pour obéir. Ce seroient les dieux qui voudroient alterner pour l'empire, et commander à Jupiter. Que faire donc ? Il sembleroit qu'il est dans la nature (*) de lui obéir volontairement, et de lui déférer la royauté perpétuelle.

CHAPITRE X.

De la Monarchie en général, et de ses espèces.

Voici la place naturelle pour traiter de la monarchie, que nous avons mise au nombre des bons gouvernemens (**).

La monarchie est-elle une forme d'organisation sociale utile aux peuples et aux cités, qui veulent un bon gouvernement, ou bien doit-on lui préférer un autre système politique ? Y a t-il des peuples faits pour la monarchie, et d'autres auxquels ce genre de gouver-

(*) Il faut une longue altération de sentimens et d'idées, pour qu'on puisse se résoudre à prendre son semblable pour maître, et se flatter qu'on s'en trouvera bien. Cont. Social, liv. 4, ch. 8.

(**) Les anciens qui ne connoissoient pas la distribution des trois pouvoirs dans le gouvernement d'un seul, ne pouvoient se faire une idée juste de la monarchie. Espr. des Loix, liv. 11, ch. 9.

nement ne convient pas ? C'est ce que nous allons discuter.

Nous examinerons d'abord s'il y a une ou plusieurs espèces de monarchies.

Il est évident que ce genre de gouvernement a ses espèces, et que les pouvoirs monarchiques ne sont pas les mêmes dans tous les états. Ainsi, à Lacédémone, la monarchie est légalement établie par la constitution, mais les rois ne sont pas ordonnateurs suprêmes de toutes les affaires. Ils n'exercent les pouvoirs royaux que comme chefs militaires, hors du territoire de la république seulement. Ils ont encore la surintendance de tout ce qui concerne la religion. Le prince n'est donc à Lacédémone qu'un général perpétuel ayant des pouvoirs souverains ; il n'a le droit de vie et de mort, que dans une des attributions de la royauté, droit qu'il tient de la loi, comme les anciens monarques, lorsqu'ils marchoient à la guerre, ainsi qu'Homère nous l'apprend. Agamemnon au conseil souffre les injures avec patience. A la tête des armées, son pouvoir est absolu. Aussi, dit-il (*) :

> Celui qui loin des rangs fuiroit une blessure,
> Des chiens et des oiseaux deviendroit la pâture.
> Je commande à la mort.

(*) Ill. liv. 2, v. 390.

Cette première espèce de monarchie limitée à la prérogative de général perpétuel, est
élective ou héréditaire.

La seconde espèce de monarchie est la
royauté établie chez quelques peuples barbares, royauté qui par ses attributions approche beaucoup de la tyrannie. Cependant elle
est légale, et constituée par l'assentiment des
sujets, parce qu'il y a des peuples qui se
plient avec moins de peine à la servitude.
Ainsi les Barbares et les Asiatiques (*) ne se
révoltent pas contre le pouvoir absolu, comme les Européens et les Grecs. Ce gouvernement est légitime, malgré ses formes tyranni-
ques, parce qu'il est appuyé sur la loi et les
moeurs. Aussi la garde qui environne ces monarques est-elle royale, c'est-à-dire, composée de nationaux, tandis que celle qui veille
à la sûreté du tyran, est tyrannique, c'est-à-
dire, formée d'étrangers. Voici la raison de
cette différence. La monarchie légitime obtient la soumission volontaire; la tyrannie

(*) Quand tout le Midi seroit couvert de républiques, et tout le Nord, d'états despotiques, il n'en
seroit pas moins vrai que par l'effet du climat, le despotisme convient aux pays chauds, la barbarie aux
pays froids, et la bonne police aux régions intermédiaires. Cont. Social, liv. 3, ch. 8.

force à l'obéissance : en conséquence le monarque est gardé par ses sujets, et le tyran
contre ses sujets. Voilà deux espèces caractérisées de monarchie.

Troisième espèce. C'est celle qui étoit connue dans les temps antiques de la Grèce. On
l'appelloit asymnétie (1), (dictature); elle
n'est dans la rigueur des principes qu'une
tyrannie, mais constituée par les suffrages du
peuple. Elle ne diffère pas de la monarchie
des barbares, parce qu'elle n'est pas légitime,
mais parce qu'elle est un pouvoir extraordi-
nairement constitué. Elle étoit à vie dans
quelques cités ; ailleurs elle n'étoit que temporaire, et finissoit avec la cause politique
qui l'avoit fait établir. Ainsi les Lesbiens portèrent Pittacus (2) à la tyrannie, pour repousser leurs bannis, qui avoient à leur tête
Antiménide et Alcée. Aussi ce poëte en fait-il
un reproche à sa patrie dans ses vers mor-
dans. Ville malheureuse et désolée, dit-il, tu
t'es donc précipitée sous le joug d'un tyran,
d'un Pittacus, l'assassin de sa patrie, et tous
de concert lui applaudissent! Ce genre de gouvernement étoit autrefois, ce qu'il est aujour-
d'hui, tyrannique, parce qu'il est absolu,
monarchique, parce qu'il est constitué en

vertu d'une élection, et que la soumission est
volontaire.

Enfin la quatrième espèce de monarchie
est celle des temps héroïques : elle est constituée par la loi, les mœurs et la volonté des
peuples. Les chefs antiques des premiers hommes furent leurs bienfaiteurs. Ils les avoient
conduits à la victoire, ou formés aux arts, ou
réunis en société, ou bien enfin établis dans
de fertiles climats. La reconnoissance les fit
rois, et l'assentiment des peuples transmit le
trône à leurs descendans. Ils étoient ordonnateurs suprêmes pour tout ce qui concernoit
la guerre, chefs de la religion, à l'exception
des rits qui exigent le ministère sacré des
pontifes (3), et juges du peuple. Lorsqu'ils
entroient en fonctions, les uns prêtoient un
serment qui consistoit à élever leur sceptre :
d'autres n'étoient point tenus à cette formalité. Ainsi ces monarques antiques, chefs politiques, juges au-dedans, généraux au-de-
hors, étoient investis de tous les grands pouvoirs. Mais par la suite, les uns remirent une
partie de leur prérogative ; d'autres en furent
dépouillés par le peuple : il ne leur resta dans
quelques cités que la surintendance des sacrifices. Ailleurs, cette monarchie n'en mérite
le nom, que par la suprématie militaire qui a

été conservée au prince dans les guerres contre les étrangers (*).

CHAPITRE XI.

De la cinquième espèce de Monarchie ; le gouvernement d'un seul est-il préférable à celui de la loi, ou à celui de la multitude ? Questions diverses.

Nous avons établi quatre espèces différentes de monarchies : celle des temps héroïques fondée sur la soumission volontaire, et limitée à la suprématie de la guerre, de la religion et de la justice. Celle des peuples barbares, qui est despotique héréditaire, en vertu de la loi. L'asymnétie (dictature) qui est une tyrannie constituée par des suffrages libres. Enfin la royauté de Lacédémone, qui n'est, à proprement parler, qu'un généralat perpétuel héréditaire.

Indépendamment de ces quatre espèces, dont nous venons d'assigner les différences, il y en a une cinquième (**) dont voici les

(*) Telle étoit la royauté de Lacédémone.

(**) L'embarras d'Aristote paroît visiblement, quand il traite de la monarchie. Il en établit cinq espèces. Il ne les distingue pas par la forme de la constitution ;

caractères. Cette monarchie est le pouvoir suprême d'un seul sur tous , semblable à celui d'un peuple ou d'une cité sur la chose publique , pouvoir organisé à l'instar de celui du père de famille. Le père est une sorte de roi qui gouverne un petit empire : le monarque dont nous parlons, est à la cité, ou même à une nation, ce que le père est à la famille. A présent, je dis qu'il n'y a véritablement que deux grandes espèces de monarchies ; celle-ci et celle de Lacédémone. Ou la prérogative royale est plus restreinte que dans la pleine monarchie, ou bien elle est plus étendue qu'à Sparte : alors les autres espèces ne formeront que des nuances intermédiaires. La question se trouve donc réduite à deux points. Est-il utile ou non à la cité d'avoir pour chef un général perpétuel , électif ou héréditaire ? Est-il avantageux ou non à la cité d'avoir un monarque investi de tous les pouvoirs ?

Mais j'observe que le monarque de Lacé-

---

mais par des choses d'accident , comme les vertus ou les vices du prince , ou par des choses étrangères, comme par l'usurpation de la tyrannie , ou la succession à la tyrannie. Aristote met au rang des monarchies , et l'empire des Perses , et le royaume de Lacédémone. Mais qui ne voit que l'un étoit un état despotique , et l'autre une république ? Esp. des Loix , liv. 11 , ch. 9.

démone, n'est en résultat qu'un chef dont les pouvoirs se bornent au militaire, que cette institution n'est pas un mode de gouvernement, mais seulement une loi réglementaire qui peut avoir lieu dans toute espèce d'organisation politique ; nous l'écarterons donc de notre question, comme n'étant pas une vraie monarchie (*).

Reste la pleine monarchie, qui est une espèce caractérisée de gouvernement. Nous allons la discuter, et parcourir rapidement les difficultés qu'elle présente.

Première question (1) : lequel est plus avantageux d'avoir pour souverain un homme parfait, ou des loix parfaites (**) ?

(*) Ceci prouve qu'Aristote ne mérite pas le reproche que Montesquieu lui fait dans la note précédente.

(**) Un défaut essentiel et inévitable, qui mettra toujours le gouvernement monarchique au-dessous du républicain, est que dans celui-ci la voix publique n'élève presque jamais aux premières places, que des hommes éclairés et capables ; au lieu que ceux qui parviennent dans les monarchies, ne sont le plus souvent que de petits brouillons, de petits fripons, de petits intrigans, à qui les petits talens, qui font dans les cours parvenir aux grandes places, ne servent qu'à montrer au public leur ineptie aussi-tôt qu'ils y sont parvenus. Cont. Social, liv. 3, ch. 6.

La loi, disent les amis de la monarchie, n'est qu'une volonté générale, et ne prévoit pas les cas particuliers. Vouloir qu'une œuvre de l'art, qu'un livre commande, n'est-ce pas une folie ? Qu'on se rappelle d'ailleurs, cette loi d'Egypte, qui défendoit aux médecins de purger un malade avant le quatrième jour, sous peine de répondre des événemens. Ainsi, point de doute qu'un livre et des loix muettes, ne peuvent jamais constituer un bon gouvernement.

Mais on leur répond ; si un homme est le souverain, il faut qu'il soit doué comme la loi de cette raison universelle, qui statue sur l'ensemble des actions. Mais un souverain exempt de passions, n'est-il pas préférable à celui qui en est le jouet nécessaire ? Or la loi est essentiellement impassible, et l'homme, qui ne connoît ses désirs et sa foiblesse !

Oui, replique-t-on, mais cet avantage est balancé. N'est-il pas vrai qu'un homme décidera mieux que la loi, dans les cas particuliers ? Il faut donc qu'un homme soit ordonnateur suprême. Sans doute il faut des loix, mais elles cesseront de régner là où elles cesceront de parler.

Voilà donc un point d'accordé. C'est que la loi doit décider des affaires générales. Mais ces cas particuliers que la loi ne peut régler, ni entièrement ni bien, il reste à examiner si la décision en doit être déléguée à un seul homme parfait, plutôt qu'à la multitude.

Or nous voyons tous les jours le peuple en corps, juger, décréter, élire ; et ces décisions s'appliquent à des cas particuliers. Peut-être l'homme parfait sera meilleur que chaque individu de la multitude, mais la cité ne se compose que de la masse réunie. Un banquet où chacun apporte son mets est meilleur qu'un simple dîner. De même, une multitude est souvent un juge plus sûr qu'un seul homme (*). D'ailleurs, elle est moins accessible à la séduction. Telle qu'une immense masse d'eau se conserve plus pure, telle la multitude est moins corruptible que le petit nombre. Un seul peut céder à la colère, à quelque autre passion, et sa décision sera inique. Mais il est difficile que tout un peuple se laisse aller à l'emportement et à l'erreur. Qui empêche d'ailleurs, d'admettre une multitude d'hommes libres, marchant toujours sur la ligne droite de la loi, et n'allant seuls que

(*) Pourquoi la volonté générale est-elle toujours droite ? . . . C'est parce qu'il n'y a personne qui ne s'approprie ce mot, chacun, et qui ne songe à lui-même en votant pour tous. Cont. Social, liv. 2, ch. 4.

lorsqu'elle cesse de leur servir de guide ?

Direz-vous que tant de sagesse est presque impossible à tout un peuple ? Et bien, je suppose une aristocratie d'hommes parfaits et de bons citoyens. Un seul sera-t-il plus incorruptible que de pareils hommes, parce qu'ils sont en nombre ? Non, assurément.

Vous m'objecterez que plusieurs formeront des partis, et qu'un seul n'est jamais factieux. Mais je les veux tous parfaits, et tels que j'ai supposé le monarque. Par conséquent, si le gouvernement de plusieurs, tous parfaits, s'appelle aristocratie, et si celui d'un seul est une monarchie, que plusieurs soient investis ou non de l'autorité exécutive, l'aristocratie est un gouvernement plus avantageux aux cités que le système monarchique. Mais, je le répète, avec la condition que plusieurs seront égaux en vertu.

C'est le défaut de cette condition qui, dans les temps antiques, donna naissance à la monarchie. Comment, en effet, eut-on trouvé plusieurs citoyens d'une éminente vertu, surtout dans de si petites cités. Un homme avoit rendu des services signalés à sa patrie, noble apanage de la vertu : le vœu général le plaçoit sur le trône. Mais lorsqu'il y eut concurrence de citoyens égaux en mérite, ces ames

fières s'indignèrent du joug ; elles voulurent
l'égalité, et constituèrent la république. Insensiblement elles se laissèrent corrompre.
On voulut des emplois salariés et lucratifs : les
richesses furent en honneur : le gouvernement dégénéra naturellement en oligarchie.
Une autre révolution amena la tyrannie, à
laquelle la démocratie a succédé. La soif de
l'or et d'un vil gain, porta sans cesse les gouvernans à resserrer le nombre des co-parta-
geans. Le peuple acquit des forces dans la
même proportion : il brisa ses fers, et établit
la démocratie. Péut-être aussi est-il difficile
qu'il existe une autre espèce de gouvernement, lorsqu'une cité s'est élevée à une certaine puissance.

À présent, faisons une question à ceux qui
regardent la monarchie comme le meilleur
des gouvernemens. Que deviendront les enfans des rois ? Succéderont-ils à leur père ?
Mais s'ils ont dégénéré de sa vertu (*), leur
règne sera une calamité. Cependant il est difficile de croire qu'un monarque délaisse ses

(*) C'étoit un mot très-sensé que celui du jeune
Denys, à qui son père, en lui reprochant une action
honteuse, disoit : t'en ai-je donné l'exemple ? Ah,
répondit le fils, votre père n'étoit pas roi ! Cont. Soc.
liv. 3, ch. 6.

héritiers, ses enfans, avec tant de moyens de les placer sur le trône. Cet héroïsme de vertu est trop sublime pour notre foible nature.

Un mot encore sur la force d'exécution. Le monarque aura-t-il auprès de lui un corps armé pour ranger au devoir ceux qui se refuseroient à l'obéissance, ou bien aura-t-il d'autres moyens pour faire marcher le gouvernement ? Quand il régneroit sous la garantie de la loi, quand il s'abstiendroit de tout acte arbitraire contraire à la loi, encore lui faut-il une puissance pour donner force à la loi. La question est aisée à résoudre, s'il s'agit d'un monarque légitime. Le prince doit avoir un corps armé à ses ordres, de manière qu'il soit plus puissant qu'un seul, ou que plusieurs réunis, mais plus foible que le corps du peuple. C'est dans cette proportion que nos pères composoient la garde des princes qu'ils constituoient asymnetes (dictateurs) ou tyrans. C'étoit la pensée de ce Syracusain, lorsque Denys demanda des gardes. Accordons, dit-il, mais qu'on en fixe le nombre.

CHAPITRE XII.

De la Monarchie absolue : qu'un seul
ne doit pas être Monarque au milieu
de ses pairs. Qu'un seul supérieur à
tous par sa vertu , doit obtenir l'em-
pire dans la cité.

Nous continuerons de traiter du monarque
absolu. On se rappellera, qu'en principe, la
royauté constituée par une loi réglementaire
n'est pas une espèce particulière de gouvernement ; et qu'un général perpétuel n'est
point incompatible avec le système de l'aristocratie et de la démocratie. On trouve en
effet des exemples d'administrateurs uniques
dans plusieurs gouvernemens républicains.
Tel étoit le magistrat suprême à Epidaure (1)
et à Opuntium : seulement ses pouvoirs étoient
plus limités.

Nous n'envisagerons donc la question que
sous le rapport de la monarchie absolue, ou
pouvoir d'un seul, n'ayant d'autre loi que sa
volonté.

Il ne paroît pas conforme à la nature qu'un
seul commande à tous, lorsque la cité est
composée de pairs. Des hommes naturellement

ment égaux, doivent, dans les principes de la justice, avoir des droits égaux. Si des individus ont une constitution inégale, leur donnerez-vous des alimens et des vêtemens égaux? Appliquez cette inconvenance physique aux distinctions politiques, et concluez de même que l'égalité se refuse à l'inégalité de partage. Nul n'a donc le droit de commander plutôt que d'obéir, mais tous ont le droit d'obéir et de commander tour-à-tour. Voilà la loi, parce que ordre est loi.

Il paroît conforme aux principes que la loi soit le souverain plutôt qu'un monarque (*), et par une conséquence naturelle, ceux qui sont investis des pouvoirs pour le bien de l'état, ne doivent être que les gardiens et les ministres de la loi. Mais de ce qu'il faut des magistrats, il ne s'ensuit pas qu'un seul doive être ordonnateur suprême, à l'exclusion de ses pairs.

On dit que la loi ne peut tout prévoir. Mais

(*) Mettre la loi au-dessus de l'homme est un problême en politique, que je compare à celui de la quadrature du cercle en géométrie. Résolvez bien ce problême; et le gouvernement fondé sur cette solution sera bon et sans abus. Mais jusques-là, soyez sûr qu'où vous croirez faire régner les loix, ce seront les hommes qui régneront. Rouss. Gouv. de Pologne.

un homme a-t-il plus qu'elle une prescience universelle ? La loi est une régle générale qui instruit et guide. Elle confie l'application des principes à la justice et au sage discernement du magistrat (*). Elle lui permet même des amendemens, si l'expérience lui prouve que la régle écrite est susceptible de mieux. Aussi, vouloir que la loi commande, c'est établir pour chef suprême Dieu et la loi : préférer un monarque, c'est constituer souverains, l'homme et la bête. Car l'appétit, caractère essentiel de l'animal, dégrade l'homme le plus parfait ; mais la loi est l'entendement sans appétit.

On fait une objection tirée des sciences, mais la comparaison porte à faux. La théorie écrite, est, dit-on, un guide infidèle pour conduire un malade. Il vaut mieux employer le médecin. Mais ce médecin ne consulte dans ses ordonnances, ni l'amitié, ni la faveur. Son but est de guérir, moyennant salaire.

(*) La puissance exécutive ne peut appartenir à la généralité, comme législatrice et souveraine ; parce que cette puissance ne consiste qu'en des actes particuliers qui ne sont point du ressort de la loi.... Voilà quelle est dans l'état, la raison du gouvernement confondu mal-à-propos avec le souverain dont il n'est que le ministre. Cont. Social, liv. 3, ch. 1.

Mais un chef politique est souvent injuste et passionné. D'ailleurs, si vous soupçonniez un médecin d'être vendu à vos ennemis, n'auriez-vous pas plutôt recours à la médecine écrite ? Un médecin malade appelle un autre médecin : un maître d'exercice qui veut connoître sa force, fait assaut avec un autre maître. Tous deux semblent se défier de leur jugement, parce qu'il s'agit de décider sur eux-mêmes, et qu'ils craignent la surprise de leurs affections. Il est évident que ceux qui veulent la justice, cherchent le moyen terme. Or le moyen terme est la loi.

D'ailleurs, il existe des loix fondées sur les mœurs et l'opinion, dont l'autorité est supérieure à la loi écrite, et dont les décisions sont d'une toute autre importance. Qu'un monarque soit une régle plus sûre que la loi écrite, j'y consens, mais ces loix antiques identifiées avec les mœurs sont un guide plus invariable encore (*).

(*) Il y a une loi, la plus importante de toutes, qui ne se grave, ni sur le marbre, ni sur l'airain, mais dans les cœurs des citoyens, qui fait la véritable constitution de l'état, qui prend tout les jours de nouvelles forces, qui, lorsque les autres loix vieillissent, ou s'éteignent, les raniment ou les suppléent.... Je parle des mœurs, des coutumes, et sur-tout de l'opinion;

J'ajoute, qu'un seul ne peut tout voir par lui-même. Il sera donc forcé de constituer des magistrats pour être ses coopérateurs (*). Pourquoi ne pas établir ces magistrats immédiatement, au lieu d'obtenir le même résultat par un intermédiaire ?

Enfin, s'il est vrai, comme nous l'avons déja dit, qu'un bon citoyen est digne de commander, parce qu'il est le meilleur, certes, deux bons sont meilleurs qu'un seul. C'est le proverbe : qui a bon compagnon a bon voyage ; c'est le vœu d'Agamemnon, qui dit (**) :

Ciel, fais que dix Nestors conseillent ma foiblesse !

Mais, replique-t-on, il y a dans plusieurs gouvernemens, des autorités constituées pour décider au souverain des cas non prévus par la loi. Par conséquent, on semble avouer que la loi n'est pas toujours un ordonnateur ou un chef parfait, et qu'elle n'a ce caractère incontestable que lorsqu'elle ordonne positivement.

partie inconnue à nos politiques, mais de laquelle dépend le succès de toutes les autres. Contr. Social, liv. 2, ch. 12.

(*) Il est difficile qu'un grand état soit bien gouverné par un seul homme, et chacun sait ce qui arrive quand le roi se donne des substituts. Cont. Social, liv. 3, ch. 6.

(**) Ill. liv. 2, v. 372.

Mais si la loi n'embrasse que certains objets, et ne peut tout prévoir, s'il est évident, par exemple, qu'elle ne peut décider là où il ne faut que délibérer, on a donc raison de demander si la loi parfaite doit commander plutôt que l'homme parfait.

Mais, encore une fois, on ne conteste pas la nécessité de constituer des pouvoirs, pour décider lorsque la loi ne parle pas. Seulement on ne veut pas qu'un seul homme soit investi de cette prérogative plutôt que plusieurs. Pourquoi plusieurs, pénétrés individuellement de l'esprit de la loi, ne seroient-ils pas capables de bien gouverner ? Un seul n'a que deux yeux, deux oreilles, deux pieds, et deux mains : dire qu'il aura plus de moyens physiques, que plusieurs doués des mêmes organes, c'est une absurdité. Ne voit-on pas nos monarques avoir l'art de multiplier leurs yeux, leurs oreilles, leurs mains, et leurs pieds, en associant leurs amis à leur puissance ? Des ennemis n'agiroient pas suivant l'intention du monarque : des amis marchent dans le sens du prince et de la monarchie. Or un ami est notre égal, un autre nous-même. Si les rois estiment que leurs amis doivent partager leur pouvoir, ils prouvent donc eux-

mêmes que des égaux et des pairs doivent
également commander.

Tel est l'ensemble des objections contre le
système de la monarchie. Cependant, si elles
sont solides sous plusieurs rapports, elles exigent des modifications à l'égard de certains
peuples. Consultez leurs caractères : l'un préfère la monarchie absolue, l'autre les formes
royales ; celui-là est né pour la république.
Tous adoptent un gouvernement conforme à
leurs idées de justice et à leur intérêt. Mais la
nature n'a point fait la tyrannie ; elle n'a
point fait les autres gouvernemens corrompus, qui tous sont une aberration de ses loix.
Nous le répétons encore ; il n'est ni juste, ni
utile qu'un seul soit investi de l'autorité suprême au milieu de ses égaux et de ses pairs,
qu'il n'y ait pas de loi , et que le prince soit
loi. D'après les principes de la justice , bons
ou mauvais doivent arriver aux honneurs ,
dans toutes les suppositions , et nul n'a le
droit de commander à ses pairs. La vertu
supérieure n'a elle-même cette prérogative
que dans une circonstance précise que nous
allons développer , et que nous avons déja
indiquée (*).

Fixons d'abord les caractères auxquels on

(*) Voyez liv. 3, ch. 9.

reconnoît qu'un peuple est fait pour la monarchie, l'aristocratie, ou la démocratie. Un peuple est monarchique, lorsqu'il est dans ses mœurs d'adopter une famille d'une vertu supérieure, pour lui confier les rênes du gouvernement. Il est aristocratique, lorsqu'il se soumet, sans aliéner sa liberté, à des hommes doués de cette éminente vertu, qui est digne de commander. Il est républicain, lorsqu'il est constitué par une multitude guerrière, capable de commander et d'obéir, et distribuant les pouvoirs dans la raison combinée du cens et du mérite (*).

Mais si une classe entière, ou même un individu brillent de l'éclat d'une vertu si sublime, que les vertus réunies de tous ne puissent soutenir le parallèle, alors il est juste que cette classe soit royale, que cet individu soit monarque. D'abord, ce droit est avoué, ainsi que nous l'avons dit, par les législateurs; en

(*) République, suivant Aristote, terme moyen entre l'oligarchie, ou gouvernement de peu, et la démocratie, ou gouvernement de tous : prépondérance de la classe moyenne sur les deux extrêmes, qui sont les pauvres et les riches, combinée de manière que la majorité puisse arriver aux honneurs, à raison de la médiocrité du cens, et qu'au moyen des suffrages, le mérite obtienne la préférence.

effet, ils admettent, comme bases de l'aristocratie, de l'oligarchie, et même de la démocratie, que les honneurs sont la prérogative
de la supériorité de la vertu : ils modifient
seulement le principe, suivant la nature du
gouvernement. En second lieu, rappelez-vous
un motif que nous avons déja donné : que
ferez-vous de cet illustre personnage ? Vous
ne pouvez raisonnablement, ni le tuer, ni le
chasser, ni le bannir par l'ostracisme. Vous
n'exigerez pas non plus qu'il obéisse à son
tour ; ce seroit renverser l'ordre de la nature,
qui ne veut pas que la partie l'emporte sur le
tout. Or le tout est ici cette vertu plus grande
que toutes les autres réunies. Il ne reste donc
qu'à obéir à ce rare personnage : il doit être
souverain perpétuel, et ne peut obéir et commander à son tour (*).

Nous avons traité de la monarchie et de ses

(*) Grotius réfugié en France, voulant faire sa
cour à Louis XIV, n'épargne rien pour dépouiller les
peuples de tous leurs droits, et en revêtir les rois avec
tout l'art possible.... La vérité ne mène point à la fortune, et le peuple ne donne, ni ambassades, ni chai-
res, ni pensions. Cont. Social, liv. 2, ch. 2. Ne pourroit-on pas en dire autant du précepteur d'Alexandre
que de Grotius ? On sait qu'il avoit reçu de son illustre
élève, sous le prétexte de son cabinet d'histoire naturelle, jusqu'à 800 talens (4,320,000).

espèces ; nous avons examiné si elle convient ou non aux cités ; quels peuples doivent adopter ou rejetter cette espèce de gouvernement, pourquoi ? Nous finirons-là cette discussion.

Nous avons dit qu'il y avoit trois bons gouvernemens, et que le meilleur est nécessairement celui dans lequel les meilleurs gouvernent. Telle est la position d'une cité ayant pour souverain, un monarque, une classe de citoyens, ou bien une multitude vertueuse sachant obéir et commander tour-à-tour, de manière que tous vivent au sein du bonheur. Nous avons aussi démontré précédemment que la vertu de l'homme parfait est essentiellement celle du bon citoyen, et par conséquent que les moyens qui forment l'homme parfait, constituent aussi un gouvernement aristocratique et royal, d'où il suit que l'instruction et les institutions sont presque les mêmes pour former l'homme parfait, le monarque et le républicain.

Après avoir posé ces principes, nous allons traiter de la vraie république, de sa nature, de son organisation. Nous donnerons à cette importante question tous les développemens nécessaires.

Fin du Livre troisième.

Sommaire du quatrième Livre.

Aristote a établi, liv. 3, ch. 4 et suiv. qu'il y a trois bons gouvernemens : la royauté, lorsque l'empire est déféré au plus digne ; l'aristocratie, lorsqu'une minorité gouverne par la prérogative de la vertu ; la république, lorsque la classe moyenne a l'empire, parce que la vertu se trouvant dans les moyens termes ou la médiocrité, cette classe est nécessairement bonne et juste. Ces gouvernemens sont bons, parce qu'ils sont conformes à la justice, parce qu'il est de leur essence d'administrer pour l'avantage des gouvernés.

A ces trois gouvernemens correspondent trois gouvernemens dégénérés. La tyrannie, dégradation de la royauté, parce qu'elle est fondée sur l'usurpation et la violence ; l'oligarchie, corruption de l'aristocratie, parce qu'elle est le gouvernement d'une minorité qui a l'empire par la prérogative de la richesse, qui n'est pas une vertu ; la démocratie ou souveraineté de la multitude, qui domine par le nombre, sans tenir compte de la vertu. Ces gouvernemens sont dégénérés, parce qu'ils s'écartent de la justice, parce qu'ils n'ont pas la vertu pour base, parce qu'ils administrent pour l'avantage des gouvernans. On observera que Montesquieu a adopté ces bases, liv. 2, 3 et 5 de l'Esprit des Loix.

Le livre commence par des vues sur la science nécessaire au législateur. On peut comparer ce chapitre, avec le ch. 7, liv. 2 du Contrat Social, où Rousseau traite du législateur. Les principes sont les mêmes, et Aristote soutient le parallèle.

L'auteur traite ensuite des gouvernemens suivant sa méthode, en établissant leur genre, leurs espèces, et leurs différences. Montesquieu fait dériver la différence des espèces, de la nature, du climat. Celui de la Grèce étoit le même. Aristote trouve ces différences dans la diversité des professions produite par des causes locales.

Il traite avec une sorte de prédilection de la république, qui lui paroît le gouvernement libre par excellence, parce que la vertu lui paroît tenir à la nature de la classe moyenne, parce que c'est là sur-tout qu'on trouve la justice, parce que cette classe modérée, sans ambition, tranquille, est la plus propre pour établir un gouvernement juste et durable.

Ce gouvernement mérite d'autant plus notre attention, qu'Aristote semble y avoir posé les bases de notre dernière constitution.

Enfin, après avoir établi que le gouvernement est constitué par les magistrats institués pour gouverner, il donne une théorie générale du mode de nomination des trois pouvoirs, délibérant, exécutif et judiciaire, dans les différentes espèces de gouvernemens républicains. Cette théorie mérite toute l'attention des législateurs.

LIVRE QUATRIÈME.

CHAPITRE PREMIER.

De la science nécessaire au Législateur.

LORSQUE les sciences ou les arts ne forment pas une connoissance isolée, mais un genre, il faut que le même être pensant embrasse toutes les parties qui composent ce système complet de doctrine. Ainsi la gymnastique est un art : quelle est sa nature ? Quels exercices conviennent aux différens individus ? En quoi consiste la perfection de l'art ? Quels sont ses moyens pour former l'homme bien constitué ? Quel mode d'instruction est applicable au commun des hommes ? Voilà les différentes parties qui composent l'ensemble de cette science. Quoique tous les élèves ne soient pas jaloux d'acquérir cette adresse et cette précision, qui est le chef-d'œuvre de la gymnastique, le maître qui veut former des guerriers ou des athlètes, n'en doit pas moins posséder la théorie parfaite de son art. La médecine, la construction des vaisseaux, l'art du manufacturier, enfin tous les arts exigent également un ensemble de connoissances qui composent la théorie. Ce principe évident

s'applique à la science des gouvernemens (*).
Quel est le plus parfait ? Lequel présentera
le plus d'avantages, en supposant qu'aucun
obstacle étranger ne s'oppose à son établissement ? Quelle constitution convient aux
mœurs des différens peuples, car un gouvernement parfait n'est souvent pour bien des
nations, qu'une brillante chimère ? Tous ces
objets sont du ressort de la politique. Un législateur, un véritable homme d'état doit
savoir, en théorie, quel est le gouvernement
le plus parfait ; quel est le meilleur, d'après
certaines données (**), enfin quelle seroit le
vice ou le mérite d'un plan proposé de constitution. Il faut qu'il puisse juger l'ensemble,
combiner le jeu de l'organisation, et prévoir
quelle en sera la durée. Autrement une cité

(*) Le législateur est à tous égards un homme
extraordinaire dans l'état... Ce n'est point magistrature, ce n'est point souveraineté. Cet emploi qui constitue la république, n'entre point dans sa constitution :
c'est une fonction particulière et supérieure, qui n'a
rien de commun avec l'empire humain.... Il faudroit
des dieux pour donner des loix aux hommes. Cont. Soc.
liv. 2, ch. 7.

(**) Le gouvernement le meilleur en soi, deviendra
le plus vicieux, si ses rapports ne sont altérés selon les
défauts du corps politique auquel il appartient. Contr.
Social, liv. 3, ch. 1.

pourroit n'avoir pas un bon gouvernement, parce qu'on n'auroit pas calculé les ressources qui lui manquent, ou bien sa constitution seroit mauvaise, malgré ses moyens de prospérité. A ces connoissances, le législateur ajoutera la science du gouvernement le plus favorable, en général, aux cités.

Certains écrivains politiques (*) ont développé avec profondeur, quelques principes d'organisation sociale, mais ils se sont trompés surdes points de la plus haute importance. Il ne suffit pas de proposer en théorie une république parfaite. Il faut qu'une constitution soit possible, qu'elle présente les moyens les plus simples d'organisation, et qu'elle convienne au plus grand nombre des cités. Mais aujourd'hui on nous présente des théories d'une perfection imaginaire (1), sans calculer l'immensité de la dépense. D'autres (2) proposent des plans moins inexécutables, mais, admirateurs exclusifs du gouvernement de Lacédémone, et d'un autre encore, ils réprouvent toutes les constitutions de nos jours. Or voici le principe en fait de constitution. Un gouvernement proposé (**) doit être tel, que les hom-

(*) Il attaque indirectement Platon.

(**) Le gouvernement le plus conforme à la nature est celui dont la disposition particulière se rapporte

mes puissent l'accepter, qu'ils le veuillent, et
qu'il soit aisé de l'organiser. Il est bon de
savoir qu'en politique, il est plus difficile de
réformer que de créer, comme il est plus aisé
d'apprendre ce qu'on ne sait pas, que de dé-
sapprendre ce qu'on sait. Indépendamment
de ces connoissances, le législateur saura distinguer la nature des maladies politiques qui
affligent les divers gouvernemens. Mais comment indiquera-t-il les remèdes convenables,
s'il ne connoît pas les différentes espèces d'organisation politique? Ainsi nous voyons des
écrivains (3) qui n'admettent qu'une seule
espèce d'oligarchie et de démocratie : certes,
c'est une erreur; un vrai politique ne peut se
dispenser de connoître les caractères distinctifs des gouvernemens, leur nombre, et les
différentes manières dont ils se combinent.

Il saura encore juger de la perfection des
loix, et distinguer celles qui sont propres aux
différens systêmes d'organisation sociale, car
les loix ne sont pas le gouvernement, comme
le gouvernement n'est pas les loix, principe
admis par tous les législateurs. Qu'est-ce en
effet qu'un gouvernement? C'est l'organisa-

mieux à la disposition du peuple pour lequel il est
établi. Esp. des Loix, liv. 1, ch. 3.

tion des autorités constituées, la distribution
des pouvoirs, l'attribution de la puissance
suprême, et la fin de toute espèce de société
politique. Mais les loix sont très-différentes du
gouvernement. Elles ne sont que la règle du
magistrat qui est établi par la constitution,
et tenu de défendre ces mêmes loix contre les
prévaricateurs. Il est donc évident qu'un homme d'état doit connoître les différentes espèces
de gouvernemens pour leur donner de bonnes loix. Il suit de-là qu'une même législation
ne peut convenir aux différentes espèces d'oligarchie et de démocratie, car il est prouvé
que chacun de ces gouvernemens a des nuances très-variées.

CHAPITRE II.

*Des différentes espèces de Gouverne-
mens, et sur-tout des Républiques en
général. Questions à examiner.*

Nous avons dit qu'il y a trois bons gouvernemens ; la monarchie, l'aristocratie et la république ; et qu'il existoit trois gouvernemens, qui sont l'aberration des premiers (*) :
que la tyrannie est la dégradation de la monarchie, que l'oligarchie est l'aristocratie dé-
générée, et que la démocratie est la corruption de la république.

Nous avons suffisamment traité de l'aristocratie et de la royauté. Il suffit de les nommer, pour les placer au rang des bons gouvernemens : leur caractère indique assez qu'ils
sont basés sur la plénitude de la vertu. Nous
avons aussi développé quelle est la différence
de ces gouvernemens, et dans quelles cir-

(*) Quand l'état se dissout, l'abus du gouvernement, quel qu'il soit, prend le nom commun d'anarchie. En distinguant, la démocratie dégénère en ochlocratie, l'aristocratie en oligarchie, et la royauté en
tyrannie. Cont. Social, liv. 3, ch. 10. On voit que la
démocratie de Rousseau est la république d'Aristote,
et que sa démagogie est l'ochlocratie de Rousseau.

constances

constances la puissance doit passer entre les
mains d'un monarque. Nous ne nous y arrêterons pas davantage (*).

Il nous reste à traiter du gouvernement
appellé proprement république, et des gouvernemens dégénérés, qui sont la tyrannie,
l'oligarchie et la démocratie: il est aisé d'assigner leurs degrés de dégradation. Le gouvernement qui a dégénéré de celui qui est le premier des bons, et l'image de la hiérarchie
céleste, est le plus corrompu. Ou la royauté
n'est plus qu'un nom sans réalité, ou le monarque brille de l'éclat de la vertu la plus
pure (**). La tyrannie est donc le pire des gouvernemens, et celui dont l'aberration est la
plus fortement prononcée. L'oligarchie est au
second rang, attendu sa distance de l'aristocratie: enfin la démocratie est le gouvernement le moins dégénéré.

Un écrivain politique qui nous a précé-
dé (***), a gradué comme nous ces trois gouvernemens, mais nous différons sur le fond
même de la question. Il pense que ces gou-

(*) Voyez liv. 3, ch. 12, p. 247.
(**) La monarchie étant, suivant Aristote, un des
trois bons gouvernemens, elle est essentiellement basée sur la vertu.
(***) Platon. de regno, p. 189.

Tome I.   R

vernemens ont de bonnes espèces ; qu'il y
a bonne et mauvaise oligarchie, et ainsi des
autres ; que la démocratie est le moindre des
bons gouvernemens, et le meilleur des mauvais. Nous prétendons au contraire que ces
trois gouvernemens sont essentiellement corrompus. Nous n'admettons point qu'une oligarchie est meilleure qu'une autre, mais seulement qu'elle est moins mauvaise. En voilà
assez pour le présent, sur cette différence
d'opinion.

Venons à la république. Nous allons examiner les questions suivantes.

Combien y a-t-il d'espèces de républiques ?

Y a-t-il plusieurs espèces d'oligarchie et
de démocratie ?

Quelle est l'espèce de république la plus
conforme au caractère des peuples ; s'éloigne-
t-elle beaucoup du genre de république le
plus parfait ?

N'y a-t-il pas une espèce de république
aristocratique, formant un bon gouvernement, et convenable au plus grand nombre
de cités ?

Quels peuples doivent adopter les autres
gouvernemens, et dans quelles circonstances
une nation doit-elle préférer l'oligarchie ou
la démocratie ?

Nous traiterons ensuite des moyens de constituer les différentes espèces de républiques, quelles que soient leurs formes oligarchiques ou populaires.

Enfin, après avoir parcouru rapidement ces questions, nous développerons les causes générales et particulières, qui ont une influence plus marquée sur la conservation ou la ruine de chaque espèce de gouvernement.

CHAPITRE III.

Des différentes espèces de Républiques.

C'EST parce que la cité se compose d'élémens divers (1), qu'il y a différentes espèces de républiques (*). Les bases premières de la cité sont les familles, dont l'ensemble forme un peuple. Cette multitude se partage en classe riche, pauvre et aisée. Elle se divise aussi

(*) Les loix ont un très-grand rapport avec la façon dont les divers peuples se procurent la subsistance. Il faut un commerce plus étendu pour un peuple qui s'attache au commerce et à la mer ; que pour un peuple qui se contente de cultiver ses terres. Il en faut un plus grand pour celui-ci, que pour un peuple qui vit de ses troupeaux. Il en faut un plus grand pour ce dernier, que pour un peuple qui vit de sa chasse. Esp. des Loix, liv. 18, ch. 8.

en riches portant les armes, et pauvres non
armés. Enfin elle se compose sous un troisième rapport, d'individus occupés à l'agriculture, au commerce, aux arts méchaniques.
La classe distinguée forme aussi plusieurs
nuances, à raison de ses richesses, de ses
propriétés, et de l'entreprise des haras, qui
exige des fonds considérables. Les spéculations sur l'éducation des chevaux, ont suffi
seules anciennement, pour donner naissance
à l'oligarchie (*). En effet, il fut un temps où la
cavalerie étoit l'arme exclusivement employée
contre les peuples voisins. Eretrie, Chalcis,
et Magnésie (2), près du Méandre, durent leur
gouvernement à cette cause unique. Indépendamment des différences établies par la variété des richesses, il y en a d'autres encore ré-
sultantes de la noblesse du sang, de la vertu,
et de toute autre prérogative que nous avons
indiquée, en traitant de l'aristocratie. Alors
nous avons indiqué avec précision les parties intégrantes de la cité ; or, ou toutes ces
classes prennent part aux affaires, ou bien
elles dominent plus ou moins. Il y a donc
plusieurs espèces de républiques qui se nuan-
cent dans la raison de la différence entre les
élémens constituans du corps politique. En

(*) Il en explique la cause, liv. 6, ch. 7.

effet, le gouvernement est l'organisation des autorités constituées. Or les honneurs sont distribués par-tout, ou bien sous la condition d'une prérogative, ou bien sous le rapport de l'égalité, soit entre les riches, soit entre les pauvres, soit entre ces deux classes de citoyens. Il peut donc y avoir autant d'espèces de républiques, qu'il y a de nuances dans les prérogatives, et de classes dans l'état.

Cependant le genre ne se divise réellement qu'en deux grandes espèces. Les physiciens n'admettent que deux vents principaux (3), l'aquilon et le vent du midi, dont les autres ne sont que des émanations. De même, dit-on, il n'y a que deux grandes espèces de républiques ; l'une oligarchique, et l'autre démocratique. L'aristocratie rentre, dans l'espèce oligarchique, puisqu'elle n'est de fait que le gouvernement d'un petit nombre. La république, proprement dite, tient de même de la démocratie. Ainsi le zéphire et le vulturne sont des sous-espèces de l'aquilon et du vent du midi.

On a voulu aussi comparer les républiques à l'harmonie. Comme il y a deux principaux modes dans la musique, le Dorien et le Phrygien, dont les autres compositions musicales ne sont que des tons intermédiaires, de même,

ajoute-t-on, il existe deux grandes espèces de
républiques, ayant au-dessous d'elles un
grand nombre de sous-divisions. Sans con-
tester la justesse de ces comparaisons, nous
préférons notre distinction plus précise et
plus vraie. Nous n'admettons qu'une ou deux
bonnes républiques (4). Toutes les autres
espèces sont des corruptions de la vraie république, ou, si l'on veut, de la vraie harmonie
politique. Elles sont, ou des oligarchies con-
centrées, et tendant au despotisme, ou des
démocraties sans ressort et sans ordre.

CHAPITRE IV.

Des différentes espèces de Démocraties et d'Oligarchies (1).

Des politiques de nos jours appellent démocratie le gouvernement du grand nombre.
Cette définition n'est point exacte. Il est possible que dans l'oligarchie, le grand nombre
soit le souverain. Ils nomment oligarchie, le
gouvernement dans lequel le petit nombre a
les pouvoirs; cette dénomination manque
également de précision. En effet, supposons
une cité peuplée de mille trois cens citoyens,
dont mille riches gouvernant exclusivement,
sans partager les pouvoirs avec les trois cens

autres, quoique libres, quoique leurs égaux, sous tous les autres rapports : on n'appellera pas ce gouvernement une démocratie. De même, si les pauvres en petit nombre étoient les maîtres du gouvernement, à l'exclusion des riches en majorité, certes, ce mode d'organisation ne seroit point une oligarchie. Disons plutôt, pour définir avec exactitude, qu'il y a démocratie, lorsque les hommes libres commandent, et oligarchie, lorsque les riches ont l'autorité. Il est vrai que minorité de riches, majorité d'hommes libres, sont le résultat ordinaire de l'ordre social, cependant ce n'est-là qu'un accident qui n'est pas de l'essence de la société. En partant de ce principe, si les magistratures étoient, comme on l'assure en Éthiopie, la prérogative de la haute taille et de la beauté (2), attendu que la nature n'a doué que le petit nombre de ces avantages, il y auroit oligarchie.

Cependant, richesse et liberté, ne suffisent pas encore, pour caractériser entièrement l'oligarchie et la démocratie. Il y a plusieurs espèces de multitudes et de minorités politiques. Ainsi, je suppose qu'une minorité d'hommes libres jouisse des pouvoirs, à l'exclusion du grand nombre qui seroit privé de tout droit politique, il n'y a point là démocratie.

R 4

Tel étoit le gouvernement d'Apollonie d'Ionie (3) et de Thera. Or il n'y avoit dans ces
deux cités que les citoyens de race ancienne
et descendans des premiers fondateurs qui
eussent droit au gouvernement, quoiqu'ils
formassent le petit nombre, en comparaison
du reste des habitans. De même, si les riches
sont en majorité, il n'y a pas démocratie.
C'est le phénomène politique qu'on a vu à
Colophon (4), où le grand nombre étoit dans
l'opulence avant la guerre contre les Lydiens.
En résultat: liberté, pauvreté, majorité ayant
la suprématie politique, voilà les caractères
de la démocratie. Richesse, noblesse, minorité : voilà ceux de l'oligarchie. Il y a donc
plusieurs espèces de républiques: c'est ce que
nous voulions démontrer.

A présent, nous disons que ces espèces se
soudivisent : quelles sont ces soudivisions et
leurs causes ? C'est ce que nous allons développer, en rappellant nos principes sur l'ordre social.

Nous avons dit que la cité n'est pas un tout
homogène, et qu'elle se compose de plusieurs
élémens. Le naturaliste qui veut connoître les
espèces des animaux (*), classe d'abord les

(*) Un individu n'est qu'un tout uniformément
organisé dans toutes ses parties intérieures ; un com-

parties essentielles qui constituent l'être vivant. Les organes des sens, ceux qui servent
à la nutrition et à la trituration, comme la
bouche et l'estomac ; ceux qui composent le
mécanisme du mouvement, sont le premier
objet de ses études. S'il trouve des différences
sensibles entre ces mêmes parties organisées,
comme la bouche, l'estomac, les organes des
sens, les membres moteurs ; autant la réunion
de ces parties différentes par leur configuration, lui donnera d'individus, autant il clas-
sera d'espèces. Pourquoi ? Parce qu'il est impossible que les animaux du même genre
ayent une configuration différente. Ainsi
mille fois le naturaliste réuniroit les parties
proportionnelles qui constituent un animal,
mille fois il retrouveroit l'espèce : mille fois il
retrouveroit autant d'espèces, que ses mains
auroient réuni de parties différentes, mais proportionnelles, pour former un tout organisé.

Ce grand principe s'applique aux républi-

---

posé d'une infinité de figures semblables, et de parties
similaires, un assemblages de germes de la même
espèce, lesquels peuvent tous se développer de la
même façon, suivant les circonstances, et former de
nouveaux touts composés comme le premier. Buffon,
Hist. Nat. des Anim. ch. 1, p. 26. Voyez aussi Aristote
de Gen. An. ch. 1 et seq.

ques, car la cité ne forme pas, ainsi que nous
l'avons dit, un tout homogène, mais se compose de plusieurs élémens.

En effet, la cité se divise en classes, savoir (*) : les laboureurs qui fournissent les
subsistances ; les ouvriers, pour les arts et
métiers indispensables à l'ordre social ; ces
arts sont de première nécessité, d'utilité ou
de luxe, les marchands qui s'occupent de
ventes, d'achats, d'échanges et de courtage,
les mercenaires, enfin les guerriers ; dont la
profession est indispensable, pour préserver
la cité de l'invasion et de l'esclavage. J'ai dit
indispensable, parce que les idées d'esclavage
et de cité sont incompatibles. En effet, qu'est-
ce qu'une cité ? C'est la réunion de tous les
avantages. Qu'est-ce que l'esclavage ? C'est la
privation de tous les biens.

Platon, dans sa république, a embelli cette
question de toutes les graces de son éloquence, mais il laisse trop à désirer (5). Socrate
y dit qu'il n'y a que quatre professions indis-

(*) Aristote pense, comme Montesquieu et Rousseau, que la servitude ou la liberté politique dépendent du climat, mais il ajoute que dans des climats
égaux, les mêmes gouvernemens ont des nuances différentes, d'après la différence des classes et professions
locales.

pensables pour constituer une cité, savoir, le tisserand, le laboureur, le cordonnier et le maçon. Bientôt il s'apperçoit que sa cité est imparfaite : il y ajoute le forgeron et le nourrisseur de bestiaux ; enfin il y joint encore le négociant et le courtier.

Voilà, selon Platon, le complément d'une cité naissante. Ainsi le beau et l'honnête ne seroient point des bases sociales ! La cité ne seroit constituée que pour les besoins physiques : des cordonniers et des laboureurs suffiroient à tout ! Pas même de guerriers ! Platon ne les admet qu'au moment où la cité étend son territoire, et empiète sur les voisins (6), parce qu'alors la guerre est inévitable.

Cependant, entre ces quatre professions, et celles que vous ajoutez en supplément, il y a des droits à régler, une justice à rendre. Quelle est la partie de l'homme qui le constitue essentiellement ? C'est l'ame plutôt que le corps. Pourquoi donc les seules professions qui pourvoient aux premiers besoins, composeroient-elles une cité, plutôt que la profession militaire, plutôt que celle d'arbitre impartial des droits, ou de sénateur délibérant pour l'avantage de l'état ? Ces professions ne sont-elles pas l'ame agissante de la cité ? Qu'on les exerce séparément (7), ou qu'on les cumule, c'est le même résultat pour la question présente. Nous voyons souvent réunies les professions de laboureurs et de soldats ; mais il est indispensable de les admettre comme parties intégrantes de la cité.

Nous ajoutons donc aux professions de Platon, la classe militaire. Une septième (8) est également nécessaire ; c'est celle des riches ; il faut à la cité des moyens de fortune. En voici une huitième. C'est la classe politique pour occuper les magistratures, car cité sans magistrats, est un résultat impossible. Il faut donc des hommes propres à commander, pour remplir tour-à-tour ou perpétuellement les fonctions publiques. Nous avons déjà indiqué les classes de juges et de sénateurs. Une organisation sage et bien combinée exige impérieusement toutes ces professions. Nous y ajouterons celle de philosophes législateurs.

Mais si diverses fonctions peuvent être cumulées, comme celles de laboureurs, d'artisans et de soldats, et celles de sénateurs et de juges, tous prétendront à la prérogative politique, et révendiqueront le droit d'être habiles à presque tous les emplois ? Non, ils ne le seront pas, parce qu'il est impossible qu'un individu soit en même-temps pauvre et riche (9). Or telle est la grande ligne de démarcation entre les parties de la cité. Riches en petit nombre, pauvres en multitude, voilà deux élémens fortement opposés, qui partagent la cité. Mais ces élémens constituent le gouvernement, suivant que leur prérogative a plus ou moins de prépondérance. De-là deux espèces distinctes de républiques, l'oligarchie et la démocratie, d'où il suit qu'il y a plusieurs espèces de républiques, ainsi que nous l'avons déja démontré.

A présent, nous allons prouver qu'il existe plusieurs espèces d'oligarchies et de démocraties; c'est une conséquence du développement précédent. Nous avons vu que la multitude se divise en classes : la minorité distinguée a aussi les siennes.

Les professions de la multitude sont, l'agriculture, les arts et métiers, le courtage (10), la marine, qui a plusieurs branches, comme la partie militaire, le commerce (11), le pilotage, la pêche. Les gens de mer forment la multitude en plusieurs endroits : Bysance et Tarente sont peuplées de pêcheurs, Athènes, de matelots pour la guerre (12), Egine et Chio, de négocians (13), Ténédos, de pilotes-conducteurs. Nous compterons encore parmi ces professions, les mercenaires, ordinairement pauvres, et ne vivant que de leur travail

journalier. Nous classons aussi dans la multitude, les hommes libres, qui ne sont issus que
d'un père ou d'une mère ayant droit de cité,
enfin tous les autres habitans ayant une existence analogue à ces divers états.

La classe distinguée se divise, à raison des
richesses, de la naissance, de l'instruction,
et de toute autre prérogative qui résulte de
ces différences (*).

Première espèce de démocratie. Son caractère distinctif est l'égalité. La constitution
pose sur cette base, lorsqu'il y a balance entre les pauvres et les riches, qu'aucune des
deux classes n'a la prépondérance ; et que
leur prérogative est en équilibre. En effet, s'il
est vrai que liberté, égalité, constituent essentiellement une démocratie, il suit qu'elle
existe dans toute sa pureté, là sur-tout où les
droits sont strictement égaux. Car c'est la
multitude qui est toujours en majorité, par
conséquent c'est sa volonté qui fait la loi :
voilà une espèce de démocratie.

(*) En général, la richesse, la noblesse ou le rang,
la puissance et le mérite personnel, sont les distinctions principales par lesquelles on se mesure dans la
société. L'accord ou le conflit de ces forces diverses,
est l'indication la plus sûre d'un état bien ou mal constitué. Rouss. Inég. des Cond. p. 11.

Seconde espèce. Sa marque essentielle est le cens fixé à un taux très-modéré, de manière que tout citoyen qui a le revenu fixé par la loi, puisse arriver aux charges, et que celui qui ne l'a plus, ne soit plus éligible.

Troisième espèce. Sa forme caractéristique est le droit égal de tous d'arriver aux magistratures, dès que la qualité de citoyen n'est point contestée, avec la condition que la loi sera l'ordonnateur suprême (14).

Quatrième espèce. Ce sont les mêmes principes d'égalité, avec cette différence que la multitude est souveraine à la place de la loi. C'est ce qui arrive, lorsque la loi n'est rien, et que les décrets de la multitude sont tout (*).

Ce désordre politique est l'ouvrage des démagogues. Lorsque les démocraties tiennent aux principes, la loi regne : la classe distinguée est à la tête des affaires, et le peuple n'a point de meneurs. Cette peste publique ne se montre que là où le sceptre de la loi est brisé. Alors le peuple est un monarque à mille têtes,

(*) Il n'est pas bon que le corps du peuple détourne son attention des vues générales, pour les donner aux objets particuliers. Rien n'est plus dangereux que l'influence des objets privés dans les affaires publiques. Cont. Social, liv. 3, ch. 4.

il est souverain, non pas individuellement,
mais en corps. C'est ce despotisme de plusieurs, ou comme corps, ou comme individus, qu'Homère censure amèrement (*). Un
tel peuple, vrai monarque, veut régner en
monarque. Débarrassé du joug de la loi, il
devient despote, et comme eux, il aime les
flatteurs. Cette espèce de monarchie a tous
les caractères de la tyrannie. Même mœurs,
même despotisme à l'égard de la classe distinguée, même arbitraire dans les décrets des
uns, et le bon plaisir de l'autre. Le flatteur et
le démagogue employent les mêmes manœuvres. Tous deux, auprès de leurs maîtres res-
pectifs, jouissent d'un immense crédit. Ce
sont les démagogues qui substituent les décrets à l'empire de la loi (**), en ramenant
tout au tribunal de la multitude. Bientôt ils
acquièrent une énorme influence, parce que
le peuple est le maître, et qu'ils sont les maî-

(*) Ill. 2, v. 204.

(**) Quand le peuple d'Athènes nommoit ou cas-
soit ses chefs, décernoit des honneurs à l'un, imposoit
des peines à l'autre, et par des multitudes de décrets
exerçoit indistinctement tous les actes du gouvernement, ce peuple n'avoit alors plus de volonté générale
proprement dite : il n'agissoit plus comme souverain,
mais comme magistrat. Cont. Social, liv. 2, ch. 4.

tres

tres de l'opinion du peuple, dont ils ont surpris la confiance. Ennemis de tout pouvoir,
ils ne cessent de répéter que le peuple doit
agir par lui-même. La multitude accueille
avidement ces appels, et les pouvoirs constitués sont entièrement paralysés.

Non, on ne pourra blâmer celui qui pré-
tendra que ce cahos de démocratie n'est pas
une république. La loi, ordonnateur général ;
le magistrat et les pouvoirs constitués ayant
la décision des cas particuliers ; tels sont les
caractères du régime républicain. Il n'y a
donc pas de république, là où la loi n'est pas
l'ordonnateur suprême. Nous avons dit que
la démocratie est une des espèces de républiques. Il suit de-là que la démagogie où les décrets sont tout, n'est pas une véritable démocratie. Un décret ne doit statuer que sur des
cas particuliers (*). Tels sont les principes sur
les différentes espèces de démocraties.

(*) La loi considère les sujets en corps, et les actions comme abstraites, jamais un homme comme individu, ni une action particulière. Toute fonction qui se
rapporte à un objet individuel, n'appartient point à la
puissance législative. Cont. Social, liv. 2, ch. 4.

Tome I.   S

CHAPITRE V.

Des différentes espèces d'Oligarchies.

IL y a quatre espèces d'oligarchies (1). Dans la première, il y a un tarif de fortune pour être éligible aux magistratures : mais il est si élevé que la majorité ne peut prétendre aux charges. Cependant, dès qu'un citoyen a le revenu prescrit, il devient éligible.

Seconde espèce (*). La loi n'exige des éligibles qu'un foible revenu ; mais le corps des magistrats nomme aux places vacantes. Si tous, sans distinction, sont admissibles, le régime est aristocratique. Si le choix ne peut tomber que sur une classe déterminée, le gouvernement a les caractères de l'oligarchie.

Troisième espèce (**). C'est lorsque les fils succèdent aux magistratures de leurs pères.

Enfin, la quatrième espèce a des rapports

(*) A mesure que l'inégalité d'institution l'emporta sur l'égalité naturelle, la richesse ou la puissance fut préférée à l'âge, et l'aristocratie devint élective. Cont. Social, liv. 3, ch. 5.

(**) Enfin, la puissance transmise avec les biens du père aux enfans, rendant les familles patriciennes, rendit le gouvernement héréditaire, et l'on vit des sénateurs de vingt ans. Cont. Social, liv. 3, ch. 5.

marqués, avec la démagogie dont nous venons de parler. C'est lorsque le magistrat est l'ordonnateur suprême, à la place de la loi (*). Ce gouvernement est à l'oligarchie, ce que la tyrannie est à la royauté, ce que la démagogie est à la démocratie. Il prend le nom particulier de dynastie (**).

Telles sont les différentes espèces d'oligarchie et de démocratie.

Nous ferons ici une observation essentielle. Il arrive quelquefois qu'une constitution n'est pas démocratique, tandis que les mœurs et l'action du gouvernement sont populaires. Au contraire, la constitution peut être populaire, tandis que les mœurs et les institutions sont dans l'esprit de l'oligarchie. Cette contradiction apparente est le résultat ordinaire d'un changement de gouvernement. Les agens de la révolution se gardent bien d'innover brusquement. Ils ont l'air de tenir aux anciennes institutions, et n'établissent qu'in-

(*) Quand le prince n'administre plus l'état selon les loix, et qu'il usurpe le pouvoir souverain ;... alors le grand état se dissout, et il s'en forme un autre dans celui-là, composé seulement des membres du gouvernement, et qui n'est plus rien au reste du peuple, que son maître et son tyran. Cont. Social, liv. 4, ch. 10.

(**) C'est à-peu-près ce que les Romains appelloient triumvirat.

sensiblement leur suprématie. Il arrive de-là
que les loix précédentes sont encore en vigueur, quoique la force ait changé le gouvernement.

CHAPITRE VI.

Suite et causes des différentes espèces de Démocraties et d'Oligarchies.

LES principes que nous avons posés précédemment, nous indiquent la cause de cette
variété dans les espèces de la démocratie et de
l'oligarchie. On se rappellera que la multitude se divise en différentes professions : or
toutes les classes ont part au gouvernement,
ou quelques-unes seulement, à l'exclusion
des autres.

Lorsque les laboureurs (1) et la classe ayant
un modique revenu, est investie de l'autorité,
le gouvernement marche sous la souveraineté de la loi. Nul d'entre eux ne peut être oisif,
parce que tous sont contraints de travailler
pour vivre. Ils établissent donc des loix, et ne
se réunissent en assemblées que dans les circonstances indispensables. Tous les citoyens
qui ont le revenu prescrit, prennent part aux
affaires. La carrière des honneurs est donc
ouverte à tous, condition essentielle, autre-

ment il y auroit oligarchie. Ils ne vivent
pas dans cet honnête repos (2), qui con...
... des hommes occupés de la chose pu-
...ue. Mais cette condition est impossible,
... modicité de leur revenu. Telles sont les
causes de cette espèce de démocratie (*).

La cause qui produit la seconde espèce,
tient à la condition de l'élection des magistrats. Elle existe, lorsque tous peuvent prendre part aux affaires, sauf le vice de la naissance (3), et que néanmoins les charges sont
la prérogative de ceux qui peuvent vivre sans
travailler, parce que l'état n'a pas de revenus
pour accorder des indemnités. La loi sera
souveraine dans cette espèce de démocratie.

Si tous ont droit au gouvernement, sous
la seule condition d'être libres (4), de manière
qu'ils n'arrivent aux honneurs, qu'avec la
restriction déja exigée, la loi sera encore le
souverain, et ces causes donnent pour résultat la troisième espèce de démocratie.

(*) Quand on voit chez le plus heureux peuple du
monde, des troupes de paysans régler les affaires de
l'état sous un chêne, et se conduire toujours sagement,
peut-on s'empêcher de mépriser les rafinemens des
autres nations, qui se rendent illustres et misérables
avec tant d'art et de mystères ? Cont. Social, liv. 5,
ch. 1.

Enfin les causes qui produisent la quatrième espèce, ont pris naissance plus tard au sein des cités. Des républiques foibles dans l'origine (5), sont devenues de grandes puissances : tous les citoyens ont droit au gouvernement, parce que la multitude a su acquérir une respectable influence. Tous exercent leurs droits, et gouvernent, au moyen d'une rétribution qui dispense les pauvres de travailler. Or une telle multitude est oisive par excellence. Elle n'a point d'affaires particulières qui la détournent de la chose publique, tandis que les riches embarrassés par mille soins, s'absentent souvent des assemblées, ou des tribunaux. Les pauvres qui composent la multitude ont le champ libre ; ils restent les maîtres du gouvernement, et la loi n'est plus le souverain.

Telles sont les causes des variétés que l'on observe dans les gouvernemens démocratiques ; passons à celles qui produisent les espèces diverses d'oligarchie.

Voici la cause qui donne lieu à la première espèce. C'est lorsqu'un certain nombre de citoyens vit dans l'aisance sans être opulens, et qu'il est permis à tous ceux qui auront acquis la fortune prescrite, d'arriver au gouvernement. Attendu que beaucoup d'individus pourront se rendre habiles à prendre part aux affaires, la loi est nécessairement le souverain. En effet, plus ils s'éloignent par leur nombre de l'unité monarchique, et se rapprochent de cette aisance qui dispense l'état de leur donner un salaire, sans posséder néanmoins cette richesse qui leur permettroit de vivre exempts de tous soins, plus ils sont intéressés à maintenir contre eux-mêmes la souveraineté de la loi.

S'il arrive qu'il y ait moins de citoyens aisés, et plus de grosses fortunes, cette circonstance donne lieu à la seconde espèce d'oligarchie. Plus de tels hommes ont de moyens, plus ils veulent étendre leur prérogative. Ils nomment exclusivement leurs coopérateurs. Trop foibles encore pour dominer sans l'appui de la loi, ils sont assez forts pour faire la loi, qui leur donne le droit de nommer.

Mais si l'influence augmente, parce qu'un plus petit nombre encore possédera de plus grandes richesses, ce résultat amène la troisième espèce d'oligarchie. C'est celle dans laquelle le magistrat est nommé de fait, quoiqu'en vertu de la loi, parce qu'il succède légalement aux honneurs de son père.

Enfin, si quelques hommes acquièrent une

immense prépondérance par leurs richesses et leurs amis, il en résulte une puissance concentrée, voisine de la royauté, que l'on appelle dynastie. Là, les hommes sont tout, et la loi rien. Cette quatrième espèce est à l'oligarchie, ce que la démagogie est à la démocratie.

CHAPITRE VII.

Des différentes espèces d'Aristocraties.

INDÉPENDAMMENT de la démocratie et de l'oligarchie, il y a deux autres espèces de républiques. L'une d'elles est comptée par tous les politiques, au nombre des quatre grandes divisions de l'organisation sociale (*), qui sont, la monarchie, l'oligarchie, la démocratie et l'aristocratie. Il en existe une cinquième, qui prend le nom générique des gouvernemens, et s'appelle république. Mais cette combinaison politique se rencontre rarement, et elle a échappé aux écrivains (1) qui ont traité des différentes espèces de gouvernemens. Voilà pourquoi ils n'en comptent que quatre, comme l'a fait Platon dans sa république (2).

L'aristocratie, telle que nous l'avons défi-

(*) L'aristocratie.

nie dans les livres précédens, remplit parfaitement l'idée attachée à son nom. Un gouvernement basé sur la vertu absolue, et qui n'admet point de vertu relative, mérite exclusivement la dénomination d'aristocratie. Or ce gouvernement est le seul dans lequel la vertu de l'homme de bien soit rigoureusement celle du bon citoyen. Par-tout ailleurs, la vertu est relative à l'espèce du gouvernement.

Le genre de l'aristocratie a ses espèces : elles résultent de différences particulières qu'offrent l'oligarchie et la république.

Si les magistrats sont nommés dans la raison combinée de la richesse et de la vertu (3), voilà un gouvernement différent de la république et de l'oligarchie, qui est une véritable aristocratie. Or, quoique le système d'un gouvernement ne soit pas essentiellement basé sur la vertu, cependant on ne laisse pas d'en tenir compte, en faisant tomber les choix sur des riches, qui paroissent en même-temps gens de bien. Tout gouvernement qui est le résultat combiné de la richesse, de la vertu et de la liberté, est aristocratique : tel est celui de Carthage.

Tout gouvernement qui n'est basé que sur deux de ces prérogatives ; savoir, la vertu et la liberté, est une démocratie aristocratique.

Voilà deux espèces d'aristocratie, indépendamment de la parfaite aristocratie dont nous avons parlé.

Il y en a une troisième espèce, qui comprend toutes les nuances de la république inclinant à l'oligarchie.

CHAPITRE VIII.

De la République proprement dite.
Vues générales.

IL nous reste à traiter de la république proprement dite, et de la tyrannie. Si nous avons adopté cet ordre de discussion, ce n'est pas que la république, ni les espèces d'aristocraties dont nous venons de parler, soient des gouvernemens corrompus. Cependant ils ne sont pas strictement dans la ligne de la parfaite république. Nous les avons donc placés au nombre des gouvernemens dégénérés, dont nous avons prouvé qu'ils étoient des combinaisons.

La tyrannie devoit occuper la dernière place. Elle est de tous les modes d'organisation sociale, celui qui mérite le moins le nom de gouvernement. Quant à la république, nous avons dû différer d'en parler jusqu'à

présent. Il étoit indispensable de connoître
l'oligarchie et la démocratie dans tous leurs
développemens, afin de bien saisir l'organisation de la république.

La république (1) n'est dans ses élémens
qu'un mélange d'oligarchie et de démocratie.
Si le gouvernement est tellement combiné,
qu'il incline à la démocratie, il conserve la
dénomination de république. S'il a plus de
tendance à l'oligarchie, il n'en prend pas le
nom, et préfère celui d'aristocratie. Voici
pourquoi, selon quelques-uns : c'est, disent-
ils, que la noblesse et la vertu accompagnent
ordinairement la richesse. D'ailleurs, les riches possèdent déja ces biens que l'on achète
si souvent au prix de l'injustice, et c'est d'a-
près ces idées, qu'on les appelle bons, illustres, excellens (*). Si le caractère distinctif
de l'aristocratie consiste à élever la vertu aux
premiers honneurs, c'est donc aussi celui de
l'oligarchie, qui n'admet que les hommes les
plus distingués à la tête du gouvernement. Or

(*) Les qualités personnelles étant l'origine de toutes les sortes d'inégalités, la richesse est la dernière à
laquelle elles se réduisent à la fin, parce qu'étant la
plus immédiatement utile au bien-être, et la plus
facile à communiquer, on s'en sert aisément pour
acheter tout le reste. Rouss. Disc. sur l'Inég. p. 2.

il est impossible qu'un gouvernement ne soit
pas bon, lorsque les gouvernans ont les qualités aristocratiques ; il ne pourroit qu'être
mauvais, là où une multitude sans vertu tient
les rênes de l'état. De même il est impossible
que les gouvernans ne soient pas aristocratiques, si le gouvernement est bon.

Mais j'observe qu'un bon gouvernement ne
consiste point dans de bonnes loix auxquelles
on n'obéit pas (2). Obéissance aux loix, sagesse des loix, afin qu'on leur obéisse, quoiqu'on puisse obéir à de mauvaises; voilà les
combinaisons qui constituent un bon gouvernement. Quant aux loix, ou bien elles sont
parfaites dans un sens absolu, ou bien elles
ne sont bonnes que relativement à ceux pour
lesquels elles sont établies.

Ainsi, je maintiens qu'il n'y a de véritable
aristocratie que là où les honneurs sont défé-
rés à la vertu. Quelle est la fin de l'aristocratie? La vertu, comme celle de l'oligarchie, est
la richesse, comme celle de la démocratie est
la liberté. Ces gouvernemens n'ont qu'un point
de ressemblance ; c'est que dans tous, la volonté de la majorité des gouvernans fait la loi.

Cependant une foule de gouvernemens
prennent le nom de républiques. Il est très-
vrai que l'influence des pauvres et des riches,

ne peut produire en résultat que l'oligarchie ou la démocratie, mais les hommes donnent souvent aux richesses les caractères distinctifs de la vertu.

A présent, on se rappellera qu'il y a trois prérogatives qui se disputent l'égalité des droits politiques : la liberté, la richesse et la vertu ; nous n'y joignons pas la noblesse. Elle n'est qu'une modification de deux de ces prérogatives, attendu qu'elle est vertu, accompagnée de richesses héréditaires.

Richesse et liberté donnent pour produit la république (*). Richesses, liberté, vertu combinées, donnent pour résultat l'aristocratie, non pas l'aristocratie parfaite, mais ses espèces, et sur-tout la première (**).

Il existe donc des gouvernemens autres que la monarchie, l'oligarchie et la démocratie. Quels sont ces gouvernemens ? Quelles sont les espèces de l'aristocratie ? Quelles sont les différences entre l'aristocratie et la république ? Quels sont leurs points de ressemblance ? C'est ce que nous avons démontré.

(*) Richesse et liberté, sont selon Aristote, les caractères distinctifs de l'oligarchie et de la démocratie, et il a dit que la république n'est qu'un mélange d'oligarchie et de démocratie. Voyez p. 283.

(**) Voyez ch. 7, p. 280.

CHAPITRE IX.

Des combinaisons de la Démocratie et de l'Oligarchie, qui constituent la République.

Nous allons examiner les diverses combinaisons de la démocratie et de l'oligarchie, dont les résultats constituent la république (1). Nous en trouverons les données, dans les limites de l'oligarchie et de la démocratie.

Prenons les bases de ces deux gouvernemens, amalgamons celles dont le caractère est le plus prononcé, nous aurons la république. Trois combinaisons différentes donneront le résultat demandé.

On amalgamera les institutions des deux gouvernemens. Prenons pour exemple les loix judiciaires. Dans l'oligarchie, le riche paye l'amende, s'il ne remplit pas les fonctions de juge ; le pauvre ne reçoit point de salaire, s'il est membre des tribunaux. Dans la démocratie, le pauvre qui est juge, reçoit une indemnité ; le riche qui néglige les tribunaux ne paye point d'amende. Prenez les moyens termes, amende aux riches, salaire aux pauvres : ce mélange vous donne une institution républicaine. Voilà une première combinaison.

La seconde consiste à modifier les loix des deux gouvernemens, d'après un mode proportionnel. Ainsi, dans l'oligarchie, on exige un revenu considérable, pour avoir droit aux assemblées ; dans la démocratie, le cens est foible, pour ne pas dire nul. Il y a ici opposition. Prenez le moyen terme des deux tarifs.

Troisième combinaison. Créez des institutions mi-parties, qui tiennent aux deux systêmes de gouvernement. Par exemple, voulez-vous établir une loi pour l'élection des magistrats ? La voie du sort est démocratique, le scrutin est oligarchique. D'un autre côté, le cens est oligarchique, la non condition du revenu est démocratique. La république adoptera en principe l'un et l'autre mode. Les magistrats seront élus comme dans l'oligarchie, par scrutin ; ils seront éligibles comme dans la démocratie, sans condition de revenu.

Voilà comment les élémens doivent être amalgamés pour constituer la république ; mais à quel signe reconnoître que le mélange est parfait ? Lorsque vous pourrez dire indifféremment de la république, qu'elle est une oligarchie, ou bien une démocratie. L'embarras de la définir prouvera la bonté du mélan-

ge : ainsi la propriété du moyen terme est de
renfermer les deux extrêmes.

Nous citerons en exemple la république de
Lacédémone (2). Les uns ont prétendu qu'elle
étoit démocratique, parce qu'elle a des caractères de démocratie. Ils citent l'éducation des
enfans. En effet, tous, pauvres et riches, sont
nourris à la même table ; tous reçoivent la
même instruction, qui n'excède pas les moyens
du pauvre. Les adolescens et les hommes faits
y vivent dans les mêmes principes d'égalité.
Les pauvres et les riches n'ont rien qui les distinguent. Les mêmes mêts sont servis sur toutes les tables ; le riche ne porte que des vêtemens simples, au prix desquels le pauvre peut
atteindre. Il y a deux grands pouvoirs constitués : le peuple peut arriver à l'un, et nomme
l'autre ; en effet il élit les sénateurs, et il est
éligibles aux charges d'éphores.

D'autres soutiennent que cette constitution
est une oligarchie, parce qu'elle a des institutions oligarchiques. Ainsi les magistrats sont
élus par voie de suffrage, et jamais par le
sort. Un petit nombre condamne sans appel à
la mort ou à l'exil, : on y trouveroit encore
une foule d'autres caractères d'oligarchie.

Or, pour constituer une vraie république,
il faut qu'on retrouve les deux amalgames, de

manière

manière que ni l'un ni l'autre ne domine ; il faut qu'elle se maintienne par elle-même, indépendamment de toute volonté étrangère ; quand je dis par elle-même, je ne prétends pas que des étrangers ne puissent désirer sa conservation ; ils sont quelquefois intéressés à soutenir même un mauvais gouvernement. Mais j'entends par-là une combinaison telle qu'aucune des deux parties de la cité ne désire de révolution. Voilà les bases de la république et de ses espèces, lorsqu'elles prennent le nom d'aristocratie.

CHAPITRE X.

De la Tyrannie et de ses espèces.

IL nous reste à parler de la tyrannie. Un pareil sujet ne mérite guère de nous occuper ; mais nous l'avons mise au nombre des gouvernemens, il faut en dire un mot, comme complément de cet ouvrage.

Nous avons traité de la monarchie au livre précédent ; nous avons examiné dans quelle circonstance la royauté sur-tout, est avantageuse ou nuisible aux cités, quelle est sa nature, son origine, et comment il faut l'établir. Nous avons classé parmi les espèces de mo-

Tome I.   T

narchies, deux sortes de tyrannies, parce que
les pouvoirs sont à-peu-près les mêmes, et
qu'elles ne sont pas le résultat de l'usurpation.
Ce sont la monarchie des barbares, où le
prince est investi, par la volonté de ses sujets,
d'une puissance illimitée : en second lieu,
l'espèce de monarchie absolue que nos pères
nommoient asymnétie (dictature). Ces deux
gouvernemens ont des caractères qui les distinguent de la royauté. Les princes étoient
rois, parce qu'ils étoient légitimement élus,
et que l'obéissance étoit volontaire. Mais leur
pouvoir étoit despotique, et leur volonté étoit
la loi : voilà des caractères de tyrannie. La
troisième espèce, ou tyrannie proprement
dite, est la profonde corruption de la monarchie (*). Elle est le despotisme d'un seul, qui
commande sans responsabilité à ses égaux en
droits, tous meilleurs que lui (1), et qui
règne, non pour l'avantage du peuple, mais
pour son profit (**). Il suit de-là que l'obéis-

(*) Platon a calculé de combien le bonheur d'un
roi est au-dessus de celui du tyran : il prétend que
calcul fait, ce bonheur est dans le rapport de 1 à 324.
Rép. liv. 9.

(**) Au lieu de gouverner les sujets pour les rendre
heureux, le despotisme les rend misérables pour les
gouverner. Cont. Social, liv. 3, ch. 8.

sance est forcée, et que tout homme libre se
révolte nécessairement contre cette espèce
d'autorité. Voilà quelles sont les espèces de
tyrannie et leurs causes.

CHAPITRE XI.

De la Classe moyenne dans le rapport du gouvernement.

Les hommes ne calculent guère quelle est
l'influence de la vertu et de la science, fruits
heureux de la fortune et de la nature, sur la
perfection de la vie sociale et du gouvernement. Ils n'élèvent pas leur pensées jusqu'à la
république parfaite, pour en faire l'objet de
leurs vœux. Ils ne désirent qu'un genre de vie
analogue aux goûts du plus grand nombre,
et se contentent d'un gouvernement moins
parfait, pourvu qu'il convienne suffisamment
aux cités. Ainsi ces institutions politiques
que nous appellons aristocraties, trop parfaites pour la plupart des cités, se modifient
pour se rapprocher de la république. Nous
ne les considérerons donc que comme formant un même gouvernement. Toutes les
questions secondaires seront traitées d'après
le même principe.

Nous avons dit dans notre morale (*) que
le bonheur consiste dans la vertu qui n'é-
prouve pas de traverses, et que la vertu se
trouve entre les extrêmes. Si cette maxime
est vraie, le bonheur existe dans le moyen
terme, c'est-à-dire, dans l'état de médiocrité
analogue à la position de chaque individu.
Nous jugerons, d'après ce principe, de la
vertu ou des vices d'un gouvernement, parce
que la constitution est en quelque sorte la vie
de la cité.

Toute société politique se divise en trois
classes, les riches, les pauvres, et les citoyens
aisés, qui forment la classe intermédiaire.
S'il est vrai que la médiocrité ou le moyen
terme est le point de perfection, la médiocrité
de richesse et de prospérité sera donc le bien
le plus désirable : du moins est-il constant
que l'homme, dans cette position, est très-
disposé à suivre la voie de la sagesse.

Voyez l'homme fier de sa beauté, de ses
forces, de sa naissance, ou de ses richesses ;
voyez le pauvre accablé par la misère, le défaut de moyens et l'humiliation : tous deux
sont souvent sourds au cri de la raison. Les
premiers sont insolens, et sans foi dans les
grandes affaires ; les autres deviennent four-

(*) Liv. 2, ch. 20 et 21.

bes et fripons dans les petites choses. De-là,
mille injustices, résultat nécessaire de la
tromperie et de l'insolence : également dépla-
cés, et dans un conseil, et dans une tribu, les
uns et les autres sont très-dangereux dans
une cité. Ajoutez que des hommes puissans
par leurs richesses, leurs forces, leurs amis,
et tant d'autres moyens, ne veulent ni ne savent obéir. Ils sucent l'indépendance avec le
lait : élevés au sein de toutes les jouissances,
ils commencent dès l'école, à mépriser la
voix de l'autorité. Les pauvres, au contraire,
obsédés par la détresse, perdent tout sentiment de dignité : incapables de commander,
ils obéissent en esclaves, tandis que les riches
qui ne savent pas obéir, commandent en des-
potes. La cité n'est alors qu'une aggrégation
de maîtres et d'esclaves ; il n'y a point-là
d'hommes libres. Jalousie d'un côté, mépris
de l'autre, où trouver l'amitié, et cette bienveillance mutuelle qui est l'ame de la société ?
Quel voyage avec un compagnon qu'on regarde comme un ennemi !

Une cité, d'après le vœu de la nature, doit
être composée d'élémens qui se rapprochent
le plus possible de l'égalité (*). Or telle est la

(*) Plus une aristocratie approchera de la démocratie, plus elle sera parfaite, et elle le deviendra

classe intermédiaire. Elle est l'élément que la
nature destine à la composition de la cité ;
c'est par elle que la cité sera bien gouvernée ;
c'est encore cette classe moyenne, dont l'existence est la plus assurée : elle ne désire pas le
bien d'autrui, comme les pauvres ; sa fortune
n'est pas convoitée, comme celle des riches ;
elle ne conjure point, on ne conspire pas
contre elle, elle vit dans une profonde sécurité. C'est la pensée si vraie de Phocilide.

> Content de mon humble fortune,
> Loin de la richesse importune,
> J'aime la médiocrité.

Oui, il est vrai que la classe moyenne est la
base la plus sûre d'une bonne organisation
sociale : il est vrai qu'une cité aura nécessairement un bon gouvernement, si cette classe
a la prépondérance sur les deux autres réunies, ou du moins sur chacune d'elles en particulier. C'est elle qui se rangeant d'un côté,
fera pancher l'équilibre, et empêchera l'un
ou l'autre extrême de dominer. Classe moyenne ayant une douce aisance, voilà les gouvernans qui assureront le bonheur de l'état. Si
le gouvernement est entre les mains de ceux

moins, à mesure qu'elle approchera de la monarchie.
Espr. des Loix, liv. 2, ch. 4.

qui ont trop, ou trop peu, il sera ou une
fougueuse démagogie, ou bien une oligarchie despotique. Or, quel que soit le parti dominant, l'emportement de la démocratie, ou
la morgue oligarchique conduisent droit à la
tyrannie. La classe moyenne est bien moins
exposée à tous ces excès. Nous en développerons les causes, lorsque nous traiterons des
révolutions. Autre avantage inappréciable de
la classe intermédiaire. C'est qu'elle seule ne
s'insurge jamais : par-tout où elle est en majorité, on ne connoît ni ces inquiétudes, ni
ces réactions violentes qui ébranlent le gouvernement. Les grands états sont moins exposés aux mouvemens populaires. Pourquoi ?
Parce que la classe moyenne y est nombreuse. Mais les petites cités sont souvent divisés
en deux parties : pourquoi encore ? Parce
qu'on n'y trouve que des pauvres et des riches, c'est-à-dire, les extrêmes sans moyen
terme.

C'est cette classe moyenne qui assure aux
démocraties un aplomb et une durée que n'a
pas le régime oligarchique. Elle est ordinairement nombreuse dans les démocraties, elle
y parvient aux honneurs plus aisément que
dans l'oligarchie. Mais s'il arrive que le nombre des pauvres augmente, et que la classe

moyenne ne croisse pas dans la même proportion, le corps politique éprouve des convulsions qui le conduisent bientôt à la mort.

Nous appuyerons encore sur un fait. Les législateurs les plus sages (1), Solon qui nous l'apprend dans ses vers, Lycurgue (*) qui n'étoit pas roi, Charondas, enfin presque tous étoient de la classe moyenne.

Ces développemens nous conduisent à l'origine des causes qui ont introduit dans la plupart des cités, l'oligarchie ou la démocratie. Lorsque la classe moyenne se trouve en minorité, les riches et les pauvres établissent une lutte pour s'emparer du gouvernement : la classe qui dépasse le moyen terme, établit la démocratie ou l'oligarchie. En effet, le parti qui l'a emporté ne reste pas le maître sans résistance. Il se garde bien d'établir une constitution suivant le juste équilibre de l'égalité. Le vainqueur regarde le gouvernement comme le prix de la victoire : il lui donne les livrées de son parti.

Voici encore une cause qui influe sur l'espèce du gouvernement. Les peuples qui ont

(*) Lycurgue quitta la tutelle du roi Carilaus pour voyager. Rousseau s'est trompé, lorsqu'il a dit : quand Lycurgue donna des loix à sa patrie, il commença par abdiquer la royauté. Cont. Soc. liv. 2, ch. 7.

tenu alternativement l'empire de la Grèce (2),
ont voulu propager le système de leur organisation politique. Ils ont donc établi ou l'oligarchie, ou la démocratie, pour leur propre
intérêt, et celui des peuples n'y entroit pour
rien. Voilà pourquoi on ne trouve que bien
rarement, ce gouvernement d'équilibre qui
s'appelle république.

De tous ceux qui dans les temps reculés,
ont exercé l'autorité suprême, il ne s'est trouvé qu'un seul homme (3) qui ait établi cette
combinaison politique. Aujourd'hui nous ne
connoissons que les extrêmes. Personne ne
veut l'égalité. On est décidé de part et d'autre
à être le maître, ou bien à subir le sort du
vaincu.

Cette discussion a jetté assez de lumières
sur la nature et les causes de la bonne république.

Nous avons distingué plusieurs espèces de
démocraties et d'oligarchies : si nous voulons
graduer ces républiques dans l'ordre de leur
mérite, nous dirons que la première, la seconde, et ainsi de suite, doivent être jugées
d'après le type de la bonne république. L'espèce qui lui ressemblera le plus sera la meilleure. Celle qui s'écartera le plus du moyen
terme sera la plus mauvaise. J'excepte cepen-

dant de ce principe telle circonstance donnée : un gouvernement pourroit être plus
parfait en théorie. Il seroit possible qu'en
pratique une autre espèce d'organisation sociale fût plus avantageuse à certaines cités.

CHAPITRE XII.

Suite : que la Législation doit être combinée pour la classe moyenne.

C'EST ici la place d'examiner quel gouvernement convient aux différentes classes , et
quels hommes conviennent aux différens gouvernemens. Mais nous nous contenterons
d'envisager la question sous un point de vue
général. Quelle est la classe de citoyens qui
veut la conservation du gouvernement ? Cette
classe ne doit-elle pas être préférée à celles
qui ne pensent qu'à brouiller l'état ? Voilà le
point que nous allons traiter.

Les élémens qui composent la cité, sont en
qualité, ou bien en quantité (1). J'appelle
qualité, la liberté, les richesses, la science, la
noblesse ; j'appelle quantité, la prépondérance du nombre. Or les parties qui constituent
la cité, ont ou la prérogative de la qualité, ou
celle de la quantité. Par exemple, il peut arri-

rer que la dernière classe soit plus nombreuse que la classe distinguée, c'est-à-dire, que les pauvres l'emportent en multitude sur les riches, de manière que l'excès en quantité soit balancé par l'excès en qualité. Alors il y a équilibre, ou république.

Si les pauvres sont en telle multitude, que le nombre emporte cette balance d'équilibre proportionnelle, il y aura démocratie, et l'espèce de démocratie analogue à la profession dominante. Par exemple, si la classe des laboureurs est la plus nombreuse, on aura la première espèce de démocratie : si les ouvriers et les mercenaires dominent, on aura la démagogie. Les autres classes donneront pour résultat les espèces intermédiaires (2).

Si les riches et les nobles ont un excédent en qualité (3), qui rompt l'équilibre du nombre, on aura une oligarchie, et l'espèce sera dans la raison de la classe oligarchique qui aura la prépondérance.

Mais un sage législateur basera toujours son gouvernement sur la classe moyenne. Veut-il constituer une oligarchie ? Que la classe moyenne soit là fin de ses institutions (*). Imprime-t-il à ses loix un caractère

(*) Voulez-vous donner à l'état de la consistance ? Rapprochez les degrés extrêmes autant qu'il est possi-

démocratique ? Que la classe moyenne soit
encore l'objet de sa sollicitude. C'est la prépondérance de ce moyen terme sur les extrêmes, ou sur chacun d'eux qui donnera de
l'aplomb à son gouvernement. Il n'a point à
craindre la coalition des pauvres et des riches, contre ce tiers intermédiaire. Jamais ils
ne s'aideront respectivement dans leurs projets. Quel pourroit être leur but ? De chercher
un gouvernement auquel les uns et les autres
eussent plus de part ? Ils n'en trouveroient
pas. Jalouses l'une de l'autre, ces deux classes
ne s'accorderoient jamais pour obéir et commander tour-à-tour. L'arbitre est par-tout
l'homme de confiance : où se trouve-t-il ? Entre les partis. Ainsi, plus le gouvernement se
rapprochera du moyen terme, plus il aura
de stabilité.

Plusieurs législateurs ont méconnu ce principe, dans leurs constitutions de gouvernemens aristocratiques (*). Ils ont trop donné

ble : ne souffrez ni des gens opulens, ni des gueux....
C'est toujours entre eux que se fait le trafic de la
liberté publique ; l'un l'achète, et l'autre la vend.
Cont. Soc. liv. 2, ch. 11.

(*) L'esprit de modération doit être celui du législateur ; le bien politique, comme le bien moral se
trouve toujours entre deux limites. Esprit des Loix,
liv. 29, ch. 1.

aux riches, et trop ôté aux pauvres. Un faux
bien finit par devenir un vrai mal. La prépondérance des riches a renversé plus de gouvernemens que celle de la multitude.

C H A P I T R E XIII.

Que les Législateurs, au lieu de com-
biner la Législation pour la classe
moyenne, ne savent souvent qu'em-
ployer des ruses en politique. Quel
est le moyen terme afin que les loix
soient justes.

Dévoilons les ruses politiques des législateurs. On mine sourdement (1) l'influence
de la multitude de cinq manières : on la trom-
pe, dans les assemblées, les magistratures,
les jugemens, le port-d'arme, et les exercices
du gymnase.

1°. On invite tous les citoyens à se rendre
aux assemblées ; mais on met à une forte
amende les riches qui ne s'y trouvent pas. La
condamnation pécuniaire contre les pauvres
est légère ou même nulle.

2°. On force les citoyens portés au rôle du
cens, d'accepter les charges publiques. Les
pauvres peuvent refuser.

3°. On met à l'amende les riches qui ne remplissent pas les fonctions de juges. Les pauvres sont libres de s'en dispenser ; ou bien l'amende est très-forte contre les riches , et très-foible contre les pauvres. C'étoit-là une des dispositions des loix de Charondas. Dans quelques endroits , les citoyens sont tenus de se faire enregistrer pour avoir entrée dans les assemblées et les tribunaux. Mais alors ceux qui y manquent sont condamnés à de fortes amendes. On veut dégoûter le peuple de se faire inscrire, par la crainte de la condamnation pécuniaire : on l'éloigne des tribunaux et des assemblées, parce qu'il n'est pas inscrit.

4°. Même intention politique dans les loix sur les armes et les exercices du gymnase. Amende contre les riches qui n'ont pas leurs armes, liberté aux pauvres d'en manquer.

5°. Encore amende contre les riches qui manquent aux exercices des armes. Permission aux pauvres de s'en dispenser. Les premiers y sont assidus, parce qu'ils encourent l'amende. Les autres n'y vont pas , parce que rien ne les y force.

Voilà les ruses politiques des gouvernemens oligarchiques.

Dans les démocraties (2) , les ruses ont un

caractère opposé. Les pauvres reçoivent une indemnité pour assister aux assemblées, ou juger dans les tribunaux. Les riches qui se dispensent de ces devoirs ne payent point d'amende.

Or, pour établir un juste équilibre, il faut adopter la loi des deux gouvernemens, indemniser les pauvres présens, et mettre à l'amende les riches qui s'absentent. Voilà le moyen terme, pour faire participer tous les citoyens à la chose publique. Autrement, ce n'est plus qu'un parti qui reste le maître du gouvernement.

Il faut exiger dans ce gouvernement mixte, que tous les citoyens ayent leurs armes.

Quant au cens (3), il n'est guère possible de le fixer avec précision. Cependant, voici une base d'approximation. Que le *maximum* du cens soit calculé de manière que les citoyens qui auront part au gouvernement, soient en majorité contre ceux qui n'auront point de droit à la chose publique. La minorité ne réclamera pas. Le pauvre est porté naturellement à éviter l'embarras des affaires ; pourvu qu'on se garde de l'outrager, et qu'on respecte sa mince propriété (*). Malheureu-

(*) Ils ne sont pas si jaloux de leur liberté : ils sont trop occupés et trop pleins de leurs affaires particu-

sement, on néglige souvent ce devoir de prudence, et l'on ne trouve que trop d'administrateurs outrageux à l'égard du pauvre. Ainsi,
en temps de guerre, on veut le forcer de servir. Il résiste faute de moyens (4). Donnez-lui
une ration militaire, il volera aux combats,
parce qu'il aime la guerre.

Au reste, il y a des pays où le cens n'est
pas exigé. Il suffit d'être militaire en exercice, ou d'avoir servi, pour être citoyen. A
Malée (5), tout homme qui porte ou qui a
porté les armes, jouit du droit de cité; mais le
magistrat ne peut être choisi que dans le militaire en activité.

Lorsque nos ancêtres eurent aboli la monarchie, les guerriers furent d'abord seuls
citoyens, et les seuls cavaliers étoient considérés comme guerriers. La cavalerie faisoit
alors toute la force des armées, et l'infanterie
sans discipline, n'étoit comptée pour rien.
Nos pères ne connoissoient ni la tactique, ni
l'importance de cette arme, et la cavalerie
seule décidoit du sort des combats. Bientôt les
cités augmentèrent en puissance. L'infanterie
devint la force armée prépondérante ; la mul-

lières.... Eux, dit Cicéron, à qui tous les gouvernemens sont égaux, pourvu qu'ils soient tranquilles.
Espr. des Loix, liv. 18, ch. 1.

titude

titude qui sert dans l'infanterie prit une part active aux affaires. Voilà pourquoi nos pères appelloient populaires les gouvernemens que nous nommons aujourd'hui républiques. Ces gouvernemens étoient dans ces temps reculés des oligarchies royales (*). Le nombre des citoyens étoit si petit, que la classe intermédiaire étoit à peine sensible : une poignée d'hommes, sans classes distinctes (**), consentoit plus aisément à se laisser gouverner.

Nous avons prouvé qu'il existe plusieurs espèces de républiques, ayant des sous-espèces : ainsi la démocratie et les autres républiques se soudivisent encore. Nous avons développé les différences de ces gouvernemens,

---

(*) Tel étoit le gouvernement d'Athènes après Codrus. L'Archonte étoit nommé à vie, et exerçoit les pouvoirs suprêmes. Les riches seuls, ou propriétaires, formoient le sénat, et arrivoient aux magistratures. C'étoit une vraie oligarchie royale.

(**) La base de tous les gouvernemens anciens, étoit la division des citoyens, en tribus, cantons, curies, etc. division qui servoit, tant à l'ordre politique qu'au culte religieux. C'étoit l'ordre admirable qui régnoit dans l'organisation de ces petites sections du peuple, qui contribuoit plus que les loix mêmes, au maintien du gouvernement. Les loix de Moyse, de Lycurgue, de Solon, de Numa, et de Servius-Tullius en sont la preuve.

Tome I.   V

et les causes de leurs variétés. Nous avons ensuite examiné quelle est la meilleure forme de république, et à quels peuples elle convient. C'est ce que nous nous étions proposés de discuter.

CHAPITRE XIV.

Des grands pouvoirs considérés dans la République, en général. De l'organisation du pouvoir délibérant ou conseil souverain dans les différentes espèces de Gouvernemens Républicains.

Nous allons traiter des pouvoirs constitués dans la république en général, et de suite dans les espèces particulières de ce gouvernement. Posons un principe avant d'entrer en matière.

Trois grands pouvoirs entrent nécessairement dans l'organisation d'une république, et le devoir d'un sage législateur est de les mettre en harmonie avec l'espèce du gouvernement. Si ces pouvoirs sont bien ordonnés, le gouvernement sera bon, et la différence de leur organisation indiquera celle des républiques. Ces pouvoirs sont, 1°. le pouvoir délibératif ; 2°. le pouvoir exécutif considéré dans les attributions et l'élection des magistrats : 3°. le pouvoir judiciaire.

Le conseil national décide au souverain de la paix et de la guerre, contracte ou rompt les alliances ; il fait les loix ; il statue sur les condamnations à mort (*), le bannissement, les confiscations, il juge la responsabilité des magistrats.

Voici les cas possibles (1). Ou tous statuent sur tout, ou quelques-uns : (j'entends par quelques-uns, un seul, ou plus d'un, ou un nombre donné, suivant la nature du gouvernement): ou bien tous statuent sur certaines affaires, et quelques-uns sur les autres.

Lorsque tous délibèrent sur tout, il y a démocratie. Ce conseil est dans les principes de l'égalité : il peut être organisé de quatre manières.

1°. Le peuple peut délibérer par tribus, sans se former en assemblée unique. C'est la combinaison proposée par Téléclès de Milet ;

(*) Dans les républiques anciennes, la condamnation d'un citoyen à la mort ou à l'exil, n'étoit jamais prononcée que par le pouvoir suprême de l'état. Il n'y avoit que le souverain en corps, qui pût juger un des membres du souverain. Ce principe de droit politique n'étoit applicable qu'aux seuls citoyens.

V 2

elle est adoptée dans quelques républiques,
où les gouvernans délibèrent partiellement.
D'après ce mode, le magistrat recueilleroit
les avis par tribus et sections de tribus, en
partant de la plus petite division politique,
jusqu'à ce que tous eussent voté. Il n'y auroit
d'assemblée de tout le peuple que pour la sanction des loix, les affaires générales, et le jugement de la responsabilité des magistrats.

2°. Le peuple peut voter en corps pour les
élections, la sanction des loix, la responsabilité des magistrats, en laissant la décision des
autres affaires aux magistrats et autres autorités constituées, suivant la nature de leurs
attributions. Les magistrats seroient nommés
au sort ou aux suffrages sur la totalité absolue
des citoyens.

3°. Le peuple en corps décideroit de la
paix, de la guerre et des alliances, nomme-
roit et jugeroit les magistrats ; les autorités
constituées statueroient sur les autres affaires ; mais les charges qui exigeroient de l'expérience et des talens, seroient spécialement
nommées aux suffrages.

4°. Enfin l'assemblée générale peut statuer
sur tout, et ne laisser au magistrat que la
fonction de rapporteur. Cette dernière forme
de gouvernement est à la démocratie, ce que

la dynastie est à l'oligarchie, ce que la tyrannie est à la royauté. Ces quatre modes d'organisation du conseil national sont tous dans
les principes de la démocratie.

Lorsque quelques-uns seulement ont la décision souveraine de toutes les affaires, le
gouvernement est oligarchique. L'organisation du conseil peut être aussi diversement
modifiée.

1°. Si le cens est si modéré (2), que la majorité a part aux affaires, s'il est permis à tout
individu qui acquiert le revenu prescrit,
d'exercer les droits politiques, si les loix sont
observées, de manière que personne ne s'é-
lève au-dessus d'elles, ce conseil est oligarchique, mais le gouvernement sera une vraie
république, parce que les moyens termes
sont la base de la constitution.

2°. Si toute la classe oligarchique ne gouverne pas immédiatement, mais par un conseil qu'elle nomme ; et si ce conseil administre, en se conformant aux loix, ce mode est
encore oligarchique.

3°. Si le conseil nomme ses membres, si le
fils succède au père, si la volonté des gouvernans fait la loi, cette organisation a les caractères d'une oligarchie prononcée (3).

J'observe que si tous statuent sur la paix,

la guerre, et la responsabilité des magistrats
seulement, de manière que quelques-uns
statuent sur certaines affaires, par exemple,
sur l'élection des magistrats au suffrage ou au
sort, cette forme de conseil est en général, non-
seulement démocratique, mais encore dans
le système aristocratique ou républicain (4).

Si quelques-uns élus au suffrage décident
quelques affaires, et quelques-uns élus au
sort, statuent sur quelques autres : si le sort
décide simplement de la nomination, ou même sur une liste de candidats, ou si le sort
combiné avec le suffrage désigne les magistrats, ces différens modes tiennent aussi, soit
à l'aristocratie, soit à la république (5).

C'est ainsi que l'organisation du conseil
varie suivant la forme du gouvernement, et
que le gouvernement est modifié suivant la
forme du conseil.

Nos états populaires d'aujourd'hui qui ont
outré la démocratie, et dans lesquels la volonté
de l'assemblée est la loi suprême, feroient sagement d'adopter une loi des gouvernemens
oligarchiques. Là, les riches payent l'amende, s'ils refusent de remplir les fonctions de
juges, tandis que, dans les démocraties, on
salarie les pauvres qui exercent des emplois
judiciaires. Il faudroit transporter cette insti-

tution dans les assemblées générales démocratiques. Le mélange des pauvres et des riches donneroit des résultats plus sages.

Il seroit encore très-politique de nommer
au scrutin, ou au sort, un nombre égal de
riches et de pauvres, pour former le conseil
dans la démocratie.

On pourroit aussi donner une indemnité à
un nombre de pauvres égal à celui des riches,
et attendu que les premiers sont en majorité,
l'excédent seroit exclus par la voie du sort.

Dans les états oligarchiques, il seroit d'une
bonne politique d'admettre à la participation
des affaires quelques individus de la classe du
peuple, ou bien d'instituer, comme dans
quelques états, des proviseurs ou gardiens
des loix. L'assemblée ne pourroit délibérer
que sur leur proposition. Ainsi le peuple vo-
teroit sans danger pour la constitution. Il
adopteroit la loi, et n'auroit que le droit d'y
ajouter des amendemens dans le sens du projet. Enfin on pourroit statuer que les résolutions prises par l'assemblée auroit besoin de
la sanction du magistrat.

Je voudrois encore qu'on adoptât en raison
inverse, une loi en usage dans les démocraties. Le droit d'absoudre doit appartenir au
peuple. Il faut lui ôter celui de condamner, à

moins que le magistrat ne confirme. C'est
précisément le contraire dans les démocraties. Le petit nombre peut absoudre (6), et
c'est le grand nombre qui condamne, parce
qu'il y a toujours appel de la peine à la multitude.

Voilà ce que nous avions à dire sur le premier des pouvoirs, qui est le conseil national.

CHAPITRE XV.

De l'organisation du Pouvoir exécutif,
dans les différentes espèces de Gou-
vernemens Républicains.

LE second pouvoir est celui des magistrats.
Cette partie de l'organisation politique varie
aussi suivant l'espèce du gouvernement.

Qu'est-ce que le magistrat ? Combien y en
aura-t-il ? La durée de leurs fonctions sera-
t-elle fixée à six mois, ou moins, à un an ou
plus, suivant le mode établi dans diverses
constitutions ? Les magistratures seront-elles
perpétuelles, ou à long terme, ou ni l'un ni
l'autre (*) ? Les mêmes individus pourront-

_____

(*) La loi doit abréger le temps des magistratures,
à raison du pouvoir qui leur est confié. Mably, Leg.
liv. 2, ch. 4.

ils être élus, une fois seulement, ou deux, ou
plus souvent? Quelles seront les conditions
des élections, des électeurs, et des éligibles?
Il faut examiner ces questions (1) sous tous
leurs rapports, et suivre leurs modifications
suivant l'espèce de république.

D'abord, quels sont les caractères distinctifs du magistrat? L'ordre social exige un
grand nombre de fonctionnaires, mais tous
ceux qui sont élus par la voie des suffrages
ou du sort, ne sont pas toujours magistrats.
Ainsi les pontifes, les chorèges, les héraults
d'armes, les ambassadeurs, quoique nommés
suivant les formes des élections, ne peuvent
être considérés comme magistrats politiques.
D'autres fonctionnaires, comme les généraux, ont autorité sur tous, mais dans une
seule attribution. D'autres n'ont inspection
que sur une seule classe, comme les censeurs
qui surveillent les femmes et les enfans. Enfin
il y a des fonctions purement économiques,
qui sont aussi nommées d'après le mode ordinaire. Tels sont les ditributeurs du bled, et
autres commissions en sous-ordre, qui sont
quelquefois déléguées à des esclaves, lorsqu'ils sont riches.

Mais nous cherchons ici le magistrat dans

un sens rigoureux. J'appelle magistrat le fonctionnaire public investi du droit de délibérer dans le conseil national, de juger, et de commander (2). J'appuye sur-tout sur cette dernière attribution, qui est le caractère essentiel de la puissance.

J'avoue que tant de précision n'est pas nécessaire dans l'usage ordinaire de la vie, et que jamais définition métaphysique n'a fait naître de procès politiques ; cependant ces sortes de causes doivent être jugées au tribunal de la raison.

Mais quelles seront les magistratures ? Combien y a-t-il d'espèces de pouvoirs nécessaires pour organiser un gouvernement ? N'y a-t-il pas des magistratures utiles pour une bonne police, sans être tout-à-fait indispensables ? Voilà des questions importantes, qui intéressent également les grands et les petits états.

Dans les grandes cités, chaque magistrat ne doit remplir qu'une fonction. Une population considérable offre nécessairement un grand nombre d'individus propres aux charges publiques. Ainsi on pourra statuer que telle charge ne sera occupée qu'une fois, et qu'on ne sera rééligible à telle autre, qu'après un long intervalle. Mais que chaque magistrat n'ait jamais que des attributions de même nature : gardez-vous de le distraire par la complication des affaires.

Dans les petites cités, un petit nombre de magistrats remplira nécessairement plusieurs fonctions : la pénurie des citoyens en fait une loi impérieuse, parce qu'on ne trouveroit pas d'hommes pour leur servir de successeurs. D'ailleurs, un petit état exige souvent un aussi grand nombre de loix et d'autorités constituées , qu'une vaste république. On y est donc forcé d'employer souvent les mêmes hommes, tandis qu'un grand état peut se dispenser de leur confier si fréquemment les mêmes pouvoirs. Mais si les circonstances politiques, vous obligent de multiplier les attributions du même magistrat, faites que les affaires ne se croisent pas. Employez le magistrat, vu la disette d'hommes , à plusieurs fonctions, mais comme un même fanal qui a plusieurs foyers.

A présent , quelles espèces de fonctions sont susceptibles d'être cumulées ? Nous avons ici une donnée : on examinera quels magistrats sont nécessaires à la cité, et quels autres sont seulement utiles. Prenons la police pour exemple. Est-il indispensable qu'il y

ait un inspecteur pour le marché, d'autres
inspecteurs encore pour différens endroits ?
De même, est-il essentiel de séparer la police
des choses de celles des personnes ? Il faut
des inspecteurs des mœurs, y en aura-t-il un
pour les femmes, un autre pour les enfans ?
Non. Un seul magistrat peut suffire pour chacune de ces attributions.

Autre question : les autorités constituées ne
varient-elles pas suivant l'espèce du gouvernement ? Seront-elles les mêmes dans la démocratie, l'oligarchie, l'aristocratie, et la
monarchie ? Seront-elles modifiées suivant
l'inégalité des prérogatives, c'est-à-dire, de
la vertu, de la richesse et de la liberté ? Ou
bien, la nature des pouvoirs constitués ne
modifiera-t-elle pas certains gouvernemens ?

Je réponds que quelques magistratures seront les mêmes, et d'autres nécessairement
différentes. Tel gouvernement exige de grandes magistratures : tel autre n'en veut que de
petites. Quelques autorités constituées ne sont
même pas dans le système de certaines orga-
nisations politiques. Telle est la magistrature
des gardiens des loix (3). Celle-là ne convient
point à la démocratie qui veut un sénat. Un
gouvernement populaire a besoin d'un pouvoir sénatorial, pour faire marcher les affai-

res, pendant que les citoyens sont occupés à leurs travaux. Si ce conseil étoit peu nombreux, il seroit dans le systême oligarchique; or il est nécessaire que des gardiens des loix soient en petit nombre : cette magistrature est donc propre à l'oligarchie. Si vous établissiez dans un même gouvernement, et des sénateurs qui conviennent à la démocratie, et des gardiens qui sont dans le systême oligárchique, les gardiens primeroient le sénat.

De même, un sénat est une autorité nulle dans l'espèce de démocratie où l'assemblée générale est le gouvernement. C'est ce qui arrive lorsque les citoyens sont riches, ou qu'il y a une rétribution pour assister aux assemblées. Alors la multitude ne travaille pas, elle se rassemble fréquemment, et gouverne.

La surveillance des femmes et des enfans, et en général nulle espèce de censure (4), ne convient au régime démocratique. Cette magistrature appartient exclusivement à l'aristocratie. Comment un censeur empêcheroit-il de sortir les femmes de la classe pauvre ? Comment réprimeroit-il leur luxe dans une oligarchie ? Mais en voilà assez sur cette matière.

Passons au mode de création des magis-

trats ; nous en développerons à fond la théorie (*).

Il y a dans les élections trois termes, dont
les combinaisons différentes donnent tous les
modes possibles. Ces termes sont, 1°. les électeurs; 2°. les éligibles ; 3°. la nomination : ces
trois parties ont chacune leur différence, car,

1°. Les électeurs sont, ou tous, ou quelques-uns ;

2°. Les éligibles sont, ou tous, ou quelques-uns ;

3°. La nomination se fait au suffrage ou au
sort.

Je dis que les éligibles sont, ou tous, ou
quelques-uns , c'est-à-dire, qu'ils sont pris
dans une classe déterminée par le cens, ou la
naissance, ou la noblesse, ou toute autre prérogative. Ainsi, à Mégare, les éligibles étoient
circonscrits dans les familles de ceux qui

(*) Le peuple , dans la démocratie , ne peut être
monarque que par ses suffrages , qui sont ses volontés.
Les loix qui établissent le droit de suffrage , sont donc
fondamentales dans ce gouvernement. En effet , il est
aussi important d'y régler comment , par qui , à qui ,
sur quoi les suffrages doivent être donnés , qu'il l'est
dans une monarchie , de savoir quel est le monarque ,
et comment il doit gouverner. Esp. des Loix , liv. 1,
ch. 2.

avoient combattu pour renverser la démocratie.

Ces termes se combinent de nouveau (5) ;
car,

1°. Les électeurs peuvent être, tous, nom-
mant telles charges, et quelques-uns telles
autres.

2°. Les éligibles peuvent être, tous habiles
à telles charges, et quelques-uns à telles autres.

3°. Les nominations peuvent se faire, partie au suffrage, et partie au sort.

Ces termes se combinent encore, et offrent
chacun quatre modes différens ; car,

Les électeurs peuvent être tous les citoyens, qui nomment,

     1°. Parmi tous au suffrage ;

     2°. Parmi tous au sort ;

     3°. Parmi tous simultanément ;

     4°. Parmi tous alternativement ;

     5°. Ou partie simultanément ;

     6°. Ou partie alternativement.

Je dis alternativement, c'est-à-dire, par
tour de tribu, canton, ou curie, jusqu'à ce
que tous les citoyens ayent joui de leur droit
successivement.

Ou bien les électeurs peuvent être quelques
citoyens qui nomment,

1°. Parmi tous au suffrage ;

2°. Parmi tous au sort ;

3°. Parmi quelques-uns au suffrage ;

4°. Parmi quelques-uns au sort ;

5°. Ou partie au suffrage ;

6°. Ou partie au sort.

C'est-à-dire, partie au suffrage parmi tous, partie au sort parmi quelques-uns.

Ainsi, indépendamment des deux combinaisons, voilà douze modes de nominations.

Deux modes sont démocratiques. C'est lorsque tous élisent parmi tous, au suffrage, ou au sort, ou partie au suffrage, et partie au sort (*).

Si la majorité (6) nomme parmi tous, ou parmi quelques-uns, au suffrage, ou au sort, ou partie au suffrage, et partie au sort, ou partie parmi tous, et partie parmi quelques-uns, et cela des deux manières, c'est-à-dire,

_____

(*) Le suffrage par le sort est de la nature de la démocratie. Le sort est une façon d'élire qui n'afflige personne. Il laisse à chaque citoyen une espérance raisonnable de servir sa patrie.... Mais pour corriger le sort, il falloit, après le temps de sa magistrature, essuyer un jugement sur la manière dont on s'étoit comporté. Les gens sans capacité devoient avoir bien de la répugnance à donner leur nom pour être tirés au sort. Espr, des Loix, liv. 2, ch. 2.

partie

partie au suffrage, et partie au sort, ces modes sont tous dans le système de la république.

Si quelques-uns nomment parmi tous au scrutin ou au sort, ou des deux manières, c'est-à-dire, partie au sort, partie au scrutin, ce mode est dans l'esprit de l'oligarchie ; la seconde manière est davantage dans le sens de ce gouvernement.

Si certains magistrats sont élus parmi tous, et certains parmi quelques-uns, les premiers aux suffrages, et les autres au sort, ce mode appartient à l'aristocratie inclinant à la république.

Si quelques-uns sont élus parmi quelques-uns, le mode est oligarchique.

Mais si quelques-uns sont élus parmi quelques-uns, au sort, sous un autre rapport ; c'est-à-dire, si quelques-uns étant élus parmi quelques-uns, au suffrage et au sort (7), quelques autres sont élus de même parmi tous, ce mode n'est point oligarchique.

Si tous nomment parmi quelques-uns, au scrutin, le mode est aristocratique.

Telles sont les différentes combinaisons qui forment le système des élections, et varient suivant les espèces de gouvernemens.

Quel mode d'élection convient aux diffé-

Tome I.   X

rences d'organisation sociale ? Comment doivent être constitués les magistrats investis de la puissance ? C'est ce que nous venons de développer. J'appelle magistrat investi (*) de puissance, celui qui dirige les finances, et veille à la sûreté de l'état ; car il existe d'autres espèces de magistratures, comme celle du général d'armée, ou celle du magistrat chargé des transactions et des contrats (8).

(*) C'est ce que les Romains appelloient *esse cum imperio et potestate.*

CHAPITRE XVI.

De l'organisation du Pouvoir judiciaire dans les différentes espèces de Gouvernemens Républicains.

Il nous reste à traiter de la troisième autorité constituée, qui est le pouvoir judiciaire. Nous en examinerons les rapports en suivant la même méthode. Le pouvoir judiciaire présente trois termes qui en établissent les différences : 1°. le juge. Sera-t-il élu parmi tous, ou parmi quelques-uns ? 2°. Les attributions. Combien y a-t-il d'espèces de jugemens ? 3°. La nomination. Se fera-t-elle par la voie du sort ou des suffrages (*) ?

Nous commencerons par distinguer les différentes espèces de jugemens (1). Il y en a

(*) La puissance de juger ne doit pas être donnée à un sénat permanent, mais exercée par des personnes tirées du corps du peuple, comme à Athènes.... De cette façon, la puissance de juger, si terrible parmi les hommes, n'étant attachée ni à un certain état, ni à une certaine profession, devient, pour ainsi dire, invisible et nulle. On n'a point continuellement des juges devant les yeux ; et l'on craint la magistrature, et non pas les magistrats. Esprit des Loix, liv. 11, ch. 6.

huit ; 1°. l'examen des comptables (2) ; 2°. les
lésions faites à la république ; 3°. les crimes
d'état ; 4°. les actions entre les magistrats et
les particuliers (3), pour appel de condamnation ; 5°. les jugemens sur transactions particulières, lorsque l'objet est important ; 6°.
l'accusation d'homicide ; 7°. les causes des
étrangers ; 8°. les causes d'homicide peuvent
appartenir à différens tribunaux (4), suivant
que le meurtre est contraint ou volontaire ;
que le fait est constant ; qu'il y a doute sur
l'application de la loi ; que l'accusé, après un
exil, vient purger la contumace. C'est cette
espèce de cause qu'on appelle à Athènes,
jugement du puits (5). Heureusement ces
crimes sont rares, et l'on en voit peu d'exemples, même dans les grandes cités.

Les causes des étrangers sont de deux espèces, celles des étrangers contre des étrangers,
et des étrangers contre les citoyens.

Il y a encore des cours de justice (6) pour
juger les petites causes, depuis la valeur
d'une drachme jusqu'à cinq, ou un peu au-
delà. Il faut des juges pour décider ces sortes
d'affaires, mais elles ne sont pas de nature à
être portées devant les grands tribunaux (7).

Nous ne nous étendrons pas davantage sur
les tribunaux, comme chargés de juger les

causes même criminelles, et celles des étrangers. Nous les considérerons sous leurs rapports politiques : c'est leur mauvaise organisation qui prépare les soulévemens et les révolutions.

Or les juges sont élus, ou parmi tous (8) pour juger toutes les affaires, au suffrage, ou au sort, ou partie au suffrage et partie au sort ; ou bien ils sont élus parmi tous pour juger certaines affaires, avec les mêmes combinaisons du suffrage et du sort (*). Voilà quatre modes, dont les différences en offrent quatre autres, car, les juges peuvent être élus parmi quelques-uns pour toutes les affaires, au suffrage, ou parmi quelques-uns pour toutes les affaires, au sort, ou partie au suffrage, et partie au sort. Ces différens modes présentent les résultats, et les doubles combinaisons que nous avons déja développées. Ainsi les juges peuvent être élus partie parmi tous, partie parmi quelques-uns, d'après les

(*) Quand le choix et le sort se trouvent mêlés, le premier doit remplir les places qui demandent des talens propres ; l'autre convient à celles où suffisent le bon sens, la justice, l'intégrité, telles que les charges de judicature ; parce que dans un état bien constitué, ces qualités sont communes à tous les citoyens. Cont. Social, liv. 4, ch. 4.

diverses combinaisons des suffrages et du sort : par exemple, les juges d'un même tribunal pourroient être élus, quelques-uns parmi tous, quelques autres parmi certains, ou au sort, ou au suffrage, ou dans la combinaison mi-partie de l'un et de l'autre.

Voilà les différens modes qu'il est possible d'employer dans la nomination des juges. Les premiers, c'est-à-dire, les élections faites parmi tous, pour juger tout, sont démocratiques. Les seconds, c'est-à-dire, les élections faites parmi quelques-uns pour juger tout, sont oligarchiques. Les troisièmes, c'est-à-dire, les élections faites partie parmi tous, partie parmi quelques-uns, sont dans le système de l'aristocratie, ou de la république.

FIN DU LIVRE QUATRIÈME.

NOTES

CHAPITRE PREMIER.

(1) *Or ce bien doit se trouver éminemment dans cette société par excellence.* Les philosophes grecs regardoient la politique comme le complément de la morale, et l'ordre social dans sa perfection, comme le moyen pour arriver au bonheur par la vertu. Thalès, dit Plutarque, vie de Solon, s'appliqua sur-tout à cette partie de la morale, qui traite de la politique et de la législation. La morale, dit Aristote, est la justice. La justice est l'ordre de la société. Mais le gouvernement est l'organisation de l'ordre social : c'est donc aux gouvernemens sur-tout que la morale doit être appliquée. *Mor. ad Nic. liv.* 8, *ch.* 11, 12, 13.

Platon est parti du même principe dans sa république, qui n'est qu'un traité de morale, dont il applique les conséquences à l'organisation de son gouvernement. *Voyez sur-tout Rép. liv.* 4 *et* 5, *et Analyse des deux Rép. liv.* 2, *p.* 55 *de ce volume.*

On ne sera donc pas surpris de trouver fréquemment dans la politique d'Aristote, des dissertations sur différens points de morale, qui ont rapport avec la législation et la science des gouvernemens, aussi presque tous les livres de la politique commencent par quelques chapitres, où il traite quelques-uns des points de morale controversés de son temps. Ce ne sont pas, comme l'a pensé Fabricius, des intercalations, mais des discussions qui appartenoient au sujet, d'après la

X 4

manière des anciens, d'envisager la science de la politique. *V. Bibl. Græca ad Aristotel.*

Il est essentiel à quiconque lira la politique d'Aristote, de se pénétrer de ce principe, afin de saisir
l'esprit de l'auteur, et de le suivre dans sa marche.

Au reste, il déduit de ce principe une conséquence
grande et vraie. C'est que tous les gouvernemens sans
exception doivent avoir pour base la vertu. Si Montesquieu avoit admis, comme les anciens, l'union intime
de la morale et de la politique, auroit-il avancé,
qu'il y a des différences dans les principes, comme
dans l'organisation des gouvernemens ; que l'un est
fondé sur la vertu, l'autre sur la modération, un autre
sur l'honneur, un quatrième sur la crainte ? Les anciens pensoient avec raison, que gouvernement et
vertu doivent être synonimes. *V. Esp. des Loix, liv.*
3, *ch.* 3 *et seq.*

(2) *Quelques politiques.* Il y avoit rivalité entre
l'académie et le lycée. Aristote s'applique dans tous
ses ouvrages à réfuter les principes de Platon et de
Socrate. Cette rivalité a duré jusqu'à la renaissance
des lettres entre les partisans de l'école péripatéticienne et platonicienne. Aristote ardent, plein de
génie, et sur-tout avide de tous les genres de gloire
littéraire, se brouilla avec Platon son ancien maître.
Il voulut exercer le despotisme de la science. Il resem-
ble, dit Bacon, à ces sultans qui tuent leurs frères
pour régner seuls. *De Aug. Scient. p.* 88.

Voici le texte de Platon. « Roi ; tyran, magistrat,
» père de famille et maître, doivent être prudens et
» justes. Donc royauté, tyrannie, magistrature, éco-
» nomie domestique, commandement à des esclaves,

» sont une même science, qui a pour base la prudence
» et la justice ». *Plat. Amatores, p. 7. Politicus seu
de regno , p. 170 , ed. de Marcil ficin.*

(3) *A l'aide de la méthode.* Cette méthode appartient toute entière à Aristote. C'est sur-tout par elle
qu'il existoit une grande différence entre l'académie et
le lycée. Platon disserte sous la forme du dialogue. La
méthode d'Aristote est plus philosophique , et a bien
plus de précision. Buffon nous donne l'explication de
cette méthode , à l'occasion de l'histoire des animaux.
« Il commence , dit-il , par établir les différences et
» les ressemblances générales entre les différens genres.
» Il rapporte tous les faits , toutes les observations qui
» portent sur des rapports généraux et sur des carac-
» tères sensibles. Il tire ces caractères de la forme, de
» la couleur , de la grandeur et de toutes les qualités
» extérieures de l'animal entier..... Il considère aussi
» les différences des animaux par leurs façons de
» vivre, leurs actions, leurs mœurs, leurs habitations ».
Cette exposition de la méthode d'Aristote, dans son
Traité sur les Animaux, s'applique exactement à tous
ses autres ouvrages. Il procède rigoureusement par
l'analyse , et il y ajoute la méthode du doute, comme
il le dit lui-même , *Métaph. ch.* 1. Il l'emploie fréquemment dans sa Politique , moins cependant , parce
que ses idées ne sont pas arrêtées, qu'afin de discuter
et de réfuter les principes de ses adversaires. Nous ne
parlons ici que de la vraie méthode d'Aristote , telle
qu'on la trouve dans ses écrits. Quant à celle que les
scholastiques lui ont prêtée, elle étoit leur ouvrage. Ce
n'est pas Aristote qui a gâté la raison : ce sont eux qui
ont gâté Aristote. *Voyez Encycl. art. Aristotelisme.*

Peripateticien. Bacon lui fait cependant un reproche,
c'est que s'appuyant trop sur sa méthode, il s'est quelquefois passé de l'évidence, pour mettre les mots à la
place des choses.

(4) *Examinons l'ordre de la nature.* L'action et les
opérations de la nature sont souvent mises en jeu par
Aristote dans tous ses ouvrages, et sur-tout dans sa
Politique. C'est elle qui opère sans cesse, et qui est
par-tout vraie, fin. Il faut expliquer par ses propres
ouvrages, ce qu'il entendoit par nature.

L'univers est suspendu dans l'espace. Cette sphère
immense comprend trois sortes d'essences différentes.
L'essence immobile occupe la première sphère, et en-
veloppe l'univers. L'essence mobile et incorruptible
s'étend depuis la première sphère, jusqu'à l'orbite de
la lune. L'essence mobile et corruptible s'étend de la
lune au centre de la terre. *Métaph.* 14, *ch. dernier,
et ch.* 6. *Phis. liv.* 3, *ch.* 7.

De ces trois essences, les deux premières composent
la sphère céleste, et la troisième, la sphère sublunaire.
Toutes ces sphères renferment en elles un principe
d'activité qui les meut. Ces principes d'activité ont
leurs qualités essentielles qui déterminent la position,
le lieu, les formes, et le mouvement de ces sphères. Le
principe actif du monde sublunaire est cette cause
puissante qui s'appelle nature. Elle est le principe
interne de mouvement et de repos essentiel à tous les
êtres. Or tous renferment ce principe, parce que tout
ce qui existe dans le monde sublunaire, doit par son
essence, naître, croître, décroître, enfin périr par le
repos, qui est le terme de la durée de tous les individus. *Phis. liv.* 3, *ch.* 1 *et* 8. Lorsque l'individu

est détruit par la mort , le principe actif qui tend
sans cesse à organiser , entraîne les parties à se réorga-
niser sous une autre forme , ou sous mille formes différentes. De-là cette foule de germes qui se forment sans
cesse, se développent suivant certaines loix , et se meu-
vent vers leur terme avec toutes les facultés qui constituent leur essence. Telle est la nature d'Aristote ,
cause motrice et finale de tout ce qui existe. Bacon lui
reproche aigrement ce système. *Mém. Acad. Insc.
t. 32.*

(5) *Les couteliers de Delphes.* Il se faisoit à Delphes
un concours immense , non seulement de la Grèce ,
mais encore de tout l'univers. C'étoit un pélerinage
fameux , comme nous en avons vu de nos jours. Ce
lieu , disoient les pretres , étoit le nombril de la terre.
Apollon y rendoit des oracles qui avoient toujours
leur effet. Il y prodiguoit les miracles. Autour du temple , il se tenoit une foire célèbre , où l'on achetoit
sur-tout des couteaux où se trouvoient une lame, une
lime , et une petite scie. *V. Pausanias et Strabon ,
p.* 416 *et seq.*

(6) *Barbares et esclaves sont synonimes.* Ils appelloient barbares , tous les peuples qui ne parloient pas
la langue grecque. Après la guerre des Perses , les
Grecs conçurent un souverain mépris pour tout ce qui
n'étoit pas Grec. Les Barbares , dit Platon , doivent
être regardés comme des esclaves. Les Athéniens sont
faits pour commander , et les Barbares pour obéir.
Platon Menex. Disc. d'Aspasie.

(7) *Epiménide de Crète.* C'est ce fameux Epiménide
qui dormit pendant 57 ans. Il nâquit à Pheste, ville de
Crète. Les nymphes , dont il étoit très-aimé , lui

avoient donné un philtre , dont une seule goutte rendoit vigoureux pour long-temps. C'étoit un sage. Le
peuple le crut inspiré. Les Athéniens se prétendirent
en proie aux spectres et aux démons. Ils invitèrent
Epiménide à venir les délivrer. Celui-ci se rendit à
Athènes ; il fit faire un grand nombre de sacrifices , où
le peuple se régala de la chair des victimes , et composa des chansons qu'il fit chanter au peuple. Bientôt il
ne fut plus question de spectres ni de démons. Strabon,
p. 178 , parle de ces chansons. Epiménide fut l'ami
de Solon , et l'aida dans la confection de ses loix.
Platon dit , *Rép. liv.* 3, qu'on lui est redevable d'une
foule d'inventions. Il étoit poëte , et avoit composé un
poëme de 5000 vers en l'honneur des curètes et des
corybantes. Il avoit aussi mis en vers la constitution
crétoise. Il mourut âgé, dit-on , de 157 ans. Les Lacédémoniens se vantoient de posséder son corps. *Diog.
Laert. Epim. Pausanias* 13...31. Nous parlerons de
Charondas au liv. 2.

(8) *Les dieux reconnoissent un maître suprême.* Il
admettoit bien une essence immobile, éternelle , sans
étendue , infinie , qui étoit Dieu , qui donnoit par son
intelligence le mouvement à tout , mais il n'admettoit
pas cette hiérarchie céleste qui étoit reconnue de son
temps ; aussi les prêtres de Cérès pensèrent lui faire
subir le sort de Socrate. *Voyez Phys.* 8, *ch.* 5 *et* 7.
Métaph. liv. 14, *ch.* 6 *et* 7.

C H A P I T R E   II.

(1) *Nature est vraie fin.* Ce mot nature est pris
par Aristote dans deux acceptions. Il le prend en phy-

sique , comme principe agissant dans tous les êtres. En métaphysique , comme la perfection et le but de tout. *Gener. Anim. liv.* 1 ; *ch.* 1.

(2) *Justice, telle est la base de la société.* Δικαιοσυνὴ, Δικὴ. Δικαιοσυνὴ est la justice universelle ou observation des loix générales qui constituent la société humaine. Δικὴ est l'application des loix générales aux cas particuliers. C'est la fonction des tribunaux.

CHAPITRE III.

(1) *Quelques-uns la confondent avec l'économie.* Ce mot économie , tel qu'il est entendu ici par Aristote , mérite d'être expliqué, pour l'intelligence des chap. 5, 6, 7, où il traite de cette question. Il entend par οἰκονομίκη l'administration et la surveillance générale des biens de la famille , et des individus qui la composent. Par conséquent , l'économie se confond avec les trois pouvoirs du maître , du mari, et du père , qui constituent l'organisation de la famille. Il explique lui-même ce mot dans ce sens , lorsqu'il dit , chap. 8 , « l'économie se compose de trois pouvoirs, de celui du » maître , de celui du mari , et de celui du père ; et » plus loin , il suit de-là que l'économie doit s'occuper » plus des hommes que des choses , plus de la vertu » des individus , que de la valeur des biens , plus des » êtres libres que des esclaves ». Il distingue entre économie et spéculation naturelle. C'est-à-dire , que le père de famille est administrateur né et exclusif des biens et des personnes. La spéculation naturelle fait partie de l'économie, mais en est séparée. 1°. Parce que , non-seulement le chef, mais la famille toute

entière travaillent à acquérir. 2°. Parce que l'art d'acquérir, n'est pas le même que l'art d'administrer. Xénophon admet cette division dans son Traité de l'Economie domestique. « C'est à moi, dit Isomachus, à » sa femme, à administrer à mon gré tout le bien de la » maison. Pour vous, votre emploi est de soigner le » bien, et de veiller aux travaux des femmes et des » esclaves ». J'ai traduit le mot χρηματιστική par celui de spéculation naturelle, qui m'a paru rendre plus exactement dans notre langue, l'idée d'une occupation qui doit procurer la nourriture de la famille, par des moyens naturels.

(2) *Les statues de Dédale.* Dédale avoit fait des statues qui s'enfuyoient si elles n'étoient attachées. D'autres restoient en place, mais leurs membres faisoient divers mouvemens. C'étoit tout simplement des marionnettes, dont le mérite étoit déja jugé du temps de Platon. «Nos statuaires, dit-il, se rendroient ridi- » cules aujourd'hui, s'ils s'avisoient de nous faire des » statues dans le genre de Dédale ». *Menon*, p. 22. Pausanias dit qu'il en avoit vu dans ses voyages, et qu'elles avoient quelque chose d'inspiré et de divin. Ce Dédale est plus recommandable pour avoir inventé le villebrequin, la coignée, le niveau, et la colle de poisson.

(3) *Trépieds de Vulcain.* Les ouvrages qui sortoient des mains de ce dieu avoient tous une qualité surnaturelle. Ils étoient ou immortels ou animés, ou inaltérables. Tels furent, la lance et le bouclier d'Achille, le trône de Jupiter, le char du Soleil, et les trépieds animés dont parle Homère.

(4) *Instrumens proprement dits qui servent à faire.*

ποιητικὰ καὶ πρακτικὰ ὅργανα. Ces expressions appartiennent totalement à l'école. Il entend par instrumens pratiques , ceux qui opèrent par eux-mêmes. Ainsi il dit vertu pratique. C'est celle qui opère par elle-même le bien. Il entend par ποιητικὴ , l'art ou la chose qui sert à faire. Ainsi la poëtique ποιητικὴ ne produit pas directement des vers , mais elle sert à les faire. Ce paragraphe d'Aristote est d'une métaphysique obscure , si le texte n'est pas altéré , ce que je suis très-porté à penser. Voyez sur le mot πραξὶς. *Morale*, *liv. 4 , ch. 4.*

(5) *La partie , non-seulement est section d'un tout , mais lui appartient toute entière.* La sphère , dit-il , ne peut exister sans le segment , ni le segment sans la sphère. La sphère est le tout , et le segment est quelque chose du tout. Ainsi la partie ne peut être isolée du tout , parce qu'elle ne peut exister sans le tout. Elle n'est pas une chose , mais partie d'une chose. *V. Top. liv. 5 , ch. 5 et seg.* Si l'on dit que l'esclave étant partie du tout , doit être défini , il répond que non , parce que la définition s'applique à la qualité la plus noble seulement. Ainsi l'ame a la faculté du mouvement et du repos , le mouvement est plus noble , la définition du tout considérera seulement le mouvement. *Top. liv. 4 , ch. 6.* De même , la définition du tout , formé du maître et de l'esclave , s'appliquera au maître seul , exclusivement à l'esclave. C'est ici le cas de dire avec Montesquieu , ce qu'il dit ne prouve guère que la nature ait fait des esclaves , ou avec Alexandre son disciple , il rêve des sophismes.

(6) *La nature conséquente à elle-même.* Je n'ai trouvé aucun auteur dans l'antiquité qui ait soutenu

cette assertion d'Aristote. Hippocrate dit bien que le climat influe sur les habitudes morales et le physique des hommes. Lui-même adopte ce principe, *liv.* 7, *ch.* 7. « Les habitans des régions froides de l'Europe » sont courageux avec moins de pénétration et de » finesse, ils sont plus propres à vivre en liberté. Les » Asiatiques sont plus spirituels et plus propres aux » arts. Ils sont faits pour l'obéissance et l'esclavage ». Montesquieu prouve aussi comment les loix de l'esclavage domestique ont du rapport avec la nature du climat. *Espr. des Loix*, *liv.* 16. Mais personne n'a soutenu cet étrange paradoxe, que la nature donnoit une constitution particulière aux hommes libres et aux esclaves. Le résultat des travaux de l'esclave, peut être d'abâtardir, et de déformer le corps. Aristote prend l'effet pour la cause.

S'il naissoit des mortels beaux de cette beauté parfaite. Il développe cette idée, *liv.* 7, *ch.* 14.

(7) *Concluons que la nature a créé des hommes pour la liberté, et d'autres pour l'esclavage.* Ce systême singulier d'Aristote, est entièrement opposé à celui de Platon, qui n'admet d'esclaves que ceux que la loi de la guerre a faits. Il semble qu'Aristote a adopté cette opinion, afin de ne pas penser comme l'académie. Je ne trouve dans l'antiquité qu'un seul auteur qui ait pensé comme lui. C'est Brison, auteur d'une économique cité, par Stobée, qui dit. « L'esclave par » nature est l'être humain uniquement propre à porter » des fardeaux, à voyager, à servir, qui n'a ni vertu » de l'ame, ni perversité ». *Stob. Œconom. Disc.* 183. Hobbes seul, parmi les modernes, soutient l'esclavage, par le droit de nature. Il pose en principe,

liv.

liv. Libertas, *ch.* 2, *loi* 17, que toute promesse faite
par la crainte de la mort, est obligatoire par la loi
de nature. D'où il conclut, *Imp. ch.* 9, §. 2, que le
vainqueur est par le droit de la nature, le maître
absolu de son prisonnier. Mais cette espèce d'esclavage
de Hobbes n'est pas celle d'Aristote. Les anciens regardoient l'esclavage par la loi, comme légitime. Athénée
semble préférer l'opinion contraire. Démocrite y parle
avec complaisance du temps où il n'y avoit point d'esclaves. *Voyez Banquet*, *liv.* 6.

CHAPITRE IV.

(1) *Il est atroce, disent-ils, de se voir esclave,
parce qu'on a trouvé des hommes plus puissans et plus
forts.* Nous ne connoissons pas ces écrivains philantro-
pes, qui du temps d'Aristote, ont soutenu ce principe
si conforme à la raison. Xénophon, Platon, Hérodote, et tous les législateurs de l'antiquité ont admis,
ou consacré l'esclavage par leurs loix. Solon seul l'avoit
adouci à Athènes, et l'esclave avoit le droit de citer
son maître en justice, pour mauvais traitement.

(2) *La violence est le résultat nécessaire de la vertu.*
Cette opinion étoit assez généralement reçue par les
anciens, qui fondoient sur ce principe, le droit de
conquête. Le sage Xénophon fait dire à Cyrus, *liv.* 7,
p. 198, en parlant à ses guerriers, gardez-vous de
jamais retenir le bien d'autrui. Mais il existe un droit
naturel sur la terre, c'est que les villes, les hommes,
et les biens pris à la guerre, deviennent la propriété
légitime du plus fort. Soyez victorieux, et tout vous
appartiendra. Votre seule humanité pourra faire don

Tome I.   Y

de quelque chose aux vaincus. Cicéron lui-même, *Off. liv.* 1, *ch.* 12, dit que le désir de commander, peut-être l'objet d'une guerre. Platon, *Rép. liv.* 1, et dans le Gorgias, introduit Transymaque et Cratyle, qui avancent qu'il est juste que le plus fort commande. Cratyle cite l'exemple d'Hercule, qui ne voulut, ni acheter, ni recevoir en présent les troupeaux de Géryon, mais qui préféra s'en rendre maître par la force, afin de les posséder en vertu du droit de la nature. Mais Socrate réfute avec force ces faux raisonnemens. Peut-être l'opinion de Platon a-t-elle été la cause des principes opposés qu'Aristote semble adopter ici.

Page 22, *ligne* 4. *Parce que la cause de la guerre peut être injuste.* C'étoit l'opinion de Cicéron parmi les anciens. « Si le désir de commander ou la gloire » des armes sont l'objet de la guerre, elle n'en a pas » moins besoin d'être légitimée par la justice »..... Les promesses arrachées par violence, n'engagent point. *Off. liv.* 1, *ch.* 10, 12.

Page 22. *L'Hélène de Théodecte.* Théodecte de Phasélis, fut disciple de Socrate, et composa, dit Suidas, cinquante tragédies, dont Grotius a rassemblé quelques fragmens. *Fabric. Bibl. Gr. tom.* 1, *p.* 692.

(3) *La science du maître se réduit à savoir user de son esclave.* Les philosophes anciens les plus sages, admettoient cette maxime. Platon, le plus humain de tous, recommande de leur commander avec justice, mais il ne veut pas qu'ils ayent en aucun cas le droit de défense naturelle. *Loix, liv.* 9. Démocrite, dans le banquet d'Athénée, *liv.* 6, veut qu'ils soient bien nourris, non pour eux, mais pour le maître; qu'on les punisse avec équité, mais qu'on ne se permette

jamais de représentations douces à leur égard ; que le
maître ne se familiarise jamais, mais qu'il commande
toujours. Enfin le sage Xénophon, *Cyrop. liv.* 8, loue
Cyrus, de ce qu'il a soin de faire conduire les esclaves
à la rivière, pour boire avec les chevaux. Nous n'appuyerons pas davantage sur la hauteur du commandement des anciens à l'égard de leurs esclaves. Seulement, à côté de cette opinion des anciens sages, nous
rappellerons le Sénatus-Consulte Sillanien, qui établit
que si un maître étoit tué, tous ses esclaves vivans sous
le même toît, ou à portée de la maison seroient mis à
mort.

(4) *L'art d'acquérir.* κτητικὴ, c'est le moyen d'acquérir, et κτῆσὶ est la chose acquise. C'est la propriété, et le moyen d'acquérir cette propriété.

CHAPITRE V.

(1) *Nous allons parler de la richesse en général.*
Il pose ici les principes généraux et les bases naturelles
du commerce, du trafic, de l'invention de la monnoie. Ses principes sont ceux de Montesquieu et de
Smith ; ce sont ici les premiers élémens de l'économie,
qui paroît avoir été très-cultivée chez les anciens.
Aristote nous a laissé un traité sur cette matière. Nous
en avons un autre de Xénophon. Stobée nous a donné
des fragmens d'auteurs qui avoient fait des Traités
d'Economie domestique, comme Hieroclès, Byson,
Callicratidas, qui étoit Lacédémonien. Le morceau
qu'il cite de cet auteur est fort long, et peut-être le
seul ouvrage que Sparte nous ait laissé. *V. Stob. Œcon.*
p. 590.

Y 2

(2) χ.ηματιςικῆς. Il se sert dans ce chapitre de deux expressions dont il importe de fixer le sens pour l'intelligence de ce qui suit. Il employe ces mots οἰκονομικῆ, et οἰκονομία; χ ηματιςικῆ, et χρημα. οἰκονομικῆ, signifie l'art de l'économe, considéré sous le triple rapport de maître, de mari et de père. Cet économe est l'administrateur absolu des biens de la famille. χρηματιςικῆ, est l'art d'acquérir les biens qui sont destinés par la nature aux besoins de la famille. Ces biens sont les produits directs de la chasse, de la pêche et de l'agriculture. Je l'ai exprimé par le mot de spéculation naturelle, qui m'a semblé rendre l'idée du mot grec. χρημα veut dire ce bien naturel fait pour notre nourriture, au moins est-ce ici sa signification la plus ordinaire.

(3) *La spéculation naturelle fait-elle partie de l'économie ?* Il examine cette question, d'après les principes de sa méthode. Il cherche à connoître son espèce et sa différence. Il finit par conclure que cet art fait partie de l'économie. Tous les commentateurs se sont demandés pourquoi cette question se trouve traitée avec tant d'étendue dans ce livre, qu'elle le remplit presque en entier, avec celle de l'esclavage naturel. Cette question est essentielle d'après ses principes, et pour arriver aux conséquences qu'il en tirera par la suite. Il pose, comme base de la plupart des gouvernemens, et sur-tout de sa parfaite république, que tous les hommes ne doivent pas être admis à l'exercice des droits politiques. Il en veut trouver la raison dans la nature, qu'il regarde comme fin. En conséquence, il a avancé qu'il y avoit des esclaves par nature. Voilà une première exclusion. Après avoir exa-

miné la naissance des hommes, il passe à leurs occupations. Toutes celles qui sont dans la nature, sont
dignes de l'homme libre. Tels sont l'acquisition des subsistances naturelles avec le secours de toutes nos forces
et de nos moyens, par conséquent ces occupations
sont honnêtes et dignes de l'homme qui participe aux
affaires publiques. Mais le trafic qui achete pour revendre n'est pas dans la nature. Il n'a pas pour fin
directe notre existence, ceux qui exercent ces professions ne suivent donc pas le vœu de la nature,
ainsi ils ne peuvent être les principales parties de l'ordre politique, qui, dit-il, *Morale*, ch. 2, *liv.* 1,
est la perfection de la morale, et la plus sublime
des sciences. « Quant aux arts méchaniques, et aux
» travaux mercenaires, de pareilles occupations ne
» sont point dans la nature, qui n'a fait ni cordon-
» niers, ni forgerons ; ces arts déforment et dégra-
» dent le corps, ils ne présentent l'exercice d'aucune
» vertu, ils sont mercenaires, moitié serviles, ces
» hommes-là sont des bardauts, βαναυσοὶ, des
» rustauts, φορτικοὶ, qui étant dégradés, et dans un
» état contre nature, sont par la nature même des
» choses exclus des droits politiques ». Aussi, dit-il,
à Thèbes, non-seulement les artisans, mais les marchands en boutique, étoient exclus des honneurs, à
moins qu'ils n'eussent quitté le commerce depuis dix
ans. Tel est le développement de ses principes, pour
donner l'exclusion des droits politiques à tant de citoyens. Il insiste sur ce point dans son premier livre,
parce qu'il en fait une des bases de son système politique. Ces deux questions sont traitées avec étendue,
parce qu'il les regardoit comme problématiques. Quant

aux autres, sur l'organisation de la famille, sur les
pouvoirs du père, du maître, du mari, sur les droits
et devoirs des femmes, des mères et des enfans, il les a
traitées légèrement, parce qu'il les a regardées, comme n'étant contestées de personne.

(4) *La nature diversifie à l'infini les substances
nutritives.* Il a traité la question des différentes nour-
ritures des animaux, en profond naturaliste, *liv.* 8 *et* 9
de son histoire des animaux. «Nul écrivain, dit Buffon,
» n'a mieux saisi que lui les différences des animaux
» par leur façon de vivre, leurs actions, leurs mœurs,
» leurs habitations ». Les naturalistes qui sont venus
après lui, ont corrigé quelques-unes de ses erreurs,
mais ils n'ont pas fait oublier son immortel ouvrage.

(5) *On renferme sous le nom de chasseurs ceux qui
enlèvent des troupeaux de vive force.* C'étoit une profession honorable dans les temps héroïques. Hercule
étoit chasseur dans ce sens. Il enleva, dit Pindare, cité
par Platon dans le Gorgias, les troupeaux de Géryon,
parce qu'il en devint propriétaire par le droit de la
force. Il aima mieux cette manière d'acquérir, quoiqu'il pût les acheter, et les recevoir en don. Xénophon
de Venatione, loue Thésée comme chasseur. Platon
dit aussi : la chasse est un art très-étendu, qui renferme plusieurs parties. Elle comprend la poursuite des
poissons, des oiseaux, des quadrupèdes et des hommes, ... ainsi elle renferme le brigandage qui enlève
les troupeaux, et la ruse militaire qui surprend un
camp. Platon veut que le législateur interdise la pêche,
qui n'est qu'un art de patience. Il prétend que la
chasse aux oiseaux est une occupation plutôt faite
pour un esclave que pour un homme libre. Il n'adopte

que la chasse aux quadrupèdes qui se fait avec des chiens et à coups de traits. *Loix , liv.* 7 *ad fin.*

(6) *Les uns déposent avec le fœtus la nourriture qui leur convient.* Voyez le livre 5 *de Generatione Animalium.* Les faits y sont bien observés. Il y a seulement erreur dans le principe. Aristote paroît penser qu'un grand nombre d'insectes naissent de la fermentation. Cependant il semble se défier de son opinion. Il n'y dit pas qu'ils naissent sans germe , mais il n'affirme pas non plus qu'il y ait été déposé auparavant. *Liv.* 5 *, chap.* 17 *et seq.*

(7) *La guerre est une espèce de chasse aux bêtes et aux hommes nés pour l'esclavage.* Cette opinion atroce est une conséquence du droit de conquête, qui donne au vainqueur , et le vaincu et sa propriété. Il pose en principe, ce qu'ont dit, comme lui , Pindare, Xénophon et Platon. *V. note* 5 *de ce chapitre.*

CHAPITRE VI.

(1) *On convint de donner et de recevoir dans les transactions une matière utile.* Les premiers hommes employèrent du bétail comme monnoie. Les Athéniens se servirent de bœufs, et les Romains de brebis. Mais un bœuf ou une brebis n'étoit pas toujours de la même valeur qu'un autre bœuf, ou une autre brebis. Tandis qu'une pièce de monnoie, est plus ordinairement égale en valeur à une autre de même espèce. Hérodote nous apprend que les Lydiens furent les premiers qui inventèrent l'art de battre monnoie, et que les Grecs leur empruntèrent cet usage. *Clio.*

(2) *Cet art factice d'amasser des richesses , n'a*

pas *de fin déterminée.* Il prouve son principe, par un raisonnement de l'école. Les arts naturels ont une fin, qui est la nature, car la nature est la fin véritable de tout. Or le courtage n'est pas dans la nature, donc il n'a pas de fin, attendu que la nature est seule vraie fin. Mais qui dit fin, dit la limite d'une chose. La spéculation naturelle à la nature pour fin, elle a donc des bornes. Le courtage n'a pas la nature pour fin, il n'en a donc pas, il est donc indéterminé et sans bornes. Voyez sur la Fin, *Morales*, *liv.* 1, *ch.* 1, 2 *et seq.*

CHAPITRE VII.

(1) *Il y a deux espèces de spéculations, l'une naturelle, l'autre factice.* Nous citerons ici Montesquieu, qui nous explique les motifs des Grecs, pour admettre une pareille opinion. « Il faut se mettre dans l'esprit » que dans les villes grecques, sur-tout celles qui » avoient pour objet la guerre, tous les travaux et » toutes les professions qui pouvoient conduire à gagner » de l'argent, étoient regardés comme indignes d'un » homme libre. La plupart des arts, dit Xénophon, » (*liv.* 5, *Dits Mémorables*) dégradent le corps de » ceux qui les exercent. Ils obligent à s'asseoir à l'om- » bre, ou près du feu. On n'a de temps, ni pour soi, » ni pour ses amis, ni pour la république. Ce ne fut » que dans la corruption de quelques démocraties, » que les artisans parvinrent à être citoyens. L'agricul- » ture étoit une profession servile, et ordinairement » c'étoit quelque peuple vaincu qui l'exerçoit ; les » ilotes chez les Lacédémoniens, les periœciens chez » les Crétois, les penestes chez les Tessaliens, d'autres

» peuples esclaves dans d'autres républiques. Enfin
» tout bas commerce étoit infâme chez les Grecs ».
Espr. des Loix , liv. 4 , ch. 8.

Le droit romain sanctionnoit cet avilissement du
commerce. La loi de Constantin confond les femmes
qui ont tenu boutique de marchandises, avec les esclaves, les cabaretières, les femmes de théâtre, et les
filles de teneurs de mauvais lieu. *Quæ mercimoniis
publicè præfuit* , dit la loi 1 *de Natural. liberis.*
Montesquieu a développé les motifs politiques des
Grecs pour avilir le bas commerce, et les arts méchaniques. Aristote a voulu aller plus loin. Il cherche à
prouver ici que cette exclusion des droits politiques est
appuyée sur les principes, et fondée sur la nature. Tel
est, comme nous l'avons dit, le but de toute cette
discussion; il veut établir des principes, dont il fera
un grand usage dans la suite de cet ouvrage.

(2) *L'usure le rend productif.* Le mot τοκϛ en grec,
veut dire dans son acception propre, enfantement. Il
signifie aussi usure, c'est cette double signification qu'A-
ristote indique ici. Les anciens détestoient l'usure, on
peut le voir par le traité de Plutarque sur ce sujet. Il
falloit qu'elle fût chez eux portée bien loin, puisqu'il
étoit permis de prêter à douze pour cent d'intérêt par an.

(3) *Le climat influe sur la perfection des animaux.*
Il a traité cette question en grand naturaliste, dans
son huitième livre de l'*Hist. des Animaux., ch.* 28 et
29. Il y examine combien le climat influe sur la perfection et les mœurs de l'espèce.

(4) *La grande et la petite culture.* Il paroît qu'il
entend par-là, l'emménagement des bois et forêts,
la culture des arbres fruitiers, et celle des grains et
légumes.

(5) *Le commerce qui se fait de trois manières.* Il appelle commerce en général, la voiture par eau, le roulage, la vente sur place. Platon nous explique ce passage, μεταβλητικη ; c'est l'état des marchands qui voiturent des marchandises dans les divers pays. καπη-λικη, ce sont les revendeurs à demeure qui sont en boutique, ou en étalage sur la place. Ce dernier commerce étoit sur-tout avili. On l'appelloit en latin *caupona*, taverne, mauvais lieu.

(6) *Nous ne nous appésantirons pas sur ces détails avilissans.* Les écrivains politiques grecs, s'accordoient tous à regarder le bas commerce, et les arts méchaniques, comme vils et indignes de l'homme libre. Platon dit que le commerce de boutique est vil, parce que ces sortes de marchands s'accoutument à mentir et à tromper. On ne les souffrira, dit-il, dans la cité que comme mal nécessaire. Le citoyen qui se sera avili par le commerce de boutique, sera poursuivi pour ce délit. S'il est convaincu, il sera condamné à un an de prison. La punition sera doublée à chaque récidive. Ce genre de trafic ne sera permis qu'aux étrangers, qu'on trouvera être les moins corrompus. Le magistrat tiendra un registre exact de leurs factures et de leurs ventes. On ne leur permettra de faire qu'un très-petit bénéfice. *Loix, liv.* 11, *p.* 676, 677. Les arts sordides, dit Xénophon, sont infâmes, et indignes d'un citoyen. La plupart déforment le corps. Ils obligent de s'asseoir à l'ombre, ou près du feu. Ils ne laissent de temps, ni pour la république, ni pour ses amis. *Œconom. voy. p.* 827. Cicéron a aussi marqué les limites des arts libéraux et malhonnêtes. Parmi les professions, dit-il, il y en a d'honorables et de viles.

Un métier molestant est sordide. Tels sont les usuriers et les commis des douanes. Les gains des marchands de détail sont méprisables, en ce qu'ils sont en général fondés sur le mensonge. Tous les artisans dont on paye la main-d'œuvre, et non le talent, exercent un métier indigne d'un homme libre et honnête. *Off. liv. 1, ch.* 41. Ces superbes républicains vouloient que tous les travaux du citoyen tendissent directement à l'avantage de la république.

(7) *Thalès de Milet.* Il fut le premier des sept sages, et le chef de la secte Ionienne, à cause de Milet en Ionie sa patrie. Il naquit la première année de la trente-cinquième olimpiade, deux ans avant Solon, et 40 avant Pytagore. Il mourut âgé de 90 ans.

(8). *Il est bon que les hommes qui sont à la tête des gouvernemens connoissent ces spéculations* Aristote semble les approuver. S'il est vrai qu'il soit l'auteur des Œconomiques que nous a données le Florentin Strozzi, qui dit les avoir traduites en latin sur une traduction arabe, on y trouvera une foule de recettes pour avoir de l'argent. C'est dans cette partie, l'ouvrage le plus machiavélique qu'il soit possible de trouver en finance. Les conseils qu'il donne aux chefs des états pour extorquer de l'argent, sont tous dignes de la tyrannie la plus rafinée.

CHAPITRE VIII.

(1) *Amasis en parlant de son vase à laver les pieds.* Amasis, après avoir vaincu Apriès, roi d'Egypte, s'étoit emparé du trône. Mais les Egyptiens firent dans le commencement, peu de cas de sa personne, parce

qu'il étoit d'une naissance obscure. Il parvint à obtenir le respect par le moyen suivant. Il avait entre
autres pièces d'un métal précieux, un bassin d'or qui
servoit à sa chaise percée. Il le fit fondre, et changer
en statue d'une des divinités les plus respectées dans le
pays. Le nouveau dieu fut placé dans un des lieux les
plus apparens de la ville, et il se fit un grand concours
d'Egyptiens qui vinrent l'adorer. Alors Amasis fit assem-
bler le peuple, lui déclara la première destination du
métal précieux dont il avoit fait un dieu, et s'appliqua la comparaison. Vous adorez, leur dit-il, un
bassin devenu dieu, de même, ajouta-t-il, sachez
respecter un homme qui étoit peuple autrefois, et qui
est aujourd'hui votre roi. *Hérodote, Euterpe*, p. 177.

(2) *L'esclave n'a pas la faculté consultative.*
C'étoit l'opinion des hommes même les plus sages de
l'antiquité. Homère dit : Jupiter ôte la moitié de l'ame
à ceux que le jour de la servitude a surpris. *Odyss.*
liv. 17, *v.* 322. L'ame des esclaves n'est pas entière,
dit Platon ..... Il faut cependant consulter la justice
avant de les châtier et de les fustiger, car on se gar-
dera de les reprendre comme des hommes libres. *Loix,*
liv. 6, p. 623, 624. La servitude, dit Cicéron, est
l'obéissance d'une ame avilie et dégradée, qui n'a pas
son libre arbitre. *Parad.* 5.

(3) *Ce néologisme de quelques auteurs ne peut être*
adopté. Préférons la méthode, etc. Il attaque encore
ici Platon. Protagoras, dans les Sophistes, avance que
la pureté, la tempérance, la justice, sont des parties
formant un tout, qui est la vertu, à-peu-près comme
la bouche, les yeux, le nez et les oreilles forment un
tout qui s'appelle visage. Socrate n'adopte pas tout à-

fait cette idée. *V. Prot. p.* 201. Il s'explique plus
clairement dans le Menon. Il soutient que la vertu est
une dans son essence, et il appelle cette vertu première, prudence. Les autres vertus sont des espèces du
genre. Elles doivent toutes porter le caractère de cette
vertu primitive qui est une.

(4) *De Gorgias*. Platon attaque formellement au
commencement du Ménon, l'opinion de Gorgias, qui
vouloit que l'on définît chaque vertu en particulier. Il
reproche même à ce Gorgias d'être un sophiste, qui
pour faire parade de science, soutenoit des espèces de
thèses dans lesquelles il répondoit à tout. C'est ce
même Gorgias dont il a mis le nom à la tête de son
dialogue sur la rhétorique.

Aristote se déclare le partisan du système de Gorgias, et le développe en entier dans sa morale. Il y
compte quatorze vertus principales, qui sont vertus,
parce qu'elles tiennent le milieu entre un excès et un
défaut. Ainsi la magnanimité est le milieu entre la jac-
tance et la pusillanimité. Son tableau comparé contient quatorze excès, quatorze vertus, quatorze défauts. *Endem. liv.* 2, *ch.* 3. Voyez aussi son *Traité
des Vertus et des Vices*.

(5) *L'intempérance*. Il entend par ce mot, non pas
les excès auxquels nous donnons ce nom, mais en
général, les vices opposés à la vertu, que les anciens
appelloient tempérance.

(6). *Trouveront leur place ailleurs*. Aristote n'a
pas parlé des femmes, ni de leurs vertus. Fabricius en
conclut qu'Aristote n'a pas terminé sa politique, et
qu'il y manque des parties qui étoient annoncées,
comme devant faire le complément de l'ouvrage. On

observera qu'Aristote emploie souvent cette formule
pour écarter une foule de questions importantes qu'il
ne veut pas traiter. Il a également promis un Traité
sur l'esclavage, un autre sur les relations extérieures
avec les peuples voisins, *liv. 7*, *ch. 2*; un autre sur
l'emploi des propriétés, *liv. 7*, *ch. 5*. Il n'en a pas dit
un mot. *V. Fab. Biblioth. Gr. t. 2, ch. 6.*

LIVRE SECOND.

CHAPITRE PREMIER.

(1) *Quelle est la meilleure forme de constitution?*
Aristote ne prétend pas chercher comme Platon le
bonheur idéal et la perfection absolue de l'organisation politique. Il veut seulement qu'elle soit la plus
avantageuse aux peuples. « Quel gouvernement, dit-il,
» présentera plus d'avantage, s'il ne trouve point
» d'obstacles étrangers? Quelle constitution convient
» le mieux aux peuples, voilà le véritable objet de la
» science politique, car une constitution parfaite ne
» seroit, pour la plupart des peuples, qu'une brillante
» chimère ». *Pol. liv. 4, ch. 1.*

(2) *Comme le veut Platon dans sa république.* Cet
ouvrage fameux a été tour-à-tour l'objet de l'admira-
tion et des critiques, depuis Aristote jusqu'à nos jours.
Le sage Polybe, *liv. 6, Hist.* « déclare que cette ré-
» publique contient des discussions d'une métaphysi-
» que trop subtile pour le commun des lecteurs. Il ne
» veut pas la mettre en parallèle avec celles de Car-
» thage, de Crète, de Lacédémone et de Rome, parce
» que, dit-il, ce seroit comparer une statue avec un

» corps animé ». *Plut. de fort. Alex.* dit que Platon
donna le plan d'une république que personne n'a
été tenté d'adopter qu'elle est à peine lue, tandis
que des millions d'hommes ont adopté les loix d'Alexandre. *Athénée, liv.* 11, *Banquet des Savans*, dit,
« quel effet ont produit les loix et la république de
» Platon ? Athènes a produit trois législateurs, Dra-
» con, Solon et Platon. Les Athéniens ont adopté les
» loix des deux premiers, et ont fait un badinage de
» celles du troisième. Il n'a pas écrit pour des hommes,
» mais pour des êtres imaginaires. Montesquieu dit au
» contraire. Ceux qui voudront faire des institutions
» pareilles à celles de Pen, établiront la communauté
» des biens de la république de Platon, ce respect
» qu'il demandoit pour les dieux, cette séparation
» d'avec les étrangers pour la conservation des mœurs :
» ils donneront nos arts sans notre luxe, et nos be-
» soins sans nos désirs ». *Esp. des Loix, liv.* 4, *ch.* 6.

(3) *Socrate regarde comme fin parfaite de la cité.*
« Le plus grand bien de la société civile, dit Socrate,
» est ce qui en lie tous les membres, et la rend une.
» Or, quoi de plus propre à former cette unité, que
» la communauté des plaisirs et des peines ?... D'où
» viennent les discordes ? Du tien et du mien. Otez
» cette différence, tous auront les mêmes intérêts,
» et la cité sera bien gouvernée, parce que tous ses
» membres ne formeront, pour ainsi dire, qu'un seul
» homme ». *Rép. liv.* 5, *p.* 461.

(4) *Une multitude composée d'élémens divers.* Les
élémens nécessaires de la cité, selon Platon, sont le
tisserand, le laboureur, le cordonnier, et le maçon.
Aristote en met un plus grand nombre ; savoir, les

laboureurs, les ouvriers en général, les guerriers, les prêtres et les juges. *Polit. liv.* 4, *ch.* 4, *p.* 266 *et seq.*

(5) *Cité et société militaires sont différentes*. Il attaque Platon qui organise toute sa république pour les guerriers et par les guerriers, dont il fixe le nombre à 1000, dans sa première république, et à 5040 dans la seconde. *V. Traité des Loix*, *liv.* 5.

(6) *Comme les Arcadiens*. Ces peuples habitoient les montagnes du Péloponèse, et vivoient très-isolés. Polybe fait un grand éloge de leur sagesse et de leurs mœurs. Les autres peuples de la Grèce avoient tous une ville centrale et politique, à laquelle tenoient les loix, la religion et le gouvernement. Les Arcadiens n'avoient pas de ville, ni de centre commun. Leurs assemblées générales avoient lieu dans les campagnes, sans local déterminé. Aristote établit ainsi une différence entre ces peuples, et ceux qui avoient une cité dont le local étoit fixe. *Polybe ; Hist. liv.* 4.

(7) *On entend par cité une réunion ayant l'abondance*. Sa définition de la cité diffère de celle de Platon, qui faisoit consister la perfection de l'ordre social dans l'unité. *Rép. liv.* 2, *p.* 426. Aristote appelle cité parfaite, la réunion politique d'individus ayant tous les moyens suffisans pour vivre dans l'aisance et le bonheur. Il développe cette idée, *liv.* 7, *ch.* 8, en parlant des parties constituantes de la cité.

(8) *L'unité moins concentrée*. Ce raisonnement est dirigé contre Platon, qui veut que la cité soit une, comme tous les membres qui ne forment qu'un seul homme. *Rép. liv.* 5, *p.* 461.

CHAPITRE

CHAPITRE II.

(1) *Tous diront ceci est à moi, et n'est pas à moi.*
Qu'est-ce qui détruit l'unité, dit Platon, « c'est lors-
» que tous les citoyens ne disent pas en même-temps
» et des mêmes choses, ceci est à moi, ceci n'est pas à
» moi. Otez cette distinction, et supposez-les tous
», également touchés des mêmes choses, l'état ne sera-
» t-il pas parfaitement gouverné » ? *Rép. liv.* 5,
p. 461.

(2) *Le mot* tous *a un double sens, comme le mot*
tous deux. Voici le sens de cette chicane de l'école.
Tous deux, *uterque*, est pair ou impair, suivant l'idée
qu'on y attache. Soient trois et trois, tous les deux
faisant six : vus sous le rapport du tout, tous les deux
font un nombre pair. Vus sous le rapport de deux
divisions de six, ou deux fois trois, tous les deux sont
impairs. On peut voir, *Top. p.* 225, *Métaph. liv.* 7,
p. 917, et sur-tout dans son *Traité des Sophismes*,
les dissertations subtiles d'Aristote sur le mot *tout.* Ses
idées sur ce sujet sont opposées à celles de Platon, qui
dit, que l'unité est une, et plusieurs, tout et parties,
que tout a son principe, son milieu et sa fin. Nous
indiquons seulement ces chicanes sophistiques. Voyez
Platon, Parménides, p. 63. Voyez aussi les *Catégo-
ries,* où il dit. Il est de l'essence de la quantité d'être
égale et inégale, comme il est de celle de la qualité,
d'être semblable et dissemblable. *Cat. ch.* 6, *p.* 22.

(3) *Nos liaisons de canton et de tribu.* φράτορα ἤ
φυλέτην. Le mot φυλὴ, rend exactement ce que les
latins appelloient tribu. φράτορ, renferme exactement

Tome I.   Z

ce que nous entendons par section. Il vient du mot
φρέup puits, ceux qui vont puiser au même puits.
Telle est l'étimologie du mot latin *frater*. *Pol. liv.* 8.

(4) *Il y a des peuples dans la haute Afrique.*
« Les femmes sont communes chez les Limyrniens,
» ainsi que les enfans qui sont élevés en commun,
» jusqu'à l'âge de cinq ans. A six ans, on rassemble
» tous les enfans. La loi leur donne alors pour pères
» ceux auxquels ils ressemblent le plus ». *Stob. Serm.*
165, *p.* 470.

(5) *La jument de Pharsale qu'on appelloit la juste.*
La Tessalie et l'Epire étoient deux pays voisins, et
renommés pour la bonté de leurs chevaux. C'étoit des
environs de Pharsale en Tessalie qu'avoit été tiré Bu-
céphale. Ce cheval ne se laissoit monter que par
Alexandre : il étoit aussi léger que vigoureux, et avoit
sauvé la vie à son maître, qui fonda la ville de Bucé-
phalie en son honneur. Il avoit une conformation singulière. Sa tête ressembloit à celle d'un bélier. Sa mère
avoit aussi la même conformation, et la parfaite et
juste ressemblance que ses poulains avoient avec elle,
lui fit donner le surnom de juste.

(6) *Se purger par des lustrations religieuses.* Les
prêtres anciens avoient aussi leurs confessions, leurs
pénitences et leurs absolutions. *Voyez Jabloniski, et
Meursius de Mysteriis Veterum.*

(7) *Voici une immoralité.* Platon dit. « Si de jeunes
» guerriers se sont distingués dans les combats, on
» leur accordera plus souvent la liberté de coucher
» avec les femmes. Tant que la campagne durera, ils
» auront le droit de choisir parmi les jeunes gens,
» celui qui leur plaira. Nul d'entre eux ne pourra se

» refuser à leurs plaisirs ». *Rép. liv.* 5, *p.* 464. Il
réforme cette loi dans sa seconde république « Que le
» citoyen marié, dit-il, n'admette jamais une concu-
» bine dans son lit. Qu'il s'éloigne des embrassemens
» des jeunes gens. On ne doit pas semer dans un sol
» que la nature frappe de stérilité ». *De Leg. liv.* 8,
p. 647.

(8) *Socrate ne dit-il pas dans ses dialogues éroti-*
ques. Il y a, dit Platon, deux Amours, parce qu'il y a
deux Vénus. L'une est fille du Ciel, et n'a pas de
mère. C'est la Vénus céleste. L'autre est fille de Jupiter et de Dioné. C'est cette Vénus terrestre qui a parmi
les hommes tant d'adorateurs.....Dans l'origine, le
genre humain formoit trois espèces séparées. Les mâles
étoient fils du Ciel. Les femelles, filles de la Terre;
une troisième espèce, étoit moitié mâle et moitié femelle, celle-là naissoit de la Lune : c'étoient les
Androgynes. Ils avóient deux corps réunis dans un
seul, deux têtes, quatre pieds et quatre mains. Ils marchoient sur leurs pieds, mais s'ils vouloient faire une
course plus prompte, ils disposoient leurs pieds et leurs
mains à des distances égales, et tournant sur eux-mêmes, ils rouloient, et avançoient avec la rapidité du
vent. Ces Androgynes, fiers de leurs forces, essayèrent
de faire la guerre aux dieux. Jupiter ne voulut pas les
détruire avec la foudre ; comme il avoit fait les géans.
Il ordonna à Apollon de séparer en deux les Androgynes, et d'en faire deux individus, afin de diviser
leurs forces, et d'affoiblir leur union. Il y avoit auparavant trois espèces d'hommes séparées, qui ne se mê-
loient pas. Il n'en resta plus qu'une seule divisée en
mâle et femelle. Mais chaque individu conserve les

goûts de son origine primitive. Ceux qui descendent de l'Androgyne, hommes et femmes, brûlent réciproquement à leur approche, de se réunir, se précipitent l'un dans l'autre, et s'efforcent de redevenir, comme autrefois, un seul et même individu. C'est de cette race, que viennent les amans, les amantes, et les adultères. Ceux qui tiennent à la race des enfans du Soleil, sont plus mâles, et recherchent les mâles. Les rejettons des filles de la Terre, préfèrent les amours de leur sexe, et la vue d'un homme ne leur cause que de foibles désirs. Aristote cité par manière de raillerie cette allégorie qu'Aristophane développe avec complaisance dans le banquet de Platon. *Conviv. p.* 321.

(9) *Ne pourront donner à personne les noms de pères, etc.* Platon donne à sa loi un développement qu'Aristote a supprimé. Les mariages se feront à la même époque. Tous les enfans qui naîtront après ces mariages, à dater du septième mois au dixième, appelleront pères et mères, tous les époux qui seront ainsi désignés par la loi. Tous les enfans nés dans ces quatre mois seront frères et sœurs. *Rép. liv.* 5, *p.* 461.

CHAPITRE III.

(1) *Les fonds étant divisés, etc.* Aristote expose ici trois combinaisons différentes, d'où pourroit résulter la communauté des biens. Cette division est dans le genre de sa méthode, il n'examine pas ces propositions l'une après l'autre, suivant sa coutume, il se contente de réfuter le principe, ce qui le dispense de tout autre examen.

(2) *Si les terres étoient cultivées par d'autres que*

les citoyens. C'étoit une loi presque universelle dans les républiques grecques, de faire cultiver les terres par des esclaves, ou des espèces de serfs, tels que nous les avons connus. Les gouvernemens aristocratiques et oligarchiques imposoient, comme obligation politique, aux citoyens, de ne s'occuper que de la guerre et des affaires d'état. Ainsi les ilotes de Lacédémone, les penestes de Tessalie, les périœces de Crète étoient des serfs plus ou moins rapprochés de l'esclavage, qui cultivoient, moyennant corvée et redevance : mais ils avoient leur pécule, et plusieurs d'entre eux étoient très–riches. Les seules démocraties admettoient les laboureurs aux affaires publiques, encore, à Athènes, étoit-il rare de voir des citoyens labourer leurs champs. Ils se livroient plutôt au commerce et aux spéculations maritimes. Les Romains sont les premiers qui ayent véritablement honoré l'agriculture. Aristote lui-même exclut les laboureurs du droit de citoyen. *Voyez Pol. liv. 7, ch. 9.*

(3) *Que sera-ce lorsqu'on peindra sous les plus noires couleurs.* Aristote attaque indirectement Platon, qui a fait le tableau des maux qu'entraîne la propriété. « Quelle entrée, dit-il, la chicane et les procès trou-
» veront-ils dans une société, où personne n'aura rien
» à soi ? On n'y connoîtra ni les troubles, ni les dis-
» sensions, ni les demandes en indemnité, tristes en-
» fans du tien et du mien. Nul pauvre ne fera bas-
» sement la cour aux riches. Nul n'aura l'embarras
» d'amasser des richesses, de nourrir un troupeau d'es-
» claves. On n'empruntera point à gros intérêts. Des
» faussaires ne nieront pas leurs dettes, on ne thésau-
» risera pas, par mille voies que l'on n'ose qualifier.

» et de l'or et de l'argent, dont abusent si souvent des
» femmes et des esclaves. O mon ami, de combien de
» bassesses et d'indignités ne serons-nous pas délivrés»!
Rép. liv. 5, *p.* 462.

(4) *Comment. mettra-t-il en jeu.* Platon explique
lui-même pourquoi il ne donne pas de loix de détail
sur la division des citoyens, leur répartition en sections et tribus, et les réglemens à faire pour l'organisation définitive de sa république. « N'espérons pas,
» dit-il, réaliser le plan de cette parfaite république.
» Comme les peintres habiles dessinent à grands traits
» des modèles beaux de cette beauté idéale, qu'il est
» impossible de trouver dans les individus, de même
» nous ne voulons que donner un type accompli ; plus
» les législateurs se rapprocheront de ce modèle, plus
» leur constitution sera propre à conduire les hommes
» au bonheur ». Son *Traité des Loix* est consacré
presque en entier au développement des loix organiques, parce que, dit-il, sa seconde république, quoique moins parfaite que la première, est susceptible
d'être réalisée. *V. Rép. liv.* 5, *p.* 465.

(5) *Il ne donne d'éducation qu'à ses seuls gardiens.*
En effet, Platon déclare que la classe des ouvriers
trouvera dans l'exercice de son art, la seule éducation
qui lui convient. « Une demi-raison, dit-il, un esprit
» non cultivé, des occupations viles, et sans but pour
» la vertu, les rendent inhabiles aux emplois publics ».
Le reproche d'Aristote est fondé, mais lui-même,
liv. 1 et 7, adopte ces idées. *V. Plat. Rép. liv.* 2,
p. 376.

(6) *Les ilotes de Lacédémone, les pénestes de*

Tessalie. Personne n'ignore quelle étoit la condition
des ilotes, nous nous arrêterons aux pénestes, qui
sont moins connus. Athénée cite un fragment d'Arche-
maque, dans son histoire d'Eubée, qui raconte ainsi
leur origine. « Des Béotiens attirés par la beauté du
» pays d'Arna, se donnèrent aux Tessaliens pour être
» leurs serfs, à condition qu'on ne pourroit les ven-
» dre, et qu'on n'auroit pas sur eux le droit de vie et
» de mort. Ils s'engagèrent de leur côté à rester atta-
» chés à la glèbe, et à cultiver les terres, moyennant
» une redevance annuelle. Plusieurs sont aujourd'hui
» plus riches que leurs maîtres. On les appelle penes-
» tes, qui vient de πενομαι, être dans l'indigence ou
» la peine ». Ces penestes étoient, comme l'on voit,
les gens de main-morte de nos jours. *Athénée, Banquet, liv. 6.*

(7) *Prouver ce paradoxe par une comparaison
tirée des bêtes.* Platon dit. « Les chiennes ne rendent-
» elles pas les mêmes services que les chiens ? Elles
» gardent la maison, surveillent les troupeaux, vont à
» la chasse comme les mâles. Pourquoi les femmes ne
» rempliroient-elles pas aussi les mêmes fonctions que
» les hommes ? Pourquoi ne combattroient-elles pas
» aussi pour ce qu'elles ont de plus cher ? Quel sexe
» parmi les animaux, défend avec plus de courage ses
» petits ? Ce sont les mères ». *Rép. liv.* 5, *p.* 457. *De
Leg. liv.* 5, *p.* 609.

(8) *Il veut que les mêmes citoyens administrent
toujours.* Aristote n'est pas exact. Platon veut que les
censeurs des loix ne puissent être plus de vingt ans en
exercice. Qu'ils ne puissent être nommés avant cinquante ans, et qu'ils soient tenus de se démettre à

soixante-dix ans , quelle qu'ait été la durée de leurs
fonctions. Les autres magistrats sont institués pour cinq
ans , le sénat est biennal. *V. Anal. de la seconde Rép.*

(9) *Le ciel ne verse pas dans toutes les ames son or
divin.* « Le dieu qui nous a formés a mêlé l'or et l'ar-
» gent dans la formation des guerriers. Le fer et l'ai-
» rain entre dans l'ame des laboureurs et des artisans.
» Le dieu ordonne que le magistrat examine de quel
» métal l'ame d'un enfant est composée. S'il y recon-
» noît le mélange du fer et de l'airain , que l'enfant
» soit relégué parmi les artisans. S'il y voit briller l'or
» et l'argent , que ce rejetton précieux soit placé
» parmi les guerriers ». Aristote reproche à **Platon**
cette allégorie, qu'il a empruntée d'Hésiode. *Opera et
dies , Rép. liv.* 3 , *p.* 444.

(10) *Telle est la condition de ses gardes qu'ils ne
sont pas heureux.* Voyons , dit Platon , quelle sera la
vie de nos guerriers. « Ils seront pourvus par l'état de
» viandes saines , de vin , de vétemens et de logement.
» Leur nourriture sera de la farine d'orge ou de fro-
» ment , dont ils feront de la bouillie des pains et des
» gâteaux. Ils mangeront eux et leurs enfans sur des
» lits de verdure. Ils boiront du vin , couronnés de
» fleurs, en chantant les louanges des dieux. Ils au-
» ront de plus des olives , du fromage, des oignons , et
» tous les légumes possibles. Je veux encore qu'ils
» aient du dessert : on leur servira des figues et des
» fruits doux ou sauvages, qu'ils mangeront grillés au
» feu , en buvant modérément. Ils parviendront ainsi
» pleins de joie et de santé jusqu'à l'extrême vieil-
» lesse , et laisseront leurs enfans héritiers de leur
» bonheur ». Tel est le tableau que nous fait **Platon**

du bonheur de ses guerriers. *Rép. liv. 2, p. 427.*

(11) *Il n'en est pas du bonheur comme des nombres.*
Aristote se moque du système de Platon sur la formation de l'ame, qui, dit-il, est composée d'harmonies,
c'est-à-dire, de nombres élevés à leurs quarrés ou à
leurs cubes. Platon a emprunté ce système des Pytha-
goriciens, et sur-tout de Timée de Locres, qui ap-
puyoit son système du monde sur les nombres. *Voyez
Timée de Platon*, et le développement de cette doctrine obscure, dans les *Mémoires de l'Acad. des
Insc. t.* 32.

CHAPITRE IV.

(1) *Le second ouvrage.* Voyez l'*Analyse du Traité
des Loix*, p. 68.

(2) *Il porte à* 5000. Platon dit par-tout 5040. Il
avoit adopté ce nombre, parce qu'il se divise exactement par douze, nombre commode pour toutes les
divisions qu'il établit. D'ailleurs c'étoit un nombre
sacré, attendu qu'il étoit celui des sphères célestes, et
le plus parfait de tous parmi les hommes. *Voyez le
Timée.*

(3) *Il faudroit .... pour nourrir ces* 5000 *oisifs.*
Aristote qui fait ce reproche à Platon, n'ignoroit pas
cependant que les 9000 Spartiates, les 5000 Crétois
vivoient ainsi sans rien faire, avec les redevances
payées par leurs ilotes, et leurs periœces. Lui-même
tombe dans le même inconvénient qu'il reproche à
Platon. Il ne veut pas, dans sa parfaite république,
que ses citoyens s'occupent d'aucun travail méchani-
que, pas même de l'agriculture. Il ordonne que les

terres soient cultivées par des esclaves. *Pol. liv. 7, ch. 10.*

(4) *Platon devoit fixer avec plus de précision l'étendue des propriétés.* Platon dit littéralement, l'étendue des héritages sera telle, qu'elle suffise à des hommes qui n'ont pas de désirs. Il n'en faut pas davantage. Il explique ensuite plus positivement son idée. Nul citoyen, dit-il, ne pourra posséder moins d'un héritage, ni plus de quatre. Le cens pour un seul héritage est d'une mine, ou 90 liv. poids de marc. Ce produit étoit fort considérable alors, et supposoit une propriété d'au moins sept arpens. *Leg. liv.* 5, *p.* 610... 614. Le raisonnement qui suit n'est qu'une chicane de l'école.

(5) *Il ne statue rien sur le nombre des citoyens.* C'étoit une maxime politique chez les anciens, de fixer le nombre des citoyens. « Avec un petit territoire » et une grande félicité, dit Montesquieu, il étoit facile » que le nombre des citoyens augmentât et devînt à » charge. Aussi firent-ils sans cesse des colonies, ils se » vendirent pour la guerre ; rien ne fut négligé de ce qui » pouvoit empêcher la trop grande multiplication des » enfans. Il ne devoit y avoir qu'un certain nombre » d'hommes libres, pour que les esclaves fussent en état » de leur fournir la subsistance ». *Esp. des Loix, l.* 23, *ch.* 16. C'est d'après ce principe, que le nombre des citoyens de Sparte étoit fixé à 9000. Celui d'Athènes, à 20,000. Il étoit également fixé en Crète. Platon veut aussi que le nombre de ses citoyens n'excède pas 5040. Qu'on écarte les enfans foibles, ou disgraciés de la nature, que le magistrat veille à ce que la population ne surpasse jamais le nombre prescrit. Aristote va plus

loin. Il veut, pour arrêter l'excès de la population, que les femmes soient tenues de se faire avorter. *V. de Leg. liv.* 5, *p.* 461. *Polit. liv.* 7, *ch.* 16.

(6) *Phedon de Corinthe.* Il donna ses loix à Corinthe 50 ans avant Lycurgue, qui nâquit 926 ans avant notre ère.

(7) *Nous espérons présenter des idées plus saines.* Ces idées ne sont ni dans la nature, ni dans les principes de l'humanité. Platon se contente de dire qu'il faut écarter du nombre des citoyens les individus contrefaits, et nés de parens trop vieux et cacochymes. Aristote veut que les femmes se fassent avorter. *Voyez Polit. liv.* 7, *ch.* 16.

(8) *Il veut que chaque citoyen ait deux habitations.* Aristote observe fort bien qu'il est assez incommode d'avoir deux ménages. Mais il oublie sa critique dans le cours de l'ouvrage, et adopte lui-même cette division. « Le lot de chaque citoyen, dit-il, sera divisé en » deux parts, l'une près de la ville, et l'autre à la » frontière. Par cette combinaison, tous auront un » intérêt égal, s'il y a guerre contre les voisins. On » voit souvent que les uns s'inquiètent peu de l'inva- » sion étrangère, d'autres la redoutent jusqu'à la pu- » sillanimité. Cette double distribution pare à tous les » inconvéniens ». *Pol. liv.* 7, *ch.* 10.

(9) *Ce n'est ni une démocratie ni une aristocratie, mais ce gouvernement mixte qu'on appelle république.* Platon établit qu'il y a cinq grandes espèces de gouvernemens, savoir la royauté, l'aristocratie, l'oligarchie, la démocratie et la tyrannie. *Rép. liv* 4, *p.* 455. Il développe et modifie ce principe, dans son traité intitulé *Politicus, seu de regno.* Il y établit six espèces

de gouvernemens, dont trois sont bons, et trois mauvais. Les trois bons gouvernemens sont ceux qui existent par leur nature pour l'avantage des gouvernés. Ce sont la royauté, lorsque le plus parfait occupe le trône. L'aristocratie, lorsque les plus vertueux commandent. La démocratie, lorsque tous jouissent de l'égalité des droits, conformément à la justice. Ceux-ci donnent souvent naissance à trois gouvernemens corrompus. On les reconnoît, lorsque les gouvernans commandent pour leur avantage, sans tenir compte de celui des gouvernés. Ce sont la tyrannie, où le tyran règne pour lui seul. L'oligarchie, où la richesse obtient la préférence sur la vertu. La démagogie, où une populace licencieuse opprime les riches et les sages. Enfin il existe une septième espèce de gouvernement plus parfait que ceux que nous venons de nommer. C'est la république. Ce gouvernement est comme la vertu, le milieu entre les extrêmes. Il est le moyen terme entre la royauté et la démocratie. Il tient à la première, par la nécessité du commandement, à la seconde par l'égalité des droits et la liberté. *De Leg. liv.* 5, *p.* 615.

Aristote, en adoptant comme Platon, les espèces de gouvernemens dont nous venons de parler, n'admet pas sa définition de la république. Il approuve ceux qui prétendent que la république résulte de la fusion parfaite des bases des trois bonnes espèces de gouvernemens, ainsi qu'on le voit dans la constitution de Lacédémone, qui étoit monarchique par ses rois, aristocratique par son sénat, et démocratique par ses éphores. Il modifie cependant cette opinion. Il met la république comme milieu, attendu que la vertu se trouve entre les extrêmes. Mais il la constitue comme moyen terme, entre la richesse et la pauvreté, qu'il regarde comme les bases premières de tous les gouvernemens.

(g) *D'autres prétendent que cette constitution est tyrannique par ses éphores.* C'est un reproche indirect fait à Platon, qui dit, le gouvernement de Lacédémone semble incliner à la tyrannie, car la magistrature des éphores en a tous les caractères. *Leg. liv.* 4, p. 599.

(10) *Cette république de Platon n'a pas même de bases monarchiques.* Platon pense que les bases monarchiques dépendent moins de l'unité du chef, que de la nature des pouvoirs. Ses gardiens des loix sont électifs, mais ils peuvent être vingt ans en charge. Ils décident de toutes les affaires administratives et judiciaires en dernier ressort. Les jugemens de l'assemblée ont besoin d'être revêtus de leur sanction. Voilà ce qu'Aristote appelle bases monarchiques. *V. Leg. liv.* 4, p. 598 et seq. et liv. 6, p. 619.

(11) *Tous sont tenus de donner leur suffrage.* Lambin observe avec raison que ce passage sur les élections est obscur. Aristote suppose que son lecteur a Platon sous les yeux. Voyez ce mode d'élection développé d'après Platon lui-même, dans l'analyse de la seconde république, p. 73.

CHAPITRE V.

(1) *Phaléas est le premier.* C'étoit un écrivain politique qui vivoit dans le quatrième siècle avant notre ère, quelques années avant Platon. Nous ne connois-

sons ses ouvrages que par cet extrait d'Aristote.

(2). *Il propose de fixer le maximum.* Platon veut que chaque lot ou héritage rapporte une mine ou 90 l. de revenu. C'étoit la dernière classe. Par conséquent la première classe ne pouvoit porter le *maximum* de fortune, qu'à quatre mines, ou 360 liv., revenu représentatif d'environ vingt-huit de nos arpens. *De Leg. liv.* 5, *p.* 610, 614.

(3) *Le nombre des enfans.* V. chap. précéd. note 5.

(4) *Solon porta sa loi sur la division des classes.* Il avoit établi quatre classes, la première étoit celle des Pentacosiomedimnes, qui percevoient de leurs héritages 500 mesures de bled ou d'huile. La seconde étoit celle des Zeugites, qui recueilloient 300 mesures. La troisième étoit celle des Hippades, qui retiroient 200 mesures. La quatrième étoit celle des Thètes, qui n'ayant point ce revenu, n'étoient point admissibles aux magistratures. Voyez de plus grands développemens, ch. 12.

(5) *A Locres, la loi défendoit.* La ville de Locres étoit située dans la partie de l'Italie qu'on appelloit grande Grèce. Elle étoit à peu de distance de Rhège. Elle eut pour législateur Zaleucus, disciple de Pithagore, qui náquit 570 ans avant notre ère. Stobée nous a conservé le préambule de ses loix. Voici celle qui est la plus frappante. « Tout citoyen qui demandera l'a- » brogation d'une loi, ou qui en proposera une nou- » velle, parlera sur l'admission ou l'abrogation, la » corde au cou. Si le peuple, à la pluralité des suffra- » ges, adopte le changement, ou admet la loi nou- » velle, que le citoyen qui a fait la proposition, soit » sous la sauve-garde publique. Si l'ancienne loi est

» maintenue, ou si la loi nouvelle paroît injuste, que
» la corde soit serrée, et l'orateur étranglé ». *Stob.
Serm.* 145, *p.* 458.

(6) *Cette loi fut abrogée à Leucade.* C'est une île de
50,000 pas de circuit, située dans la mer Ionienne, au
nord du promontoire d'Actium, aujourd'hui Sainte-
Maure. Elle fut à ce qu'il paroît le chef-lieu d'un état
démocratique, qui dégénéra en démagogie. Elle est
remarquable par ce rocher fameux, d'où se précipi-
toient les amans malheureux. Strabon, Pline et Tite-
Live s'accordent à dire qu'elle tenoit d'abord au con-
tinent par un isthme, mais que les habitans parvinrent
à le creuser à force de travaux, et en firent une île.
C'est le seul exemple d'un pareil genre de travail, que
la durée des siècles n'ait pas détruit. *V. Tite-Live,
liv.* 33 ; *ch.* 7.

(7) *La trop grande étendue des propriétés.* Les
législateurs les plus fameux de l'antiquité, fixèrent un
maximum, au-delà duquel il n'étoit plus permis d'acquérir. A Lacédémone, le territoire étoit partagé en
9000 parts, le total de ce territoire étant d'environ
779600 arpens, *Pauct. ch.* 10, *p.* 581. Chaque lot
étoit de 85 arpens ; la proportion établie par les loix
de Minos étoit à-peu-près la même. A Athènes, les
Pentacosiomedimnes pouvoient posséder jusqu'à 280
arpens. Solon ne fixa pas là le *maximum*, mais tout
citoyen qui possédoit une telle propriété, payoit un
talent d'imposition, ou 5400 liv. de notre monnoie. A
Rome, le *maximum* de la propriété fut fixé à 500 ju-
gères, équivalens à 300 de nos arpens, par la loi Lici-
nia, portée l'an de Rome 373. C'étoit à-peu-près la
même fixation qu'à Athènes. Les anciens législateurs

avoient deux vues politiques dans cette institution. La plupart de leurs constitutions ayant des bases démocratiques , ils sentirent que la trop grande opulence de quelques citoyens ameneroit nécessairement l'oligarchie , à raison de la trop grande disproportion des fortunes. En second lieu , ils étoient persuadés que les petits héritages favorisoient la population ; il paroît que ce principe est vrai , car tant que les anciennes républiques ne s'écartèrent pas trop de cette institution , elles couvrirent l'Asie et l'Europe de leurs nombreuses colonies. *V. Tite-Live , liv.* 6 , *ch.* 35.

(8) *La classe distinguée.* Les Grecs avoient réellement deux classes de citoyens très-distinctes , qu'ils désignoient par différentes expressions. ἄρισοι , les meilleurs. ὀλιγοὶ , le petit nombre ; χρήσοι , les bons ; εὐγενεῖς , les gens bien nés ; ἐσθλὸι , les braves ; χαρίεντες , les élégans ; εὐπορoι , les riches ; étoient opposés à πολλὸι , le grand nombre ; πλῆθος , la multitude ; πονηροὶ , les mauvais ; κακὸι , les méchans ; ἀγενεῖς , les ignobles ; θῆτες , les ouvriers ; βαναυσὶ , les bardaux ; ἀπορόι , les indigens, etc. Ces différentes dénominations sont employées par Aristote , Xénophon , Tucydide et Platon , pour désigner les deux grandes classes de citoyens , les pauvres et les riches. La ligne de démarcation étoit la fortune , ou le cens τιμήμα , qui donnoit le droit d'éligibilité aux magistratures , et le défaut de fortune qui excluoit des dignités , ἀτίμοι , proprement gens qui n'ont pas le cens prescrit pour arriver aux charges. C'étoit une vraie noblesse ayant des privilèges. Aussi , lorsqu'un citoyen s'étoit distingué par quelque grande action , on lui donnoit des terres , afin qu'il pût avoir le cens le plus élevé. Dans les temps modernes,

modernes, les gouvernemens ne pouvant donner des
terres pour faire un noble, y suppléèrent par une
patente. Toutes ces dénominations ne signifioient en
dernier résultat que ces deux mots, pauvres et riches.
Celles que l'on employoit pour désigner la multitude
étoient si peu regardées comme des injures, que Xénophon, qui fait l'éloge le plus pompeux de la république d'Athènes, commence son ouvrage par ces deux
expressions, πονήροι, χρήσοι, pour désigner la multitude et les éligibles. *V. de Rép. Ath.* p. 691.

(9) *Autophradate méditoit le siège d'Atarnée.* Cet
Autophradate étoit satrape de Lydie et de Phrygie,
sous le régne d'Ataxerces Memnon, l'an 362 avant
notre ère. Les villes grecques de l'Ionie souffroient im-
patiemment le joug des Perses après l'expédition de
Xerxès. La retraite des dix mille étoit récente. Elles
se révoltèrent, et prirent le parti de Datamès contre
le roi de Perse. Autophradate fut envoyé à la tête de
200,000 hommes pour réduire les rebelles, et fut battu
par une poignée de braves, sous la conduite de Datamès. Atarnée étoit une ville d'Ionie à l'opposite de
Lesbos. *Paus.* p. 284.... 400. Il nous reste une très-
belle élégie composée par Aristote sur la mort d'Her-
mias, tyran d'Atarnée, qui étoit son ami et son pa-
rent. *V. Mém. Acad. Inscr. tom.* 9.

(10) *De deux oboles.* Périclès fit ordonner que les
citoyens d'Athènes recevroient en entrant au théâtre
deux oboles, l'une pour payer leur place, et l'autre
pour subvenir à leurs menues dépenses pendant le
spectacle. Cette somme fut augmentée dans la suite,
avec l'élévation du prix de l'argent. C'est probable-
ment à cet usage qu'Aristote fait allusion ici. Ce ne

peut être au droit de présence aux assemblées ; car il
étoit de trois oboles. L'obole étoit la sixième partie de
la drachme qui valoit 18 sols.

(11) *A la condition d'ouvriers publics.* Indépendamment des esclaves proprement dits, il y avoit dans
plusieurs états des hommes soumis à certaines conditions, tenant de l'esclavage. Tels étoient les serfs de
Crète, qui étoient attachés à la glèbe, payoient une
redevance, et n'avoient ni le port d'armes, ni le droit
d'assister aux assemblées. Il y avoit également dans
l'intérieur des villes, des ouvriers, qui sans être tout-
à-fait esclaves, étoient tenus de travailler dans les
atteliers publics, moyennant un salaire fixé par les
magistrats.

(12) *Les ouvriers d'Epidamne, ou ceux que Diophante, etc.* Epidamne, ensuite Dyrrachium sous les
Romains, aujourd'hui Duras, sur la côte de l'Illyrie,
à l'extrémité du golphe Adriatique, en face de Brin-
des. Aristote nous apprend que c'étoit une petite république dont le gouvernement étoit oligarchique. *Liv.*
5, *ch.* 1.

(13) *Diophante.* Il fut Archonte la 94me olympiade, 393 ans avant notre ère. Les étrangers ne pouvoient habiter à demeure à Athènes, sans la permission
des magistrats. Il y étoient soumis à une capitation de
douze drachmes pour eux (10 liv. 16 sols) et de six
pour leurs enfans. On admettoit des ouvriers, en les
exemptant de la taxe, et des charges des étrangers,
mais ils étoient engagés, ou en réquisition permanen-
te, sans pouvoir quitter, ni abandonner leurs atteliers.
Il y avoit des rues entières d'Athènes occupées par une
seule classe d'ouvriers. La république avoit des sculp-

teurs pour graver les décrets ; elle avoit fait un forfait
pour chacun, au prix de 50 drachmes. *Paw. p.* 88,
tome 7.

CHAPITRE VI.

(1) *Hippodame.... pour l'embellissement des vil-*
les. Hippodame étoit architecte, et philosophe pythagoricien, platonicien. Stobée nous a conservé son plan
de constitution en entier. Nous en donnerons la traduction complète à la fin du second volume. *V. Stob.*
Serm. 141, *p.* 419.

Il est cité avec éloge par Vitruve, comme architecte. Il réforma l'ancienne construction. La disposition
des anciennes villes de Grèce, étoit un moyen de
plus de défense militaire. Rien n'étoit négligé pour la
sûreté, là où la capitale étoit l'état entier. Indépendamment des remparts, l'intérieur offroit un moyen de
défense dans le cas où la ville eût été forcée. Les rues
n'étoient point alignées, et les maisons étoient bâties çà
et là. Chaque habitation présentoit une espèce de fort,
sans ouverture au bas, avec une seule porte dont la
vue et l'entrée étoient rendues les plus difficiles qu'il
étoit possible. Elles offroient, dit Aristote, le coup-
d'œil d'une vigne plantée au hazard. Les étages étoient
en saillie les uns sur les autres : l'ennemi se trouvoit
ainsi dans un labyrinthe inextricable. Tel étoit l'état
de Lacédémone, lorsqu'elle fut prise par Flaminius.
Quoiqu'il eut forcé les remparts, il eut beaucoup de
peine à se rendre maître de la ville, et y perdit plus de
monde qu'à l'assaut. Hippodame introduisit la méthode des rues alignées, et des façades, avec les portes
sur la voie publique. Aristote recommande cependant

de n'employer la construction d'Hippodamus qu'au centre de la ville, et de laisser derrière les remparts une couronne d'édifices suivant l'ancienne méthode, afin de ne pas affoiblir le système de défense. *V. Frag. de Dicearque, Geog. min. Aristote, Pol. liv. 7, ch. 2.*

(2) *Les juges ne se communiquent pas.* A Athènes, comme à Rome, les juges ne quittoient point leurs sièges, après avoir entendu la discussion d'une affaire. On leur présentoit une urne, et chacun d'eux, sans se communiquer avec ses collègues, y mettoit une boule noire ou blanche. A Rome, le juge pouvoit adopter seulement un tiers-parti, qui étoit le *non liquet.* Si la majorité des voix étoit pour cet avis, l'affaire étoit instruite de nouveau, jusqu'à jugement définitif.

(3) *Par oui ou non.* Les juges étoient élus par le sort à Athènes. Ils étoient très-nombreux. Les héliastes étoient au nombre de 500. Ce nombre étoit même augmenté dans les causes importantes. Il étoit également réduit, suivant la nature des affaires. Mais il étoit dans la nature des choses que la plupart des juges fussent peu instruits. Les thesmotetes qui présidoient les tribunaux ou les accusateurs, étoient obligés de poser des questions simples, et telles que le juge n'eût à prononcer que oui ou non. Avant de plaider, les parties étoient obligées de porter l'affaire devant des arbitres. *Recueil des Loix Atl. liv. 4, ch. des Arbitres.*

(4) *Rustiques enfans de la terre.* Presque tous les anciens pensoient que les premiers hommes étoient nés de la terre, qui contenoit les germes des êtres vivans, comme ceux des plantes et des minéraux. Ils disoient que notre globe avoit été exposé à de terribles boulever-semens, et qu'ensuite il avoit été repeuplé par quel-

ques-uns de ces hommes primitifs échappés à ces grandes convulsions de la nature. De-là, leur tradition d'Ogygès, de Deucalion et de Cadmus. *Voyez Plat. Menex. Timée.* Le peuple d'Athènes sur-tout se croyoit né de la terre de l'Attique. Il disoit que Mars étoit devenu amoureux de Minerve, la déesse de leur pays ; qu'il l'avoit suivie des yeux du haut du mont Hymette, et que dans l'ivresse de sa passion, il s'étoit amusé à certain jeu. Que ce qui étoit tombé sur la terre, l'avoit fécondée, et avoit donné naissance aux premiers Athéniens.

Aristote expose les opinions qui expliquent comment les hommes peuvent être formés de la terre. *De Gen. An. liv. 3 ad fin.*

CHAPITRE VII.

(1) *C'est un principe reconnu.* Ce principe étoit regardé comme incontestable par tous les anciens législateurs. Lycurgue à Lacédémone, Minos en Crète, Platon, dans sa république, adoptent cette maxime, de-là ces législateurs avoient établi des esclaves, afin que les citoyens n'eussent rien à faire qu'à s'occuper des exercices militaires et de la chose publique.

(2) *Penestes de Tessalie, et les ilotes.* Nous avons expliqué l'origine des penestes, *liv. 2, ch. 3, note* 6. Quant aux ilotes, leur révolte étoit une suite naturelle de la conduite atroce de leurs tyrans. Indépendamment des services qu'on en exigeoit, il étoit permis de les tuer impunément. Quelquefois, pour former les jeunes Spartiates aux ruses de la petite guerre, on les menoit à la chasse aux ilotes. Thucydide rapporte

que les Lacédémoniens ayant été forcés d'armer un
corps d'ilotes pendant la guerre du Péloponèse, ceux-ci
firent des prodiges de valeur : que le sénat leur donna
au retour la liberté, les fit couronner de fleurs ; et
conduire dans les temples, pour rendre graces aux
dieux, mais que craignant que les ilotes ne connussent
enfin leurs forces, ils fit massacrer clandestinement ces
braves soldats, quoiqu'ils fussent au nombre de deux
mille.

(3) *Jamais ils ne favorisent la défection de leurs
serfs.* Minos avoit donné des loix aux habitans de
Gnosse, et quoique la Crète fut divisée en plusieurs
états, tous avoient adopté les loix de Minos. J'ai
appelé serfs les périœces de Crète, c'étoient nos gens
de main-morte. Ils payoient une redevance, étoient
attachés à la glèbe, étoient exclus de la milice et des
assemblées, et du reste jouissoient de tous les autres
droits civils. Il n'est pas étonnant qu'ils fussent moins
portés à conspirer que les ilotes.

(4) *Les Celtes.* Les Celtes, du temps d'Aristote,
étoient les peuples situés entre le Danube et l'Océan.
Strabon dit positivement que le nom de Celtes n'appartenoit pas anciennement aux Gaulois. Les Grecs
appelloient Celtes tous les peuples occidentaux au nord
de l'Europe, comme les Turcs les appellent Francs.
Voici ce que dit Ammien Marcellin de ces peuples.
« *Hanc gentem turpem ita accepimus, ut apud eos*
» *nefandi concubitûs fœdere copulentur maribus pu-*
» *beres, ætatis viriditatem pollutis usibus consomp-*
» *turi. Porrò si quis jam adultus aprum exceperit*
» *solus, colluvione liberatur incesti* ». *Am. Marc.
liv.* 31, *ch.* 9.

(5) *Au temps de l'invasion.* Après la bataille de Leuctres, Epaminondas vint attaquer Sparte. Il en força même un des quartiers. La ville étoit prise, sans la valeur et l'habileté d'Agésilas. Les hommes, dit Xénophon, quoique en petit nombre, firent bonne contenance, mais les femmes ne surent que pleurer. La seule vue de la fumée qui s'élevoit du camp ennemi, les jetta dans le désespoir. A cette époque, Aristote étoit âgé de 15 ans. *Xénoph. Hist. Grœc. liv.* 6, *p.* 608.

(6) *Les guerres de l'Argolide et de la Messénie.* Les Lacédémoniens avoient juré de ne pas lever le siège de Messene, que la ville ne fut prise. Ce siège dura dix ans. Leurs femmes ne cessoient de se plaindre de leur longue viduité. Ils avoient perdu la fleur de leur jeunesse, et craignoient de voir leur population s'anéantir. Mais ils étoient retenus par leur serment. Ils venoient de faire une dernière levée de jeunes soldats, qui n'étoient point encore liés par le vœu de leurs concitoyens. On délibère, et sur la proposition d'Aracus, on choisit les hommes les plus beaux et les plus vigoureux. On les renvoye à Sparte, munis d'un pouvoir spécial, pour coucher indistinctement avec toutes les femmes. Celles-ci remplirent exactement les intentions de leurs maris. Il en naquit une race, qui après avoir causé bien des troubles, fut forcée de quitter le pays, et alla s'établir à Tarente. *Justin. liv.* 3, *ch.* 4.

(7) *Leur licence.* Platon, au contraire, les propose comme des modèles de vertu et de sagesse. «. Les femmes des barbares, dit-il, se livrent trop aux occupations qui ne conviennent qu'aux hommes. Nous tenons les nôtres trop renfermées. Les femmes Lacé-

» démoniennes formées aux exercices, à la musique,
» se livrent, comme il convient, aux travaux de leur
» sexe. Elles tiennent le juste milieu ». *De Leg. liv.* 7,
p. 635.

(8) *Uniques héritières.* Vu les guerres fréquentes,
des Lacédémoniens, il n'étoit pas rare de voir une
fille héritière de toute une famille. On les appelloit
Epicléres.

(9) *Ne point avoir de dot.* Ce principe étoit admis
dans plusieurs républiques. A Rome, la loi *Vocuntia*
ne permettoit point d'instituer même sa fille unique
pour héritière. A Marseille, la plus sage république
du temps d'Aristote, on ne pouvoit donner en dot plus
de cent écus en argent, et cinq en habits. *Strab. liv.*
4, *Massil.*

(10) *Les éphores sont choisis dans la classe du
peuple.* On a discuté long-temps le point historique de
l'établissement des éphores. Aristote n'avoit pas été lu
par ceux qui ont agité cette question. Il dit précisément, *liv.* 5, *ch.* 2, qu'ils furent institués par Théopompe.

(11) *On leur a reproché leur vénalité.* Aristote parle
ici d'une anecdote qui concerne Alexandre. On étoit
exclus des banquets, lorsqu'on ne pouvoit fournir son
contingent pour la dépense commune, et par suite,
tout individu qui n'assistoit point aux repas, étoit
privé de l'exercice de ses droits de citoyen. La paix
et la guerre ne pouvoient être décidées que par l'assemblée du peuple. Les éphores gagnés par l'argent de
Darius, distribuèrent des largesses aux pauvres, qui
apportèrent leur contingent, et assistèrent en foule
aux repas publics. Quelque temps après, l'assemblée

du peuple étant augmentée par ces nouveaux venus , les éphores proposèrent de se joindre à Darius contre Alexandre. L'affaire passa. Alexandre dévoila cette intrigue dans son manifeste contre Darius. « Vous avez » envoyé en Grèce , lui dit-il , des émissaires chargés » d'or , afin de me susciter par-tout des ennemis. Per- » sonne n'a voulu recevoir votre argent, excepté les » Lacédémoniens ». *Arrien , Esp. Alex. p.* 122.

(12) *Les rois sont obligés de caresser les éphores.* Ils les citoient à leur tribunal. Ils condamnèrent Agis à la prison. Ils le mirent à l'amende de 100,000 drachmes, (80,000). Ils firent tuer Pausanias, et raser la maison du roi Léotichylde. Cléomènes les fit assassiner tous cinq sur leurs sièges. Ainsi finit l'éphorie.

(13) *Une autre manière de voter.* Voici le mode de cette élection. Lorsque le peuple étoit assemblé , il nommoit des commissaires, qui étoient renfermés près du lieu de l'assémblée. , de manière qu'ils ne pussent rien voir , et tout entendre. Les candidats tiroient au sort , et traversoient la place un à un. Ceux qui vou- loient donner leur suffrage au candidat crioient à tue tête. Les commissaires notoient la force de ces cris , et les cinq numéros sur lesquels les cris avoient été les plus pleins et les plus forts , indiquoient les cinq éphores.

(14) *Un droit écrit et des loix.* Lycurgue n'avoit point écrit ses loix, il avoit même défendu qu'on les écrivît. De-là Paw , qui a trop déprécié le gouverne- ment de Lacédémone , en conclut que Lycurgue ne savoit ni lire ni écrire. Il lui est difficile de prouver cette assertion. *V. Rech. sur les Grecs , part.* 4, *p.* 300.

(15) *Recommandables par leur expérience.* La fonc-

tion de sénateur étoit à vie. On n'étoit éligible qu'à l'âge de 60 ans.

(16) *Je ne parlerai pas du mode d'élection.* Il étoit le même que pour les éphores. *V. note* 13.

(17) *On leur donne pour adjoints.* Cette institution ne venoit point de Lycurgue. Thucydide en fixe l'époque et la cause. Pendant la guerre du Péloponèse, les Lacédémoniens éprouvèrent des revers qu'ils attribuèrent à la mauvaise conduite d'Agis leur roi. Lorsqu'ils apprirent la prise d'Orchomène, dans le premier accès de leur emportement, ils ordonnèrent de raser la maison d'Agis, et portèrent une loi qui ordonnoit qu'il y auroit près du roi, à la tête des armées, un conseil de dix personnes, sans l'avis desquelles il ne pourroit agir. Cette loi qui fut maintenue depuis, est postérieure de 500 ans à Lycurgue. *Thucid. liv.* 5, *p.* 287.

(18) *Ils ont fait plus de cas de ces biens que de la vertu.* Leur avarice et leur avidité étoient décriées dans toute la Grèce. On leur donnoit le sobriquet de αισχροκερδεῖς, gagne vilains.

CHAPITRE VIII.

(1) *La constitution Crétoise a de grandes ressemblances.* Aristote, Platon et Xénophon sont de cet avis. Polybe réfute cette opinion, et établit de grandes différences entre ces deux gouvernemens. 1°. Le *maximum* de la fortune, dit-il, étoit fixé à Lacédémone. Il ne l'étoit pas en Crète. 2°. Lacédémone avoit des rois ou magistrats perpétuels héréditaires. Les Crétois n'en avoient pas. 3°. Le sénat de Sparte étoit à vie, celui de Crète étoit temporaire.. 4°. Leur gouvernement ten—

doit à la démocratie. Celui de Sparte étoit aristocratique. 5°. On ne voyoit jamais de sédition à Sparte. Les
Crétois étoient perpétuellement en insurrection. Ils
passoient pour fourbes. On disoit en Grèce menteur
comme un Crétois. *Polyb. Hist. liv.* 6 , *ch.* 44.

(2) *Lycte.* C'étoit une grande ville située dans la
plaine , à 30 stades de Gnosse. Elle fut pendant quelque temps la capitale de l'île. Strabon dit que Lycurgue y connut Thalès , qui étoit poëte et législateur.
Mais Strabon a confondu les époques. Lycurgue vécut
près de 300 ans avant Thalès. *Voyez la note* 8 *du ch.*
10. *Strab. liv.* 10 , *p.* 476 , 482.

(3) *Il mourut au siège de Camique.* Hérodote n'est
point ici d'accord avec Aristote. « Minos, dit-il, passa
» en Sicile , sous prétexte d'y redemander Dédale , et
» y mourut ». Long-temps après , les Crétois équippè-
rent une flotte , et assiégèrent Camique , qui étoit occupée par les Agrigentins. Le siège dura cinq ans , ils
furent obligés de le lever. *Hérod. liv.* 7 , *p.* 501.

(4) *Periœces.* περιοικοι , qui veut dire gens attachés à la maison. *Voyez la note* 3 *du ch.* 7 , *liv.* 2.

(5) *Phidities...andries.* Phidities , repas de l'amitié ,
banquets fraternels. Andries , repas des hommes.

(6) *Cosmes.* C'étoient les magistrats suprêmes de
ce pays. Cosme veut exactement dire ordonnateur.
Nous l'avons ajouté dans le texte , afin de ne pas retar-
der la marche du lecteur , par une expression qui
exigeoit un développement.

(7) *L'amour androgyn.* Strabon , qui étoit Crétois ,
dit. Il est d'usage en Crète d'avoir un amant. Celui
qui devient amoureux d'un bel enfant , avertit les amis
de l'enfant de sa passion. Si l'amant est digne de l'objet

aimé, les amis font une sorte de résistance à l'enlève-
ment. Alors l'amant emmene l'enfant accompagné de
ses amis, qui le laissent en sa possession. L'enfant devient le compagnon de table, de chasse et de plaisirs.
La loi permet de le garder pendant deux mois. Ensuite
l'amant le renvoye avec un riche habit, une coupe,
un bœuf, et des présens si considérables qu'il est quelquefois obligé d'emprunter. Le jeune homme, de retour chez lui, immole le bœuf à Jupiter, et donne un
repas aux amis qui l'avoient accompagné chez son
amant. *Strab. liv.* 10, *p.* 483.

(8) *La guerre a été portée de nos jours.* C'étoit du
temps d'Alexandre. Les Lacédémoniens, dit Quint-
Curce tenoient pour les Perses. Agis, roi de Lacédémone et Antipater, lieutenant d'Alexandre, s'empa-
rèrent successivement de la Crète, qui fut le jouet
des partis, suivant que les Macédoniens ou leurs ennemis mirent le pied dans cette île. *Quint-C. liv.* 4,
ch. 1. *ad fin.*

C H A P I T R E IX.

(1) *Et leurs rois.* Les auteurs grecs appellent constamment rois, les deux magistrats suprêmes de Carthage. Les latins leur donnent leur véritable nom, qui
est suffetes, en phénicien *shophetim*, qui vouloit dire
grand juge.

(2) *Comment une constitution incline.* Aristote
établit deux bonnes espèces de républiques, parce
qu'elles sont basées sur l'avantage des gouvernans, et
fondées sur la justice. Ce sont l'aristocratie, qui domine par la vertu, et la république proprement dite, où

la classe moyenne domine, et par conséquent le moyen
terme entre les riches et les pauvres. Il admet deux
exceptions de ces gouvernemens. L'oligarchie, où les
honneurs sont donnés à la richesse, à l'exclusion des
pauvres; la démocratie, où les pauvres dominant, les
honneurs sont repartis à l'indigence, à l'exclusion des
riches.

(3) *Les moyens de vivre avec dignité.* Ainsi, à Lacédémone, un héritage qui étoit d'environ 80 arpens,
assuroit une existence honnête au citoyen. C'étoit
aussi le principe de Servius-Tullius, dans son établissement des centuries.

(4) *Retrouver ce qu'il a dépensé.* A Carthage, dit
Polybe, il n'y a point de gain honteux. On y achète
publiquement les magistratures et les grandes charges.
Polyb. liv. 6, *ch.* 54.

(5) *Ils ont d'opulens établissemens.* C'étoit quelque temps avant Aristote que ce peuple commerçant
et navigateur avoit le plus étendu sa puissance. Il avoit
conquis la Sardaigne et la Corse, il avoit poussé son
commerce jusqu'en Angleterre. Hannon étoit parti
avec une flotte; et 30,000 hommes, femmes et enfans
avoient été établis par lui dans des colonies éparses,
depuis le détroit de Gibraltar jusqu'aux îles du Cap
Vert. *V. Périple, trad. par Bougainville. Le roi
Nav. des anciens.* Ils avoient de tout côté des factore-
ries et des emplois lucratifs à donner au peuple, pour
l'attacher au gouvernement. Cette vue profonde d'A-
ristote s'applique parfaitement à l'Angleterre.

(6) *Si jamais il leur arrive quelque grand revers.*
Cette prédiction d'Aristote s'est vérifiée cent dix ans
après lui. Après les deux guerres puniques, les Afri-

cains appauvris par la ruine du commerce se soule-
vèrent, et Carthage fut sur le point d'être renversée
par les mains des peuples même de l'Afrique. Enfin, le
peuple, dit Polybe, secoua le joug. Il s'empara de la
principale autorité, et l'état pencha rapidement vers
sa ruine. *Liv.* 6, *p.* 72.

CHAPITRE X.

(1) *Il délivra le peuple de l'esclavage.* Le pouvoir
étoit entre les mains des eupatrides ou nobles ; le peuple étoit écrasé par leurs exactions usuraires, et sans
cesse menacé d'être vendu comme esclave, par ces
avares créanciers. L'Attique étoit divisée en trois factions, c'étoient les gens de la plaine, ceux de la mon-
tagne, et ceux de la côte. Autrement les Pédiens, les
Diacriens, et les Paraliens. Tout-à-coup, les pauvres
indignés se rallient, et cherchent un chef. Les Pédiens
qui étoient les riches, sentent qu'ils sont perdus. Ils
négocient. D'un commun accord, on choisit pour chef
suprême, Solon, agréable aux uns, parce qu'il étoit
riche, et aux autres, parce qu'à l'occasion des troubles, il avoit dit, que l'égalité n'engendre pas de
guerre. *V. Plut. Vie de Solon. L. Att.*

(2) *Rétablit l'ancienne démocratie.* On a beaucoup
disputé sur ce point d'histoire, et le savant Barthélemy
lui-même, n'a peut-être pas parfaitement saisi l'intention politique de Solon. Il voulut innover le moins possible, et sur-tout ne point détruire. Les eupatrides ou
nobles avoient seuls droit aux charges, avec les au-
tochtones ou citoyens de race primitive. C'étoit une
sorte de patriciat comme à Vénise. Ils étoient la plupart

très-riches. Solon changea la combinaison. Au lieu
d'attacher le droit politique à la naissance, il le trans—
porta à la propriété. Il arriva que les nobles restèrent
ce qu'ils étoient, attendu qu'ils étoient riches : mais la
carrière politique fut ouverte à tous, attendu qu'il
étoit possible d'acquérir la fortune prescrite par la loi.

(3) *L'oligarchie dans l'aréopage.* Les pouvoirs de
l'aréopage furent augmentés par Solon. Il n'étoit d'a—
bord qu'un tribunal criminel qui jugeoit, les empoi—
sonneurs, les meurtriers, les incendiaires. Solon lui
donna des pouvoirs politiques par sa loi, dont voici les
termes. *Que l'aréopage soit le surveillant suprême, et
le gardien des loix.* Les fonctions étoient à vie *Plut.
Vie de Solon.*

*L'aristocratie dans le mode d'élection des magis—
trats.* Ils étoient élus par tous au suffrage, mais tous
n'étoient pas éligibles.

La démocratie dans la forme des tribunaux. Ils
étoient élus parmi tous au sort. Ce sont, suivant Aris—
tote, les modes caractéristiques de ces deux gouverne—
mens. *V. Polit. liv. 4, ch.* 15.

(4) *Ephialte et Périclès.* Périclès gêné par la sur—
veillance sévère que l'aréopage exerçoit sur les mœurs,
et sur-tout sur les finances, le fit dépouiller par le peu—
ple de ses pouvoirs politiques, et le réduisit à n'être
plus qu'une cour de justice comme il étoit auparavant.
Cet événement eut lieu 149 ans après Solon. *Plut. Vie
de Périclès.*

(5) C'est la bataille navale de Salamine.

(6) *Cinq cent medimnes de propriété.* Quelques
auteurs ont pensé qu'il s'agissoit ici de mesure de capa—
cité. Si cela était vrai, le médimne contenoit, suivant

Goguet, quatre boisseaux, et près de deux litrons de France, ce qui auroit donné 183 septiers. Le médimne de bled se vendoit, du temps de Périclès, 5 drachmes, ou 4 liv. 10 sols, ce qui auroit donné un revenu égal à 2250 liv. de notre monnoie. Mais les propriétaires de 500 médimnes payoient d'imposition un talent, ou 6000 drachmes, valant 5400 liv. J'ai adopté le calcul de Paucton, qui prouve que les médimnes étoient une mesure d'étendue égale au plethre, et qu'on mesuroit par médimne et plethre, comme on le fait en Picardie par septier et arpent. Ces médimnes réduits à nos mesures, équivaloient à 280 $\frac{2}{3}$ d'arpens. *V. Paucton. ch.* 11, *p.* 580.

Solon avoit établi la contribution progressive, à raison de l'étendue de la propriété. La première classe ayant 500 médimnes, payoit un talent, ou 5400 liv. de notre monnoie. La seconde, dite des zeugites, ayant 300 médimnes, payoit un demi talent, ou 2700 liv. La troisième, dite des hippades, ayant 200 médimnes, payoit dix mines, valant 1000 drachmes, ou 900 liv.

(7) *Zaleucus.* V. note 5, ch. 5. *Charondas* fut le législateur de Thurium de Catane et des pays voisins; il avoit défendu d'entrer en armes dans les assemblées. Il revenoit de la campagne. Le peuple étoit alors assemblé et très-agité. Il accourt, et oublie qu'il a son épée. On lui reproche de violer lui-même ses loix. A l'instant, il tire son épée et se perce le sein. Stobée nous a conservé le préambule de ses loix. *V. Stob. Serm.* 145, *p.* 467. On le trouvera à la fin du second volume.

(8) *On ajoute qu'Onomacrite.* Il vivoit environ l'an
1000

1000 avant notre ère. Lycurgue, l'an 926. Zaléucus, l'an 770. Charondas, l'an 740, et Thalès, l'an 635.

(9) *Parmi celles de Platon.* On voit percer ici l'animosité d'Aristote contre Platon. Celui-ci, dans sa République et son Traité des Loix, a proposé plus de cent loix, dont plusieurs sont marquées au coin de la sagesse. Aristote choisit exprès celles qui sont minutieuses, ou peuvent prêter au ridicule. Il pouvoit citer celle qui ordonne l'uniformité des poids et mesures qui lui est particulière, etc. *Loix*, *liv.* 5, *p.* 612.

(10) *Pittacus.* Il est compté au nombre des sept sages. Il fut nommé chef suprême à Mitylénes, vers l'an 590 avant notre ère. Il étoit à la tête du parti des riches, il établit l'oligarchie, et chassa le parti démocratique. Le poëte Alcée étoit à la tête de ce dernier parti, et fut forcé de s'exiler. Il s'en vengea par une satyre contre Pittacus. « Pauvre patrie, dit-il, tu t'es » donné un tyran, et quel tyran, un misérable Pitta- » cus ! Et tu le flattes, et tu lui applaudis » ! *Polit. liv.* 5.

LIVRE TROISIÈME.

CHAPITRE PREMIER.

(1) *Ils sont obligés de prendre un patron.* Les étrangers domiciliés à Athènes étoient forcés par la loi de prendre un citoyen pour patron. S'ils négligeoient de remplir ce devoir, ils étoient poursuivis devant les tribunaux. Ils ne pouvoient faire aucun acte civil, qu'à la requête du patron ; c'étoit même sous son nom qu'ils payoient leur impôt. *Sam. Petit*, *Loix Att.* *titre* 5, *p.* 11.

Tome I.   B b

(2) *Les enfans non enrôlés.* Les enfans étoient ins-crits dans l'une des dix tribus, et à l'âge de 20 ans, enrôlés dans la milice. Ce n'étoit qu'à ce moment qu'ils exerçoient leurs droits politiques. Les infirmes avoient le droit de se faire rayer du rôle de la milice, mais alors ils n'avoient plus droit aux emplois pu-blics. Ce n'étoit pas qu'on les obligeât de servir per-sonnellement, mais tous les inscrits étoient tenus de payer la taxe de guerre, à l'exception des neuf Ar-chontes. On se faisoit rayer dans le cas d'infirmité, pour ne pas payer la taxe. *Omnes exceptis novemviris stipendium militare pendonto. Petit.* 4, *art. ibid.*

(3) *Les sujets ont entr'eux première, etc.* Il y a, dit-il, dans les sujets trois différences, la première commune, ainsi Platon diffère de Socrate. La seconde propre, ainsi Platon est plus grand que Socrate. La troisième très-propre, ainsi l'homme a la raison qui lui est très-propre, et le distingue de la bête. Voyez *Ysagoge Porphyrii,* où il donne jusqu'à dix-neuf défi-nitions de la différence. *Tom.* 1, *ch.* 3, *p.* 5.

(4) *Par cette altération.* V. liv. 3, ch. 5.

(5) *Gorgias de Leontium.* C'étoit un sophiste fa-meux. Il fut envoyé à Athènes par ses concitoyens, pour y demander des secours. Il parut à la tribune, et fit un discours si étincelant de figures, si pompeux, si riche en harmonie, disent Cicéron et Denys d'Hall. qu'il entraîna la multitude. Le secours fut accordé sur le champ, à condition que l'orateur s'établiroit à Athènes. Il fut chargé de l'éloge des citoyens morts en défendant la patrie : on lui décerna une statue, dont l'inauguration fut faite en sa présence aux jeux pythi-ques. La fortune qu'il acquit, en donnant des leçons

d'éloquence, fut immense, comme sa réputation. Jamais homme n'avoit moins mérité tant de bonheur. Son style figuré étoit froid et sans idée. Sa harangue qui avoit porté les Athéniens à secourir les Leontiens, les engagea dans la guerre de Sicile, où ils perdirent l'honneur et l'empire. Il fleurissoit dans la quatre-vingt-onzième olympiade, quarante ans avant Aristote. C'est lui dont Platon avoit emprunté le nom, qu'il a placé à la tête de son Traité de Réthorique, intitulé *Gorgias*.

(6) *Clisthènes admit dans les tribus.* Solon avoit conservé les quatre tribus établies par Cecrops. Il avoit seulement changé le systême d'éligibilité, qu'il avoit transporté de la naissance au cens, c'est-à-dire à la richesse. Après l'expulsion des Pisistratides, Clisthènes renversa entièrement l'ordre établi par Solon. Il fit créer dix tribus, entre lesquelles furent partagés les cent soixante-quatorze cantons de l'Attique. Il y avoit alors plus de dix mille étrangers domiciliés, qui n'é-toient pas citoyens. Il les incorpora dans les tribus. Son but étoit de plaire au peuple, et de renforcer la démo-cratie. Il fit entrer dans ces tribus jusqu'à des esclaves étrangers réfugiés : la loi le permettoit, ou du moins ne le défendoit pas. Quant aux esclaves nés dans le pays, ils ne pouvoient jamais devenir citoyens. *Vernis jus civitatis ne danto.* Loix Att. p. 129.

CHAPITRE II.

(1) *Acceptions diverses du mot cité.* Le mot πολις, dit Cicéron, signifie chez les Grecs, la ville, la société des individus, et le gouvernement politique. *Frag. de Rep.*

(2) *Si le Péloponèse.* C'étoit une presqu'île qui renfermoit l'Achaie, l'Argolide, la Laconie, la Messénie, l'Elide et l'Arcadie. Corinthe, située sur l'isthme même, fermoit réellement la presqu'île par ses fortifications, qui s'étendoient d'une mer à l'autre.

(3) *Babylone.* Hérodote ne porte pas si loin l'exagération. Il se contente de dire que la ville étoit si grande, que Cyrus avoit forcé les extrémités, et s'avançoit vers le centre, qui n'en étoit pas encore instruit. *V. Clio*, p. 88.

(4) *Nous traiterons ailleurs cette question.* Voyez liv. 7, ch. 4.

(5) *Du mode phrygien.* Le mode dorien et le mode phrygien étoient les plus en usage chez les Grecs. Ils y joignirent bientôt le lydien, enfin ils eurent jusqu'à treize modes. Il suffit de dire que si on prenoit un tétracorde, dont la corde la plus basse étoit en *mi*, ou avoit le mode dorien. Le phrygien étoit en *fa*, et le lydien en *sol. V. Barthélemy*, t. 3, p. 84. *Pollux; liv.* 4, ch. 3.

CHAPITRE III.

(1) *La vertu du bon citoyen est-elle la même? etc.* Cette dissertation paroît être dirigée contre Platon, qui dit, *Rép. liv.* 4, p. 448, que la vertu politique ne peut différer de celle de l'homme parfait, qui est la justice, la force, la prudence et la tempérance. Aristote veut prouver le contraire. 1°. Par la différence des professions qui exigent des vertus différentes. 2°. Par un raisonnement de l'école, *à priori.* Si, dit-il, la vertu parfaite est une, il faut que la cité parfaite soit une. Donc les actions seroient toutes les mêmes,

ce qui est impossible, attendu que l'organisation sociale exige des actions différentes. 3°. Il veut prouver son assertion, par les principes qu'il a posés, *liv. 1, ch. 3 et 4*, que la nature a fait des hommes pour commander, et d'autres pour obéir; qu'elle donne aux premiers la prudence; que la vertu du commandement diffère de celle de l'obéissance, etc. Nous ne ferons aucune observation sur cette métaphysique obscure, que nous nous sommes contentés de traduire le plus intelligiblement qu'il est possible. Cependant, il est à remarquer qu'Aristote lui-même adopte précisément le contraire de ce qu'il avance ici aux *ch. 1 et 2. du liv. 7.*, où il dit, force, justice, prudence de la cité, ont les mêmes caractères et les mêmes effets que force, justice et prudence des individus.

Je serois tenté de croire, avec Fabricius, qu'il y a eu des transpositions dans l'ordre de l'ouvrage qui paroît avoir été classé, non par Aristote, mais par Andronic de Rhodes. Peut-être est-ce une intercalation de sophiste. Il y en a quelques-unes dans la politique. A coup sûr cette discussion n'a nul rapport avec la fin du chapitre, où il reprend la question qu'il a proposée au chapitre premier : *Qui doit être citoyen ?*

(2) *Ni naturalisé.* Par la loi de Solon, il étoit ordonné d'admettre les étrangers dans les tribus, après certaines formalités. Mais jamais ils ne pouvoient aspirer ni aux charges, ni au sacerdoce, quoiqu'ils eussent le cens prescrit; leurs enfans y avoient droit, pourvu que leur mère fut athénienne. Les formalités devinrent plus sévères par la suite. Alors le droit de cité ne pouvoit être accordé que par l'assemblée du peuple, et l'étranger devoit obtenir au moins six mille

suffrages. Ces citoyens non éligibles, et originairement étrangers, s'appelloient μέτοικοι. *Leg. Att. t. 3, p. 8 et t. 4.*

(3) *Une bonne constitution n'élève pas.* Les républiques de la Grèce, à l'exception d'Athènes, n'admettoient pas les gens de peine aux charges. Les prolétaires en étoient également exclus à Rome. Solon avoit aussi déclaré non éligible sa quatrième tribu, toute composée de gens de peine, et gagnant salaire. Cette loi fut abrogée après la guerre des Perses. Le peuple qui avoit vaincu, sentit sa force, et voulut arriver à tout. Ce fut Aristide qui proposa le changement. *Plut. Vie d'Aristote.*

(4) On demandera quel est le but de cette discussion, qui tend à prouver que l'artisan et l'homme de main-d'œuvre sont entachés d'esclavage. Le voici. Aristote pose en principe, que tout gouvernement doit être juste, et garantir les droits de tous. Mais au septième livre, il déclare que les manœuvres, les artisans, les laboureurs mêmes, ne doivent pas être admis aux droits de citoyens. Il veut en trouver une raison dans la nature. Voilà pourquoi il établit une chaîne depuis l'esclave jusqu'à l'homme libre, et tous les intermédiaires ne doivent avoir que des droits proportionnels, suivant qu'ils se rapprochent plus ou moins de la liberté. *V. aussi liv. 1, ch. 3, 4.*

(5) *Par un travail manuel.* V. liv. 1, ch. 7, *note* 6.

CHAPITRE IV.

(1) *Premier pouvoir.* Il pose ici les principes d'où dérivent les bons et les mauvais gouvernemens. Le

gouvernement est mauvais, si les gouvernans commandent pour leur avantage. Tel est le pouvoir du maître.
Il est bon si l'administration est organisée pour l'avantage commun. Tel est le pouvoir du père de famille.
Mais il se contredit lui-même. Car, dit-il, *liv.* 1,
ch. 4, 5, « le pouvoir du maître vient de la nature,
» et nature est vraie fin ». On lui demandera comment
ce qui est dans l'essence des choses, peut donner des
résultats corrompus.

(2) *Ne participe qu'accidentellement.* Ce raisonnement tient à ses principes sur l'accident. Il distingue
dans le pilote deux personnes. L'une, membre de
l'équipage simplement, voilà l'essence. L'autre, membre de l'équipage, commandant, voilà l'accident; car
le commandement peut cesser, mais le membre de
l'équipage existera toujours, parce qu'il est le sujet, et
que la qualité de commandant n'est que la modification du sujet.

CHAPITRE V.

(1) *S'appelle république.* Aristote appelle ainsi un
mélange parfait d'oligarchie et de démocratie, dans
lequel la classe moyenne, ou moyen terme a la prépondérance. *V. les Développemens, liv.* 4, *ch.* 8, 9.
et seq. Rousseau, *Cont. Soc. liv.* 3, *ch.* 10, adopte
cette division. La démocratie, dit-il, dégénère en
ochlocratie. Aristote a admis le même principe; il n'y
a de différence que dans l'expression. Il appelle république, le gouvernement de la multitude, où la volonté
générale est la loi; et démocratie, celui où les pauvres dominent, à l'exclusion des riches. La république

d'Aristote est la démocratie de Rousseau, et l'ochlocratie de Rousseau, est la démagogie d'Aristote. Platon
admet aussi une république comme Aristote. Elle est,
dit-il, le moyen terme entre la royauté et la démocratie. Elle tient à la royauté par la nécessité du commandement, à la démocratie par l'égalité des droits et la
liberté. *Leg. liv.* 5, *p.* 615.

(2) *De discourir sur les actions.* Il fait allusion à la
méthode péripathéticienne, qui consistoit dans des définitions exactes et sévères, et à celle de Socrate ou de
Platon qui discouroient en dialogues, et par conséquent avoient moins de précision. Il reproche indirectement à Socrate de ne s'être occupé que de la morale, sans remonter aux principes.

CHAPITRE VI.

(1) *On avoue des droits.* J'ai été obligé de donner
quelques développemens à ce morceau trop serré, où
les pensées ne sont qu'indiquées dans le texte grec. Je
ne me suis point écarté du sens de l'auteur, mais une
traduction littérale étoit inintelligible.

(2) *Ainsi que nous l'avons démontré dans notre
morale.* « Dans chaque action, il peut y avoir, plus
» ou moins, ou ni l'un ni l'autre, c'est-à-dire, égalité.
» Mais ce qui est égal, est droit, le droit est donc le
» moyen terme. Or ce moyen terme a deux rapports,
» car il y a quelqu'un qui a droit, et quelque chose à
» laquelle on a droit, etc. » *V. Morales ad Nicom.
liv.* 5, *ch.* 6.

(3) *La vertu.* J'ai ajouté cette expression qui est le
sens de l'auteur. Ici commence une très-belle discus-

sion, qui tend à prouver que le vrai pacte social, c'est-à-dire, tout bon gouvernement, est essentiellement basé sur la vertu. Aristote est ici d'accord avec Rousseau et Mably, et auroit rejetté l'opinion de Montesquieu, qui admet des différences dans les principes des gouvernemens. *Esp. des Loix*, *liv.* 3, *ch.* 3 *et seq.*

(4) *Ils n'ont pas de libre arbitre.* Ils ne peuvent jouir du bonheur, parce qu'ils n'ont pas de liberté. Homère dit que Jupiter n'a donné à l'esclave que la moitié de l'ame. Aristote dit, *liv.* 1, *ch.* 8, que l'esclave n'a qu'une demie raison. Platon pense que les esclaves sont toujours enfans, et doivent être traités comme tels, que cependant il est de l'humanité de ne les fustiger qu'avec justice. Enfin Cicéron dit que l'ame dégradée par l'esclavage n'a plus son libre arbitre. *Parad.* 5.

(5) *Les Carthaginois et les Tyrréniens.* Il est ici question des Romains qu'Aristote appelle Tyrréniens. Il étoit né trois ans avant la prise de Rome par les Gaulois. Alors Rome étoit à peine connue, et n'occupoit qu'une très-petite partie de l'Italie. Scylax, dont nous avons un Périple, et qui existoit peu de temps avant Aristote, en faisant la description de l'Italie, dit aussi que les Tyrréniens occupoient les côtes, jusqu'à Rome, où commençoit le pays des Latins, *Périple*, *Scyl. p.* 2 *et* 3; il ne regardoit pas les Romains comme une puissance. Les Carthaginois avoient fait deux traités avec les Romains au temps d'Aristote. Tous deux nous ont été conservés par Polybe. Le premier eut lieu l'année même de l'expulsion des Tarquins, et le second 344 ans avant notre ère, du vivant d'Aristote, qui

avoit alors 41 ans. Il est évident que c'est de ce traité
dont il parle ici. On y voit en effet qu'il s'agit sur-tout
de la garantie du commerce et de la sûreté des personnes. *V. Polybe, liv. 3, ch. 22 et 24.*

(6) *Lycophron le sophiste*, poëte et grammairien,
né à Chalcis dans le troisième siècle avant notre ère.
C'est l'auteur du poëme obscur de Cassandre que nous
avons encore ; il étoit un des écrivains de la Pléïades ou
des Sept, que l'on regardoit comme des modèles pour
former le goût des jeunes gens. Suidas nous donne la
liste de ses ouvrages. *V. Suid. t. 2, p. 71. Mém. de
l'Acad. t. 5, p. 17.*

(7) *Les murs de Corinthe.* Ces deux villes étoient
à 20 stades l'une de l'autre. Dicearque qui vivoit à-peu-
près au temps d'Aristote, nous dit qu'elles étoient si
voisines, qu'elles avoient un port commun. C'étoit le
port connu sous le nom de Nisée. *V. Dic. Geog. min.*

(8) *Réunion de familles.* Il a démontré que le pacte
social, n'est ni une ligue, ni une fédération, ni une
assemblée de voisins. Il a dit par conséquent ce que ce
pacte n'étoit pas. A présent il expose ce qu'il est. C'est
sur cette définition, que le pacte social est basé sur la
vertu, qu'est fondé tout son système politique, comme
Rousseau a basé le sien sur la protection commune et
la liberté. C'étoit aussi l'opinion de Platon. N'oublions
pas que les anciens regardoient la politique comme
une partie de la morale, dont elle n'étoit que l'application. Solon, dit Plutarque, s'étoit appliqué sur-tout
à la partie de la morale qui traite de la politique. *Vie
de Solon au commencement.*

CHAPITRE VII.

(1) *Qui doit exercer les pouvoirs suprêmes ?* On observera que dans ce chapitre, Aristote confond le prince avec le souverain. Cependant il n'en arrive pas moins à un bon résultat. Il examine qui doit exclusivement gouverner. Ce n'est, dit-il, ni la multitude; par conséquent un état bien constitué ne sera point une démocratie ; ni le petit nombre ; il ne sera pas encore une oligarchie ; ni quelques-uns bons; il ne sera pas davantage une aristocratie ; ni un seul ; il ne sera pas non plus une monarchie ; ni la loi ; son règne exclusif est impossible. D'ailleurs, aucun de ces gouvernemens n'est juste, attendu que l'exclusion donnée à une foule de citoyens est une violation des droits. Cependant, ajoute-t-il, le moins injuste de tous seroit le gouvernement de la multitude. Seulement il faudroit modifier le principe, en ne lui accordant que le droit de voter dans les élections, et de juger la responsabilité des magistrats. Quel est donc le moyen d'organiser un bon gouvernement ? Le voici. C'est de ne point cumuler les pouvoirs législatif et exécutif dans les mêmes mains, de les diviser, et d'établir la suprématie de la loi, dont les gouvernans quelconques ne seront que les ministres. Telle est l'analyse de ce chapitre.

(2) *Censurer les autorités constituées.* Aristote adopte ici les bases de Solon. Le peuple d'Athènes, d'après les loix de Solon, n'exerçoit véritablement la souveraineté sans restriction, que dans les élections et les jugemens de responsabilité. Après que les premiers magistrats étoient sortis de charge, ils étoient tenus de rendre compte au peuple de leurs opérations. Ainsi,

les Archontes, après leur année d'exercice, étoient
admis de droit à l'aréopage. Mais il falloit préalable-
ment que leur conduite fut jugée par le peuple. L'assemblée exerçoit alors les fonctions de jury. Si elle
déclaroit qu'il y avoit lieu à inculpation contre eux,
ils ne manquoient pas d'ennemis, qui se portoient sur
le champ pour accusateurs.

(3) *L'opération, l'ordonnance et la théorie.* La
médecine, dit Pline, après être restée long-temps dans
l'enfance, fit tout-à-coup de rapides progrès au temps
de la guerre du Péloponèse. Elle renfermoit trois branches, qu'Aristote indique ici, la médecine spéculative,
empyrique, et pratique. Dès ce temps-là, comme aujourd'hui, on railloit la médecine, et on la payoit
bien. On cite une épitaphe qu'un malheureux plaisant
fit mettre sur sa tombe. *J'ai succombé sous la foule des*
médecins. Chrisippe, contemporain d'Aristote, reçut
du roi Ptolémée, dont il avoit guéri le père, cent
talens, (540,000 liv.) Aristote fit un médecin de son
petit-fils, qui s'appelloit Érasirtrate, et acquit une
grande célébrité. Aussi emploie-t-il fréquemment des
comparaisons tirées de la médecine, et dit il beaucoup
de bien des médecins. *Pline, liv.* 29, *ch.* 1 *et seq.*

(4) *Des revenus plus considérables.* La plupart des
anciennes républiques n'admettoient aux premières
magistratures que les plus riches. Il réfute l'objection
tirée de ce que la dernière classe, ou la plus pauvre,
nomme les magistrats suprêmes, qui sont toujours pris
dans la première, ou la plus riche. Il répond à cela,
que la personne publique du peuple est plus riche
qu'un seul, ou quelques individus.

CHAPITRE VIII.

(1) L'auteur a prouvé, chapitre 6, qu'il y avoit des droits politiques, résultans d'un avantage social. Il examine ici si tous les avantages possibles peuvent entrer en concurrence, pour avoir droit au gouvernement. D'abord, il dit, suivant sa méthode, ce que la chose n'est pas, avant de déclarer ce qu'elle est. Nous ne ferons aucune observation sur cette première partie du chapitre, sinon qu'elle tient aux subtilités de l'école. Il passe de-là aux avantages vraiment politiques. Ils se réduisent à trois. La liberté et la valeur, prérogative démocratique. La richesse, prérogative oligarchique. La noblesse et la vertu, prérogative aristocratique. Il prouve que chacun voulant étendre sa prérogative, il en résulte des injustices ; que de-là, viennent les gouvernemens corrompus, et qu'au-delà des limites de son droit, personne n'a plus de droits.

(2) *Des nobles.* Il y avoit de véritables nobles parmi les anciens. Les 9000 citoyens de Sparte, sur une population de plus de 600,000 ames, étoient de vrais patriciens comme à Venise. A Athènes, il y avoit, avant Solon, une tribu de nobles, appellés eupatrides. Voici comme Théophraste peint ceux de son temps. On les reconnoît à l'élégance de leur coëffure. Ils marchent la tête haute ; ils se plaignent de la populace qui obstrue les rues ; ils ne parlent que de coalition pour chasser la canaille des emplois, et lui fermer la carrière des honneurs. Ils ne cessent de répéter le seul vers d'Homère qu'ils daignent apprendre. *A quoi bon tant de chefs ? Il ne faut qu'un monarque. Théoph.* p. 493.

CHAPITRE IX.

(1) *Les lions d'Anthisthènes.* Antisthènes fut disciple de Socrate, dont il vengea la mort, en poursuivant à outrance Anitus et Melitus. Il fut le fondateur de la secte des cyniques, quoique, dit Xénophon, il fut aussi aimable que sévère dans ses mœurs. Les lièvres, disoit-il, dans un apologue, décrétèrent un jour l'égalité des droits entre les animaux. Les lions ne répondirent rien, mais ils montrèrent leurs griffes et leurs dents. Diogène Laerte a écrit sa vie.

(2) *Le conseil de Périandre et de Trasibule.* Hérodote, *liv.* 5, dit que ce fut Trasibule de Milet qui donna ce conseil à Périandre de Corinthe. Diogène Laerte est de cet avis, il cite même la lettre entière de Trasybule. Ce Périandre, fils et successeur de Cypselus, premier tyran de Corinthe, vivoit 640 ans avant notre ère. Il fut aussi habile général que tyran redoutable. *Pol. liv.* 5, *ch.* 12. Il eut un commerce incestueux avec sa mère, tua sa femme d'un coup de pied, et chassa son fils, parce qu'il donnoit des larmes à la mort de sa mère. Il avoit composé un code des tyrans. Cet ouvrage étoit digne du prince de Machiavel. *Aristote*, *Pol. liv.* 5, *ch.* 2, nous en a conservé les affreuses maximes. Diogène Laerte dit que cet ouvrage étoit en vers, il nous en a laissé quelques préceptes, en voici un

Punissez le coupable et l'intention du crime.

Ce Périandre fut cependant mis par quelques-uns au rang des sept Sages. C'est lui qui les réunit à Corinthe,

et leur donna ce banquet si fameux dans l'antiquité.
Mais on n'attachoit pas alors au nom de sage l'idée
qu'on lui a donnée depuis. « Thales, dit Plutarque,
» fut le premier des sages, qui embrassa dans ses mé-
» ditations la morale et la métaphysique. Les autres
» n'acquirent cette réputation de sagesse, que par
» leur profonde habileté dans la science des gouver-
» nemens ». *Diog. Laert. Periand. et Plut. Vie de
Solon*, p. 80.

(3) *Car l'ostracisme.* A Athènes, où le nombre
total des votans n'excédoit pas 20,000, il falloit 6000
suffrages contre l'accusé, c'est-à-dire, la presque
totalité des voix qui assistoient ordinairement aux
assemblées. On n'étoit pas privé de ses biens. L'exil
duroit dix ans, à dater du jour de la condamnation.
On rentroit alors dans la jouissance de ses droits sans
autre formalité.

CHAPITRE X.

(1) *Asymnétie.* Denys d'Halicarnasse explique le
mot, en disant que c'est une tyrannie élective, dont
les pouvoirs étoient semblables à ceux des dictateurs
de Rome. *Liv.* 5, *p.* 336.

(2) *Pittacus.* Il étoit un des sept sages. *V. liv.* 2,
ch. 10, *note* 10.

(3) *A l'exception des rites qui exigent le ministère
des pontifes.* Les magistrats recevoient par leur institution, le droit d'offrir certains sacrifices. Mais il y
avoit des rites religieux qui exigeoient le ministère des
pontifes. Tel étoit le ministère de Calchas dans Homère. Les magistrats pouvoient offrir des sacrifices

pour obtenir la protection des dieux. Aux prêtres seuls
appartenoit de fixer les rites des sacrifices, et de consulter le ciel par l'inspection des entrailles des victimes.
A Athènes, le troisième Archonte étoit roi des sacrifices, mais il n'étoit pas pontife. A Rome, les consuls
offroient des sacrifices, mais ils étoient forcés d'appeller des prêtres ou des augures, pour consulter les dieux.
Platon dit que l'oracle seul a le droit de nommer les
pontifes, et que tenant leur mission d'Apollon, leurs
fonctions sont à vie, et qu'ils ont un caractère sacré.
Plat. de Leg. liv. 6, *p.* 616. Il y avoit aussi alors une
puissance spirituelle qui tenoit ses pouvoir de Dieu
même.

CHAPITRE XI.

(1) *Lequel est le plus avantageux ?* Il n'examine
ici que la théorie de la monarchie, et si en principe, il
est raisonnable qu'un seul ait le pouvoir, ou quelques-
uns, ou tous. Ces discussions sont fréquemment établies dans les auteurs anciens. *V. Hérodote, liv.* 3, *et
Denys d'Hal. liv.* 2. Ce chapitre et le suivant traitent
la même question : il finit par conclure, que la loi doit
être le souverain, et le prince ministre de la loi ; c'est-
à-dire, que les pouvoirs législatif et exécutif ne doivent pas être réunis dans la même main. Cependant il
y ajoute un correctif, pour les hommes dont la vertu
sublime n'est pas faite pour obéir. Cette opinion étoit
celle de Platon, peut-être étoit-ce un motif pour lui
de la combattre. Mais on se rappellera qu'Aristote
avoit été le précepteur d'Alexandre.

CHAPITRE XII.

(1) *Epidaure, ville de l'Argolide.* Il paroît qu'elle étoit libre alors. Elle étoit fameuse par le temple d'Esculape, qui, disoit-on, y avoit pris naissance. Ce temple avoit été construit sur les plans de Policlète. On y voyoit sur-tout une rotonde soutenue d'un grand nombre de colonnes, sur lesquelles étoient gravés les noms des malades que le dieu avoit guéris. Les *ex voto* ont été de tous les temps, comme on le voit, et la superstition est par-tout la même.

Opunte. C'étoit la ville principale de la Locride. C'étoit elle qui avoit fait élever aux Termopyles cinq colonnes renfermant les restes des généreux guerriers qui avoient péri à cet endroit, pour sauver la Grèce. Elle étoit la patrie de Patrocle. *Strab. liv.* 9, *p.* 424.

LIVRE QUATRIÈME.

CHAPITRE PREMIER.

(1) Aristote attaque ici indirectement Platon, dont il traite la république de théorie imaginaire. Il lui a reproché l'article de la dépense. Où trouver, dit-il, les fonds nécessaires pour nourrir cinq mille oisifs, toutes les femmes, tous les enfans, tant d'individus à leur suite ? Formez des projets, mais que l'exécution soit possible. *Pol. liv.* 2, *ch.* 4, *p.*

(2) *D'autres proposent.* Il paroît qu'Aristote indique ici Xénophon, et ses deux ouvrages, de la république de Lacédémone, et de celle d'Athènes. Aristote

Tome I.   C c

semble ne vouloir pas nommer cette dernière à laquelle Xénophon donne de grands éloges, parce qu'il la regarde comme un très-mauvais gouvernement. Il la désigne sans cesse dans sa politique : mais on voit que des ménagemens politiques l'empêchent de l'attaquer trop vivement.

(3) *Des écrivains qui n'admettent qu'une seule espèce de démocratie.* C'est encore Platon qui est attaqué ici. Platon se contente de dire que la démocratie est le moindre des bons gouvernemens, et le meilleur des mauvais. Il ne la divise pas en espèces comme Aristote. Rousseau adopte la division de Platon. *V. Cont. Soc. liv.* 5, *ch.* 10.

CHAPITRE III.

(1) *C'est parce que la cité se compose d'élémens divers.* Aristote, ainsi que Montesquieu et Rousseau, admet le principe, que le climat influe sur les loix et les mœurs. Ce qu'il dit ici ne contredit pas ce qu'il a déja dit. Rousseau et Montesquieu n'ont considéré que les trois grandes espèces de gouvernemens; savoir, la monarchie, l'aristocratie et la démocratie. Le principe d'Aristote ne s'applique qu'aux nuances de la république. Le climat n'est pour rien ici, attendu qu'il étoit à-peu-près le même dans un pays aussi petit que la Grèce. Mais cette contrée étoit couverte d'une infinité de petites républiques dont les nuances varioient sans cesse. Aristote prétend trouver la différence de ces nuances républicaines, dans celle des professions dominantes au sein de la cité.

(2) *Erétrie*, ville de l'île d'Eubée fondée par les

Athéniens, située sur l'Euripe. Elle fut détruite 490 ans avant notre ère par les Perses. Chalcis étoit aussi une ville puissante de l'île d'Eubée. On l'appelloit la clef de la Grèce. Aristote s'y retira, pour se mettre à l'abri de la persécution que lui suscitèrent les prêtres de Cérès, et y mourut.

Magnésie sur le Méandre, ville de l'Asie mineure dans l'Ionie. Elle étoit, dit une médaille de Magnésie, la septième des villes de l'Asie. Ce fut là que Thémistocle se retira après son bannissement d'Athènes. Artaxerce lui donna pour pension, le domaine de cette ville, qui lui rapportoit cinquante talens, 270,000 liv.

(3) *Les physiciens n'admettent que deux vents.* C'étoit au moins l'opinion d'Aristote. Le sec et l'humide, dit-il, sont la cause des vents. Le sec vient du nord, et l'humide du midi : de-là la raison pour laquelle ces deux vents sont dominans, et donnent naissance aux autres. *V. Météorol. ch.* 4, *p.* 559. Pline dit au contraire que toute l'antiquité en a admis quatre avec Homère. Qu'on en a porté ensuite le nombre à huit, et qu'enfin on les a soudivisés à l'infini. *Voyez Pline, liv.* 2, *ch.* 47 *et seq.*

(4) *Qu'une ou deux bonnes républiques.* Il s'explique un peu plus loin. Sa vraie république est un mélange parfait d'oligarchie et de démocratie. S'il y a tendance à l'oligarchie, le gouvernement s'appelle de préférence aristocratie : s'il y a plus de pente vers la démocratie, il conserve le nom de république. Ces deux espèces de républiques, sont, dans son système, de bons gouvernemens. *Voyez liv.* 4, *ch.* 8.

CHAPITRE IV.

(1) Il a traité dans le livre précédent de la monarchie. Il lui reste à traiter de l'aristocratie et de la république, pour avoir épuisé la question des bons gouvernemens. Mais la république est un mélange d'oligarchie et de démocratie, mélange qui donne pour résultat, ou l'aristocratie, ou la république, ainsi que nous l'avons dit, note 4, chapitre précédent. Aristote a donc été obligé de traiter de ces deux gouvernemens avant la république, puisqu'ils en sont les bases fondamentales dans son système. Il procéde, suivant sa méthode, et prouve qu'il y a plusieurs espèces de démocratie et d'oligarchie.

(2) *En Ethiopie.* Ce ne sont pas les enfans, mais les neveux qui succèdent au trône. Si la branche est éteinte, le plus beau et le plus fort est élu roi. Leurs maisons n'ont point de portes, et le vol y est inconnu. *Stob. Disc.* 165, *p.* 471.

(3) *Apollonie d'Ionie.* Il y avoit différentes villes de ce nom ; une en Macédoine, une autre en Trace, une troisième en Epire, enfin celle-ci. Strabon la met dans la Mysie, *p.* 575. Ptolémée, dans la Phrygie, *liv.* 5, *ch.* 2. Aristote fixe ici sa position, en disant qu'elle étoit en Ionie. Elle fut fameuse par la sanglante déroute de Mitridate, lorsque Lucullus le chassa de ses états. Thera étoit une ville de Phrygie, près de Cyzique. *V. Strabon*, qui l'indique seulement, *p.* 565.

(4) *Colophon*, ville de l'Asie mineure en Ionie. Elle fut soumise du temps de Crésus aux rois de Lydie. Sa cavalerie, dit Strabon, étoit excellente, et décidoit la victoire par-tout où elle donnoit. Elle s'étoit enri-

chie par le commerce qu'elle devoit à son heureuse
situation sur un promontoire , à l'opposé du golphe de
Smyrne. Elle étoit une des sept villes qui prétendoient
avoir donné naissance à Homère. Elle révendiquoit
aussi le peintre Apelle. Elle étoit la patrie du poëte
Mimnerme et du philosophe Xénophanes. *V. Hérod.
liv. 1 , Strabon , p. 633 et seq.*

(5) *Socrate y dit qu'il n'y a que quatre professions
indispensables , etc.* « Ce qui donne naissance à la
» société , dit Socrate , ce sont nos besoins et notre
» foiblesse. Un homme ayant un besoin , s'est réuni à
» un autre qui pouvoit l'aider. Un troisieme s'est
» réuni aux deux premiers pour le même motif. La
» multiplicité des besoins a rassemblé plusieurs hom—
» mes dans un centre commun qu'ils ont appellé cité.
» Le premier besoin est la nourriture , le second , le
» logement, le troisième , le vêtement , le quatrième ,
» la chaussure. Voilà ces quatre individus essentiels.
» Mais si l'on veut que tout aille bien , il faut débar—
» rasser le laboureur du soin de faire sa charrue , et
» les autres aussi de l'embarras de se forger des outils.
» Voilà donc des charpentiers et des forgerons qui
» viennent augmenter notre cité naissante. Il faut en—
» core des bestiaux et des bêtes de somme , tant pour
» les transports que pour la nourriture , les peaux et
» les laines , par conséquent des nourrisseurs et des
» bergers. Mais il est impossible qu'une ville soit située
» dans un lieu si favorable , que le terroir produise
» tous les objets de subsistance. Il faut par conséquent
» des gens qui se chargent d'importer ce qui manque ,
» et d'exporter le superflu , par conséquent des mar—
» chands. Ajoutez encore des hommes qui ne rendent

C c 3

» pas grand service à la société par leur esprit, mais
» dont le corps robuste est capable de grands tra-
» vaux, autrement des mercénaires, et votre cité sera
» complète ». *Plat. Rép. liv.* 2, *p.* 426 *et seq.*

(6) *Empiète sur les voisins.* « Si nous voulons avoir
» assez de terres et de pâturages, il nous faudra em-
» piéter sur nos voisins, nos voisins en feront autant.
» Il faudra alors faire la guerre ». *Plat. Rép. liv.* 2,
p. 428.

(7) *Qu'on les exerce séparément, ou qu'on les
cumule.* Platon vouloit que chaque individu n'exerçât
qu'une profession. C'est à cette disposition qu'Aristote
fait allusion. *Rép. ibid.*

(8) *Une septième.* Il y a ici dans le texte un embarras de calcul qu'il est aisé d'éclaircir. Aristote compte
les quatre classes primitives de Platon, ensuite les
marchands, bergers et mercénaires, qu'il range dans
une cinquième classe. Aristote en ajoute une sixième
qui est celle des guerriers, enfin une septième, etc.

(9) *Pauvre et riche.* C'est-à-dire, qu'il ait et qu'il
n'ait pas la fortune déterminée par le cens, pour être
éligible aux magistratures. On sait que cette condition
étoit de rigueur, dans tous les gouvernemens de la
Grèce, tant que, dit Aristote, ils n'avoient pas dégénéré en démagogie, qui est l'absence de tout gouvernement.

(10) *Le courtage.* ἀγοράιον, affaire de marché. Platon nous marqué les limites de ce commerce. « Dans
» les cités bien policées, dit-il, il y a des gens dont
» l'état est de rester dans le marché, et d'acheter des
» uns ce qu'ils ont à vendre pour le revendre à d'au-
» tres. Ce sont d'ordinaire des hommes foibles de

» corps, et sans moyens pour d'autres états, qui se
» livrent à ce trafic. *Rép. liv. 2, p.* 426.

Ce commerce se faisoit à Athènes sur la place publique, car il n'y avoit point de boutiques dans les maisons. Les marchandises étoient étalées sous des tentes, ou des abris de joncs qu'on dressoit ou abattoit à volonté. Les Tessaliens et les Spartiates, dont le gouvernement étoit oligarchique, affectoient de mépriser ce genre de trafic. Mais à Athènes, au sein de la démocratie, celui qui auroit insulté ce commerce d'échoppes, étoit poursuivi devant le juge, et puni. *Demosth. in Eubul. p.* 1308.

(11) *Le commerce.* « Le courtage, dit Platon,
» achète pour revendre : on réserve le nom de com—
» merce, pour les opérations d'importation et d'ex—
» portation ». *Plat. Rép. ibid.*

(12) *Egine et Chio.* Bysance, Tarente et Athènes sont assez connues. Egine étoit située à l'entrée du golphe de Corinthe, et étoit de plus un entrepôt entre le reste de la Grèce et le Péloponèse. Cette île étoit si puissante par mer, qu'elle fournit un nombre de vaisseaux presque égal à celui des Athéniens dans la guerre des Perses. Strabon et Elien attribuent aux Eginètes l'invention de la monnoie : cependant Hérodote en fait honneur aux Lydiens.

Chio étoit située dans la mer Egée, entre Samos et Lesbos. Les Athéniens s'en étoient rendus maîtres. Cette île avoit armé jusqu'à cent vaisseaux dans la guerre contre Darius. Elle s'étoit enrichie par le commerce, attendu qu'elle étoit l'entrepôt de toutes les marchandises qui s'exportoient d'Athènes, dans la mer noire, et jusques dans la Crimée, et de celles qui

étoient importées en retour. Chio faisoit un grand
commerce de ses vins, qui passoient dans le nord,
d'où on rapportoit du blé, du poisson salé, et des
laines. *Demosth. in Phorm. p.* 909.

(13) *Ténédos.* C'étoit une petite île avec une mauvaise rade. *Statio malefida carinis*, dit Virgile. Elle
étoit placée à l'entrée de l'Hellespont. C'étoit là que
les vaisseaux de commerce prenoient des pilotes pour
les conduire dans le détroit, et les mers orageuses de
la Propontide et du Pont-Euxin.

(14) *La loi ordonnateur général seulement.* Il développe lui-même cette idée à la fin de ce chapitre.
La loi, dit-il, doit être l'ordonnateur général, un
décret ne doit jamais statuer sur les cas particuliers.
Le peuple d'Athènes faisoit la loi, comme souverain,
et en faisoit aussi l'application. Il cumuloit ainsi les
pouvoirs souverains et exécutifs. Il n'y avoit plus république, mais tyrannie.

C H A P I T R E V.

(1) Nos politiques modernes n'ont pas examiné ces
différentes nuances des gouvernemens divers. Ils se sont
contentés de les considérer dans leurs grandes divisions. Mais Aristote vivoit au milieu d'un peuple dont
les gouvernemens, presque les mêmes quant au fond,
varioient cependant à l'infini, dans leurs nuances. On
ne doit pas rejetter, sans une grande précaution, l'expérience d'un homme qui avoit décrit les constitutions
de 158 peuples différens. La base de l'oligarchie est la
richesse. Il prouve, que suivant que la richesse s'approche ou s'éloigne de la médiocrité, alors l'oligarchie

doit varier ; que l'excessive richesse des gouvernans
rapproche le gouvernement de la tyrannie , et que la
médiocrité de la fortune le fait incliner vers la démocratie. De-là les espèces différentes.

CHAPITRE VI.

(1) *Lorsque les laboureurs.* La base de la démocratie est la liberté , ou gouvernement de la majorité. Si
le cens est très-bas, presque tous seront nécessairement
membres du souverain et éligibles. Mais forcés de travailler pour vivre , ils ne pourront tout faire par eux-
mêmes. Ils établiront donc une garantie de leurs droits
au moyen d'une constitution.

(2) *Cet honnête repos.* « C'est , dit-il , un principe
» reconnu, que dans un bon gouvernement les citoyens
» attachés à la chose publique doivent être débarrassés
» du soin de pourvoir à leurs premiers besoins ». *Voyez*
liv. 2 , *ch.* 7 , *p.* 131.

(3) *Sauf le vice de la naissance.* C'est-à-dire ,
pourvu qu'ils soient nés citoyens sans autre condition.
Dans ce cas donné , la majorité sera encore le souverain , et elle sera aussi intéressée à vouloir une constitution.

(4) *Sous la seule condition d'être libre.* C'est-à-
dire , qu'on n'exigera pas qu'un homme soit né de père
et mère citoyens, mais qu'il suffira d'être né libre dans
le pays , pour être citoyen. Solon avoit ordonné que
les étrangers libres ayant une profession , fussent admis
au rang des citoyens, ainsi que les natifs libres , sans
exiger presque aucune condition. Cette loi fut changée
par la suite. Le peuple seul donna le droit de cité. Il

falloit avoir rendu des services, et obtenir au moins. 6000 suffrages. *Loix Att. S. Petit.*

(5) *Des républiques foibles dans l'origine.* C'est d'Athènes dont il veut parler. Le précepteur d'Alexandre ne devoit pas aimer ce gouvernement. Il l'attaque souvent, et né le nomme pas. L'ami de Philippe et d'Alexandre, demeurant à Athènes, étoit obligé d'être circonspect dans sa conduite comme dans ses écrits. Malgré ces ménagemens, il fut obligé de fuir, pour éviter la ciguë.

CHAPITRE VII.

(1) *Elle a échappé aux écrivains.* Aristote prétend qu'il est le seul qui ait parlé de la république. Il oublie qu'il a reproché à Platon, *liv.* 2, *ch.* 4, d'avoir établi sa république sur deux bases de gouvernemens corrompus, la tyrannie et la démocratie, entre lesquelles, dit-il, la république doit être le moyen terme. Lui-même tombe dans la même erreur, d'après ce principe, puisqu'il établit la sienne sur la combinaison du nombre et de la richesse, bases de gouvernemens dégénérés.

(2) *Comme l'a fait Platon dans sa république.* Platon dit nettement, à la fin du liv. 4 de sa république, qu'il y en a cinq. Comment Aristote peut-il avancer que Platon n'a pas connu la république, puisqu'il lui reproche lui-même, *liv.* 2, *ch.* 4, de lui avoir donné de fausses bases. *V. notes,* liv. 2, *ch.* 4, *n.* 9.

(3) *Dans la raison combinée de la richesse et de la vertu.* Les bons gouvernemens sont basés sur la vertu. Telle est donc la base de l'aristocratie. Mais la vertu

peut n'être pas base unique. De-là des nuances. Ainsi, vertu et richesse , base de l'oligarchie. Vertu et liberté , base de la démocratie. Vertu , liberté et richesse , bases combinées de ces trois gouvernemens , donnent des espèces différentes d'aristocraties, qui conservent le nom d'aristocraties, attendu la prééminence de la vertu sur la richesse et la liberté.

CHAPITRE VIII.

(1) *La république n'est dans ses élémens qu'un mélange d'oligarchie, etc.* Aristote a dit qu'il y avoit trois bons gouvernemens, parce qu'ils étoient basés sur la vertu : la monarchie, ou commandement d'un seul, parce qu'il est le plus vertueux. L'aristocratie, ou commandement de plusieurs tous vertueux, et la république. Il a aussi posé en principe qu'il y a trois gouvernemens dégénérés. L'oligarchie basée sur la richesse, la démocratie basée sur le nombre ou la liberté, et la tyrannie basée sur la violence. Ces gouvernemens sont corrompus, attendu que richesse, nombre et violence ne sont pas des vertus. Comment la république, qui n'est qu'une combinaison de la richesse et du nombre, peut-elle donner pour résultat un bon gouvernement, c'est-à-dire, la vertu ? Le voici. Richesse et liberté combinée établissent la prépondérance de la classe moyenne ; or cette classe est par excellence celle qui a des vertus. C'est ce qu'Aristote démontre, chapitres 11 et 12. Ainsi ce n'est pas la base proprement dite, mais le résultat du système de la république, qui donne la vertu. Elle est donc un des trois bons gouvernemens.

(2) *De bonnes lois auxquelles on n'obéit pas.* Dans l'oligarchie, dit-il, *liv. 4, ch.* 11, les hommes puissans par leurs richesses et leurs amis, ne veulent ni ne savent obéir. Dans la démocratie, les loix ne sont pas plus écoutées. Ce gouvernement est sans ressort et sans ordre. *Liv. 4, ch. 3.*

CHAPITRE IX.

(1) *Dont les résultats constituent la république.* Un gouvernement républicain ne peut se maintenir, a dit Aristote, si toutes ses institutions ne sont en parfaite harmonie avec le système d'organisation politique. De-là son attention à entrer dans tous les détails qui peuvent contribuer à ce but. Salaire aux pauvres qui remplissent des fonctions publiques. Elections par le sort, pour maintenir l'égalité. Cens nul ou presque nul, comme condition pour arriver aux charges. Voilà trois institutions qui sont dans l'esprit de la démocratie.

Amende contre les riches qui ne remplissent pas les fonctions publiques, afin qu'assistant en grand nombre ils ayent la prépondérance. Cens très-élevé, condition d'éligibilité, élections aux suffrages ; ces institutions sont oligarchiques. Il est évident qu'en les combinant ensemble, on aura une autre forme de gouvernement, qui sera le moyen terme dont les autres seront les extrêmes, et par conséquent la vraie république.

(2) *La république de Lacédémone.* Aristote loue ce gouvernement, qui, dit-il, est un parfait équilibre de monarchie d'aristocratie et de démocratie, d'où il suit que tous l'aiment tel qu'il est, et qu'aucune classe de l'état ne veut de changement. *Pol. liv. 2, ch. 7.*

CHAPITRE X.

(1) *Tous meilleurs que lui.* Comme la tyrannie est
la dégradation la plus caractérisée d'un bon gouvernement, de même un tyran étoit regardé comme le
plus vil des hommes. « Le tyran, dit Aristote, inspi-
» rera difficilement le respect. Comment l'obtiendroit-
» il, puisqu'il est dans sa nature d'être voué au mé-
» pris » ? *Pol. liv.* 5, *ch.* 11.

CHAPITRE XI.

(1) *Solon*, dit Plutarque, descendoit des anciens
rois d'Athènes. Son père avoit dissipé sa fortune en
prodigalités. Il s'étoit livré au commerce, et avoit
amassé par son travail une fortune assez honnête pour
être à l'abri du besoin. *Plat. in sol. p.* 78, 85. Lycurgue étoit tuteur du roi Carilaus. *V. Carrondas, liv.* 2,
ch. 10, *n.* 7.

(2) *L'empire de la Grèce.* Suivant que les Athéniens ou les Lacédémoniens eurent la prépondérance,
ils établirent autant qu'ils le purent dans les petites
républiques de la Grèce, ou la démocratie, ou l'oligarchie. Ainsi les Lacédémoniens ayant battu les Athéniens dans la guerre du Péloponèse, détruisent la démocratie à Athènes, et établirent le système aristocratique. Ils y remirent l'autorité entre les mains d'un
sénat composé de trente personnes, à l'instar de celui
de Lacédémone. Ce fut Lysandre, roi de Sparte,
qui y établit cette forme de gouvernement, aidé du
parti aristocratique qui avoit émigré, rentra avec lui
dans la ville, et s'empara de l'autorité. Bientôt les trente

exercèrent de cruelles vengeances. Les chefs du parti
populaire prirent la fuite, mais ils entretenoient des
correspondances secrètes avec les gens de la côte, ou
marins du Pirée, qui, dit Aristote, étoient plus pa-
triotes que ceux de la plaine. Trasybule, à la tête de
500 soldats, vint les soutenir. La ville lui fut livrée, et
les trente furent proscrits. Ils périrent tous, l'éloquence de Lysias ne put sauver Eratosthène, l'un d'eux, et
la démocratie fut rétablie. Tous ceux que les tyrans
avoient chassés furent rappellés, et Trasybule proposa
cette célèbre amnistie par laquelle les citoyens jurè-
rent d'oublier tout le passé.

(3) *Il ne trouve qu'un seul homme.* Il paroît que ce
n'est pas de Lycurgue qu'Aristote veut parler, quoiqu'il ait dit que le gouvernement de Lacédémone étoit
une vraie république. *Liv. 4, ch. 9, p. 288.* En effet
il annonce que c'étoit un homme revêtu de l'autorité
suprême, et il vient de dire que Lycurgue n'étoit pas
roi. Il parle certainement de Théopompe, roi de Lacédémone, qui établit la magistrature des éphores,
comme il le dit, *liv. 5, ch. 11.* Or, dit-il, c'est par
cette magistrature que ce gouvernement est démocratique. Il réunit ainsi la balance des trois pouvoirs, d'où
résulte une vraie république. *Pol. liv. 2, ch. 7.*

(4) *La première, la seconde, etc.* Il a assigné quatre espèces de démocraties et d'oligarchies. *V. liv. 4,
ch. 4, 5, 6.*

CHAPITRE XII.

(1) *En qualité ou bien en quantité.* La quantité,
dit-il, est ou arithmétique, ou continue, ou divisi-
ble par partie. La qualité est l'habitude, ou manière

d'être des corps, ou de la quantité. Il y a qualité naturelle, et qualité accidentelle. V. sur ces définitions, *Cat. ch.* 6 *et* 8. Nous n'entrerons pas dans une discussion sur ces termes de l'école, qu'il explique suffisamment ici.

(2) *Les espèces intermédiaires. V. liv.* 4, *ch.* 4, 5, 6, les différentes espèces de démocraties et leurs causes.

(3) *Un excédent en qualité.* Aristote a établi quatre espèces d'oligarchies, à raison des classes de la minorité distinguée. Ces classes sont, la noblesse, la richesse, l'instruction, etc. *V. liv.* 4, *ch.* 4. Il a aussi assigné les causes des variétés dans cette espèce de gouvernement. *Liv.* 4, *ch.* 6. Si toutes les classes oligarchiques, dit-il, ont par leur réunion et l'ensemble de leurs prérogatives, la prépondérance sur le nombre, il y aura d'abord oligarchie ; mais, si parmi ces classes, il y en a une qui soit prépondérante sur les autres, l'oligarchie prendra la couleur de cette classe.

CHAPITRE XIII.

(1) *On mine sourdement.* Dans l'oligarchie, on impose des devoirs à la classe des gouvernans ; on les punit, s'ils ne les remplissent pas, tandis qu'on laisse au peuple toute liberté sous ce rapport. Mais en résultat, la classe distinguée étant forcée d'être assidue aux assemblées, et d'accepter les charges, elle est toujours nombreuse, et vote dans le sens oligarchique. Le peuple obligé de travailler pour vivre, et étant libre de ne pas assister aux assemblées, s'y rend rarement. Ainsi la première classe reste la maîtresse des

délibérations. Voilà la ruse. Toutes les autres dérivent
du même principe.

(2) *Dans les démocraties*. Le système de ruses y
est opposé. On paye un droit de présence au pauvre ;
par conséquent on l'attire à l'assemblée en l'indemni-
sant du temps qu'il n'employe pas à son travail. On
n'impose pas d'amende au riche ; par conséquent, il
s'absente plus volontiers. Ainsi la prépondérance reste
aux pauvres qui votent dans le sens de la démocratie.

(3) *Quant au cens*. On sait que dans la plupart des
républiques de la Grèce , il falloit un certain revenu
pour être éligible aux magistratures. Les anciens pensoient que le magistrat devoit être au-dessus du
besoin. Aristote en fait une obligation positive. *Liv. 2*,
ch. 7. Il veut ici que le cens soit calculé , de manière
que la majorité puisse avoir part au gouvernement.
De-là résultera la république. Car il est de l'essence
de la démocratie que le plus grand nombre gouverne.
Il est dans le système de l'oligarchie que la propriété
donne droit exclusif aux affaires. Si la majorité a le
revenu prescrit , voilà le moyen terme , ou la république.

(4) *Il résiste faute de moyens*. A Athènes , les citoyens étoient forcés de servir à leurs dépens , lorsqu'on les croyoit aisés. Solon en avoit fait une loi.
Lysias , en plaidant pour Aristophane , fait l'énuméra-
tion des dépenses du père de son client en faveur de la
république. Ces sommes montoient à 250 mines dans
quatre expéditions. La mine valoit 90 liv. de notre
monnoie. Cet argent étoit employé à la solde des troupes et à l'achat des armes , mais dans les temps difficiles , on forçoit les citoyens , même pauvres , de s'équip-
per

per à leurs frais, malgré leurs réclamations. Les citoyens peu aisés se réunissoient pour armer un vaisseau. Lysias parle d'un certain Demos, qui emprunta
16 mines pour cet objet, donna une coupe d'or en
gage, et s'engagea à rendre 20 mines au bout de quelques mois. *V. Lysias, Orat. pro Arist.*

(5) *A Malée.* Cette ville étoit située près du golphe
Maliaque, sur la côte de la Tessalie, en face de l'île
d'Eubée. Scylax en parle, comme d'un peuple, sans
rien dire de leur ville. Diodore dit seulement que cette
nation avoit droit d'envoyer un représentant dans la
diète générale des Amphictyons. Lorsque Brennus,
après la levée du siége de Rome, se rendit en Grèce,
ce furent les Maliens qui lui dressèrent cette fameuse
embuscade, où les Gaulois furent taillés en pièces.
Leur gouvernement étoit évidemment une démocratie.

CHAPITRE XIV.

(1) *Voici les cas possibles.* Voici le développement
de cette théorie, qui tend à démontrer que le conseil
délibérant de la nation, varie suivant la forme du
gouvernement, et que le gouvernement se modifie suivant la forme du conseil. Ou tous, dit-il, décident
tout, ou quelques-uns seulement. On observera que
par ce mot tous, il entend la majorité, et par ce mot
quelques-uns, il entend la minorité. Si tous décident
tout, il y a démocratie ; si quelques-uns décident
tout, il y a oligarchie. Si tous décident tout, 1°. ils
peuvent le faire par tribus, et n'avoir d'assemblée générale que pour les élections et quelques autres cas.
2°. Ils peuvent modifier le principe, décider tous cer-

taines choses, et déléguer la décision des autres affaires à des magistrats nommés parmi tous. 3°. Ou bien décider tous certaines choses, et déléguer la décision du reste à des magistrats choisis par tous, mais parmi des hommes éprouvés au moyen de certaines conditions. 4°. Enfin le peuple peut faire la loi, et gouverner ; alors il y a démagogie, ou tyrannie populaire.

(2) *Si le cens est si modéré.* Suivant Aristote, le caractère distinctif de l'oligarchie est le cens, au moyen duquel la richesse donne un droit exclusif aux honneurs. Cependant, si le cens est si modéré que la majorité soit éligible, attendu qu'alors la majorité, autrement le peuple, gouvernera, il y aura démocratie. Ainsi cens, caractère de l'oligarchie, majorité, caractère de la démocratie, se trouvant habilement combinés par le taux peu élevé du cens, il y a république, qui est l'amalgame parfait des deux gouvernemens.

(3) *Une oligarchie prononcée.* C'est ce qu'il appelle dynastie, ou pouvoir d'un petit nombre ayant l'autorité suprême. Ce mot dynastie ne se trouve que dans Aristote, avec cette acception. Bacon lui reproche, d'après les anciens, d'aimer à créer des expressions.

(4) *Dans le système aristocratique ou républicain.* C'est ici une espèce de formule générale, pour distinguer les caractères du conseil national. Si tous décident certaines affaires, et quelques-uns certaines autres, il a dit plus haut que cette forme étoit démocratique. Ici il ajoute qu'elle peut être aussi aristocratique ou républicaine. Elle sera aristocratique, si quelques-uns sont nommés pour statuer sur certaines choses, soit au suffrage, soit au sort, avec la condition de la

vertu politique qui leur donnera le droit d'être élus.
Elle sera républicaine, si quelques-uns sont nommés
pour statuer sur certaines choses, avec la condition du
cens, pour avoir droit à l'éligibilité, parce que la
combinaison du nombre avec la vertu donne la république aristocratique. La combinaison du nombre avec
la richesse donne la république proprement dite. *V.*
liv. 4, ch. 8.

(5) *Soit à l'aristocratie, soit à la république.* Il
suppose ici, ce qu'il a dit précédemment, que tous
décident certaines choses. Cela posé, il dit, si certains
magistrats statuent sur le reste des affaires, qu'ils
soient nommés au suffrage pour certaines affaires, au
sort pour d'autres, ou simplement au sort, ou au sort
sur une liste préparatoire, dans laquelle le sort sera
circonscrit, ou par une combinaison mi-partie du
suffrage et du sort, toutes ces formes de conseil, sont
ou aristocratiques ou républicaines, suivant que la
vertu ou la richesse donnant droit à l'éligibilité, seront
combinées avec le nombre. La variation des éditions
à cet endroit, me donne lieu de penser que le texte
grec est altéré. J'en déduirai les preuves dans l'édition
grecque, que je me propose de donner.

(6) *Le petit nombre peut absoudre.* Les causes
capitales des citoyens étoient portées en dernier ressort devant la nation assemblée, dans la plupart des
anciennes républiques. Cette loi étoit fondée en principe, puisqu'il s'agissoit d'un membre du souverain.
Mais un tribunal composé de peu de personnes, pouvoit absoudre; il n'y avoit plus lieu à révision. Si le
tribunal condamnoit, il y avoit appel au peuple,
c'étoit donc le grand nombre qui condamnoit. Aristote

veut que ce droit lui soit ôté, et que son jugement ait besoin de la confirmation des magistrats. Cependant, ce seroit ôter au souverain dans une république, sa plus importante prérogative.

CHAPITRE XV.

(1) *Il faut examiner ces questions.* Aristote ne traite ces questions qu'au livre 6. Il suit la même méthode qu'au chapitre précédent, et se contente d'examiner ici la théorie du pouvoir exécutif, dans le mode de son élection.

(2) *De délibérer, de juger, et de commander.* A Athènes, tout citoyen avoit essentiellement le droit de voter dans l'assemblée, et d'être membre des tribunaux, lorsqu'il y étoit appellé par le sort. C'étoit une espèce de magistrature qu'Aristote nomme perpétuelle. Mais le caractère propre du magistrat élu et temporaire, étoit, dit-il, d'ordonner et de commander en vertu de son institution. *V. Pol. liv.* 3, *ch.* 1, *p.* 169.

(3) *La magistrature des gardiens des loix.* προ-βούλους. Ce mot signifie proprement un conseil ayant l'initiative des affaires, en françois, proviseurs, cette expression n'a pas dans notre langue l'idée du mot grec. Aristote confond cette magistrature avec celle de gardiens des loix. *Liv.* 4, *ch.* 14. Plusieurs républiques grecques avoient des magistrats appellés gardiens. C'est le nom que Platon donne à ses magistrats suprêmes dans sa république. Les προβούλοι étoient un corps de quelques magistrats oligarchiques, ayant l'administration générale, et le droit de présenter les

projets de loi à la sanction du conseil national, qui ne pouvoit délibérer que sur leur proposition. *V. Pol. liv.* 6, *ch.* 8.

(4) *Toute espèce de censure.* Cette institution, dit-il, n'est pas démocratique, parce que le petit peuple qui n'a pas d'esclave, les remplace par le service de sa famille. *Pol. liv.* 6, *ch.* 8. Platon dit aussi que le caractère de la démocratie est de vivre dans une entière liberté, et celui de l'oligarchie, d'étaler un grand luxe. *Rép. liv.* 8.

(5) *Ces termes se combinent de nouveau.* Le terme est, électeur, ces électeurs sont ou tous ou quelques-uns. Voilà la première combinaison. Ces électeurs qui sont tous ou quelques-uns, nomment à toutes ou à quelques charges. Voilà ce qu'il appelle sa seconde combinaison. J'ai classé avec le plus d'ordre qu'il m'a été possible ces calculs de nominations qui sont très-obscurs, et d'un style si serré que l'auteur n'indique sa pensée que par monosyllabes.

(6) *Si la majorité*, μὴ πάντες. C'est là le vrai sens de cette expression. Lorsqu'il veut dire *quelques-uns*, il employe le mot τίνες. Il dit que les modes sont républicains, par conséquent le plus grand nombre doit délibérer.

(7) *Quelques autres sont élus.* J'ai traduit par conjecture ce passage évidemment altéré.

(8) *Des transactions et contrats.* Un magistrat, dit-il, doit être chargé de rédiger les contrats, les requêtes, les actes d'accusations. Quelquefois ces fonctions sont divisées, mais un seul homme aura la surveillance de tous ces objets. Tous ces contrats et actes étoient déclarés à haute voix, et passés sur la place

publique en présence des magistrats. Voilà pourquoi il les appelle contrats sur le marché. *V. Pol. liv.* 6, *ch.* 8.

CHAPITRE XVI.

(1) *Les différentes espèces de jugemens.* Aristote établit ici pour les jugemens, à-peu-près les divisions qui existoient à Athènes. Il y avoit dans cette république dix tribunaux : six pour les actions civiles et petit criminel, et quatre pour le meurtre. Les loix civiles et criminelles d'Athènes étoient devenues à quelques modifications près, celles de tous les peuples policés de l'antiquité.

(2) *L'examen des comptables.* Tout magistrat, au sortir de charge, devoit rendre un compte. Les magistrats suprêmes rendoient le leur au peuple assemblé. Tout compte, pour maniement de deniers, même ceux des architectes qui avoient élevé ou réparé des édifices nationaux, étoit examiné et appuré par les tribunaux. *Xénoph. Rép. Ath. p.* 699.

(3) *Les actions entre les magistrats et les particuliers.* La partie qui avoit perdu son procès, avoit droit, après que le magistrat étoit sorti de charge, de le poursuivre devant un tribunal, pour le forcer de justifier sa sentence. *Démosth. in mid. p.* 617.

(4) *Les causes d'homicide peuvent appartenir.* Il y avoit à Athènes quatre tribunaux pour les causes de meurtre, suivant qu'il étoit prémédité, involontaire, la suite d'une juste défense, ou qu'il y avoit relief de jugement, pour purger la contumace.

(5) *Jugement du puits.* Lorsqu'un citoyen étoit accusé de meurtre pendant son exil, la cause s'instruisoit, comme s'il eut été présent, au moyen d'un patron qui lui étoit donné pour défenseur. Mais le citoyen avoit le droit, après le temps de son exil, d'interjetter appel de la condamnation. Alors il étoit tenu de se présenter en personne, et de se constituer prisonnier dans la prison où étoient renfermés les coupables convaincus, qui étoit un cachot souterrain appellé le puits. De-là l'expression, jugement du puits.

(6) *Il y a encore des cours de justice.* Tous les ans, quarante juges âgés de 60 ans parcouroient les cantons de l'Attique. Ils tenoient des assises où ils jugeoient les faits de police, et les procès dont la valeur étoit légère. Aristote porte cette valeur à cinq drachmes. Pollux et Suidas l'élèvent à dix, ou 9 liv. *Pollux, Onomast. liv. 8, ch. 9. Suid. in dicit.*

Il y avoit encore un singulier tribunal établi à Dioméja. C'étoit celui des facéties. Malgré les condamnations pour injures, ces causes étoient fréquentes chez un peuple railleur. On attaquoit alors son adversaire à Dioméja, et on tâchoit d'obtenir contre lui condamnation, comme mauvais plaisant. A Athènes on craignoit plus le ridicule que l'amende.

(7) *Devant les grands tribunaux.* Mot à mot devant la foule. Les tribunaux étoient très-nombreux à Athènes. L'aréopage étoit composé de plus de quatre cents juges. Le tribunal des héliastes en avoit cinq cents. Il y avoit des causes, où les magistrats ordonnoient à différens tribunaux de se réunir, de manière que le nombre des juges s'élevoit quelquefois à six mille. *Poll, liv. 8, ch. 10.*

(8) *Les juges sont élus ou parmi tous.* C'est le mode de l'élection des magistrats, avec les mêmes combinaisons. Il se contente de les indiquer, sans entrer dans les développemens, qu'il suppose que le lecteur a saisis au chapitre précédent.

FIN DU TOME PREMIER.

EFFETS

DES LUMIÈRES.

RÉVOLUTION FRANÇAISE.

QUEL spectacle majestueux de voir la première nation de l'Europe se lever toute entière, et d'une seule voix dire : « Je suis libre, et je veux que le genre-humain le soit avec moi. Peuples de tous les climats ! levez-vous, secouez les chaînes de la crédulité, de l'erreur, de la superstition et du despotisme. Connaissez vos droits et vos forces. C'est la raison éternelle, c'est la vérité, c'est la nature, c'est Dieu qui vous parle. Soyons tous frères ; abjurons pour jamais toute haine, toute rivalité. Eteignons pour toujours le flambeau de la discorde, étouffons-en les causes.

C'est de notre bonheur que nous devons nous

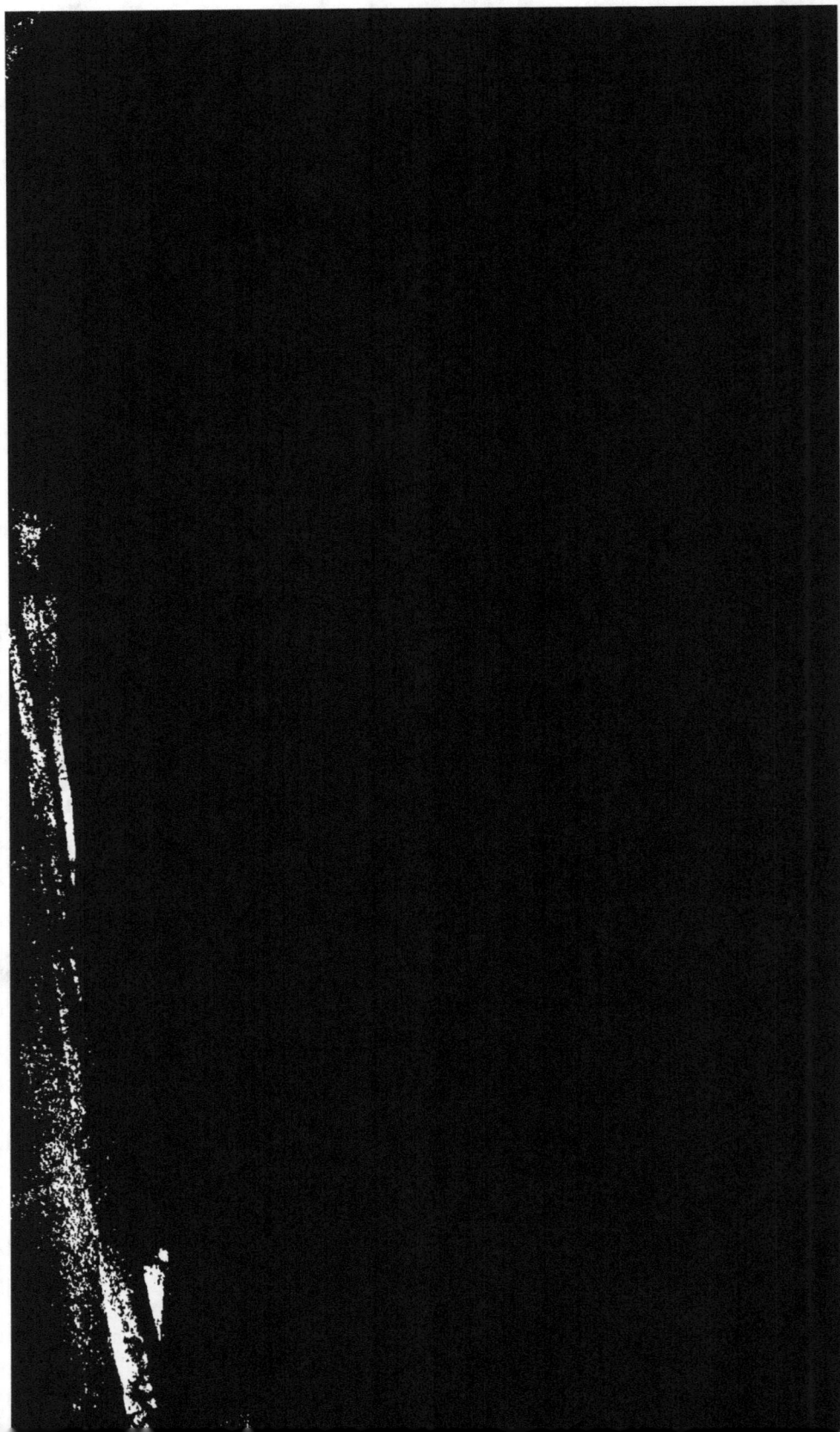